suhrkamp taschenbuch
wissenschaft 2232

1919 reist John Dewey für gut zwei Jahre nach China, um dort Vorlesungen zu verschiedenen Themen im ganzen Land zu halten. An der Universität Peking spricht er u. a. über Sozialphilosophie, erläutert, worin deren Aufgabe besteht, nämlich in der reflexiven Bewältigung von Konflikten, und wendet sich in dieser Perspektive dann klassischen Problemen der Politik, Wirtschaft und Kultur zu. Die Vorlesungen gelten als einziger systematischer Beitrag Deweys zur Sozialphilosophie und werden nun zum ersten Mal auf Deutsch publiziert. Eine Entdeckung!

John Dewey (1859-1952) war Professor für Philosophie zunächst in Chicago und von 1904 bis zu seiner Emeritierung an der Columbia University in New York. Im Suhrkamp Verlag sind zuletzt erschienen: *Erfahrung, Erkenntnis und Wert* (stw 1647) und *Logik* (stw 1902).

John Dewey
Sozialphilosophie

Vorlesungen in China
1919/20

Aus dem Amerikanischen
von Martin Suhr

Herausgegeben und
mit einem Nachwort von
Axel Honneth und
Arvi Särkelä

Suhrkamp

Titel der Originalausgaben:
Lectures in China 1919-1920,
translated from the Chinese and edited
by Robert W. Clopton and Tsuin-Chen Ou

Lectures in Social and Political Philosophy,
edited by Roberto Frega and Roberto Gronda

Bibliografische Information der Deutschen Nationalbibliothek
Die Deutsche Nationalbibliothek verzeichnet diese Publikation
in der Deutschen Nationalbibliografie; detaillierte bibliografische Daten
sind im Internet über http://dnb.d-nb.de abrufbar.

suhrkamp taschenbuch wissenschaft 2232
Erste Auflage 2019

Umschlag nach Entwürfen
von Willy Fleckhaus und Rolf Staudt
Druck: Druckhaus Nomos, Sinzheim
Printed in Germany
ISBN 978-3-518-29832-9

Inhalt

1. Die Funktion der Theorie

Das Thema dieser Reihe von sechzehn Vorlesungen lautet »Sozialphilosophie und Politische Philosophie«. Das heißt, ich werde über Theorien sprechen, die sich mit dem kollektiven Leben der Menschheit befassen. Theorie als Erklärung von Konstitution und Funktionsweise von Dingen tritt immer erst sehr spät auf den Plan. Normalerweise fragen wir erst, warum oder wie wir bestimmte Dinge tun, wenn wir sie schon längst tun. So hatten die Menschen zum Beispiel schon seit Millionen von Jahren Nahrung zu sich genommen und verdaut, ehe sie Theorien über Physiologie und Hygiene formulierten; sie hatten schon seit Hunderten von Generationen gesprochen – und sogar geschrieben –, bevor sie Theorien der Grammatik, Rhetorik und Logik entwickelten, um das Sprachverhalten, wie sie und ihre Vorfahren es gezeigt hatten, zu erklären.

Dasselbe gilt für soziale und politische Philosophie. Wir philosophieren – das heißt, wir konstruieren Theorien – über unsere Sitten und Gewohnheiten und Institutionen erst dann, wenn irgendeine Art von Schwierigkeit oder Hindernis uns zum Nachdenken darüber zwingt, in welcher Form wir unsere Gruppenaktivitäten durchgeführt haben. Immer ist es die soziale Institution, die der Theorie vorangeht, und nicht die Theorie, die der Institution vorangeht.

Die Menschheit teilt eine universale Eigenschaft: Sobald ein Bedürfnis auftritt, kommt es zu einer Aktivität, um das Bedürfnis zu befriedigen. Wenn wir hungrig sind, essen wir; wenn wir müde sind, schlafen wir. Wenn ein Bedürfnis aufgrund eines besonderen Ereignisses (oder eines Ereignisses, das wir noch nicht in eine bestimmte Kategorie oder Klasse von Ereignissen einordnen können) entsteht, probieren und bewerten wir bewusst Aktivitäten, die darauf berechnet sind, die Spannung zu reduzieren. In dem Maße freilich, wie Ereignisse von ähnlichem Charakter in der Erfahrung auftreten und dieselben oder verwandte Aktivitäten sich als wirksam erweisen, eine Reihe von ähnlichen Spannungen zu reduzieren, werden solche Handlungen zur Gewohnheit. Wir denken nicht länger darüber nach, was wir tun; wir fragen uns nicht: »Warum tun wir es so statt anders?« Wenn jemand diese Frage stellt, antworten wir »jeder macht es so« oder »so ist es immer gemacht worden«. Solange unsere Art, mit einer Klasse von Situationen fertigzuwerden, uns eine vernünftige Befriedigung verschafft, brauchen wir keine Theorie, um unsere Handlungen zu rechtfertigen.

Selbst wenn sich unsere Lage verändert und unsere individuellen und kollektiven Gewohnheiten sich als weniger wirksam und weniger befriedigend erweisen als früher, besteht eine allgemeine Neigung, vor einer Prüfung und einer Spekulation – das heißt vor einer Theorie – zurückzuschrecken und sich über Menschen zu ärgern oder zu empören, die darauf bestehen, Fragen nach dem Was, Wie und Warum aufzuwerfen. Menschen, die solche Fragen aufgeworfen haben, haben sich oft unbeliebt gemacht, und einige, die sich nicht davon haben abbringen lassen, Fragen über bestehende Institutionen zu stellen, sind für ihre Anstrengungen sogar mit dem Tode bestraft worden. Das klassische Beispiel ist natürlich Sokrates, dessen »warum dies?« und »warum das?« seine Mit-Athener so erbitterte, dass sie ihn schließlich dazu verurteilten, den Schierlingsbecher zu trinken, weil er mit seinen Fragen angeblich die Öffentlichkeit in die Irre geführt und die Jugend verdorben habe. Von jenem Tag an bis heute waren die meisten Gesellschaften abgeneigt zu theoretisieren und bestraften die Theoretiker.

Trotz der Tatsache freilich, dass es die Menschen im Allgemeinen vorzuziehen scheinen, nicht über ihre Probleme nachzudenken, kommen Zeiten, in denen sie dies nicht vermeiden können. Wäre das nicht so, würden wir den Gewohnheiten, den Sitten und Institutionen unserer Vorfahren folgen und es gäbe keine soziale und politische Philosophie.

Solange es uns mit gewohnheitsmäßigen Handlungen einigermaßen gelingt, mit den Situationen fertigzuwerden, denen wir ausgesetzt sind, und die Spannungen zu reduzieren, können die Menschen gut genug zurechtkommen und tun es auch, ohne bewusst über ihr Verhalten nachzudenken. Man muss zum Beispiel nicht sehr viel über Essen nachdenken, wenn man genug davon hat und nicht an Appetitlosigkeit oder Verdauungsstörungen leidet; und man braucht nicht über das Gehen nachzudenken, wenn man seinen alltäglichen Angelegenheiten nachgeht. Aber wer unter Übelkeit oder Appetitlosigkeit leidet, denkt darüber nach, wenn er isst; wer durch einen verrenkten Knöchel am Gehen gehindert wird, muss eine Entscheidung darüber treffen, ob er ein Taxi ruft oder den Bus nimmt.

Ganz allgemein gesprochen: Denken tritt erst dann auf, wenn wir auf eine Schwierigkeit stoßen, erst in dem Augenblick, wenn gewohnheitsmäßige oder institutionelle Formen des Handelns sich als unzulänglich für die vorliegende Situation erweisen. Das gilt ebenso von der Einstellung zu sozialen Institutionen und der Politik wie in den einfacheren Fragen von Essen und Gehen. Erst wenn bestehende Sitten und Institutionen nicht länger angemessen funktionieren, ertragen wir es – und selbst dann in vielen Fällen nur unwillig –, ihre Form und Funktion in Frage zu stellen. Wenn unsere Gesetze, Sitten und Institutionen dem Zweck, für den sie ursprünglich entwickelt worden waren, nicht länger dienen, sind wir gezwungen zu fragen: »Was ist das Problem?«, oder: »Warum funktionieren sie nicht?«

Die Analogie zum menschlichen Körper ist lehrreich. Wir denken nicht nur, wenn der Körper nicht länger so funktioniert, wie er sollte, sondern wir kombinieren schließlich die von qualifizierten Beobachtern stammenden Denkergebnisse, um eine Theorie zu bilden, und wir haben zuerst die Kunst, dann die Wissenschaft der Medizin. Die Behandlung von Krankheiten schafft das Bedürfnis nach einer vorgängigen Theorie, um Antworten auf Fragen zu finden, die von der Medizin aufgeworfen werden, und so haben wir Theorien und Wissenschaften von Anatomie und Physiologie, und schließlich Theorien etwa wie jene, die die Ursprünge von Krankheiten in Keimen und Viren verorten, die Theorie der Immunologie und die vielen Zweige der Biochemie.

Die Parallelen zu Gesellschaft und Politik liegen auf der Hand. Wenn das soziale Leben aus den Fugen gerät, wollen wir notwendig herausfinden, was das Problem verursacht. Und eingedenk der Kunst der Medizin als Wiederherstellung des Körpers zu seinem früheren Zustand des Wohlergehens suchen wir nach Methoden, durch die wir hoffen, ganz ähnlich die Gesundheit oder Ganzheit der Gesellschaft so wiederherstellen zu können, wie wir sie in Erinnerung haben. Das theoretische System, das wir entwickeln und formulieren, während wir diese Suche durchführen, macht unsere Sozialphilosophie und unsere politische Philosophie aus.

Ganz allgemein gesprochen, sind in der östlichen wie auch in der westlichen Welt politische Theorien erst entstanden, als eine

Gesellschaft aus den Fugen geriet und von Auflösung bedroht erschien. Am Ende des fünften Jahrhunderts vor Christi Geburt zum Beispiel erwiesen sich die Rechtsinstitutionen und sozialen Sitten, die den griechischen Stadtstaaten Jahrhunderte der Stabilität gewährt hatten, als zunehmend unangemessen und wirkungslos bei der Regulierung des bürgerlichen und sozialen Lebens in der Periode ökonomischer und moralischer Verwirrung, die auf zwei Generationen des Kriegs mit den Persern folgte. Eine Anstrengung, das Bedürfnis zu befriedigen – und keiner könnte bestreiten, dass es ein Bedürfnis gab –, war die Philosophie Platons; eine andere war die Philosophie, die von Platons Schüler Aristoteles vorgetragen wurde.

Wenn ich nicht falsch informiert bin, müssen die sozialen Theorien, die das chinesische Denken und die chinesische Gesellschaft so viele Jahrhunderte lang geformt haben, sich auf die gleiche Weise gebildet haben. Laotse wurde zu einer Zeit geboren, als das soziale, politische und moralische Leben von Chaos geprägt war; und als später Konfuzius auf den Plan trat, herrschte immer noch eine derartige Unordnung, dass das Volk Chinas die Notwendigkeit einer Philosophie erkannte und akzeptierte, die über mehr als zweitausend Jahre die Basis einer stabilen Gesellschaft bilden sollte.

So viel zu den Ursprüngen der sozialen und politischen Philosophie. Was können wir über die Wirkungen von Theorien sagen, nachdem sie erst einmal formuliert und geltend gemacht worden sind? Selbst wenn wir einräumen, dass eine soziale und politische Theorie erst dann auftritt, wenn eine Gesellschaft aus den Fugen ist, bleibt die Frage, ob die Theorie lediglich die Symptome beschreiben oder auch ein Mittel zur Heilung der Krankheit sein kann. Analog: Beschränkt sich die medizinische Wissenschaft auf Diagnose oder schließt sie Vorschriften für Heilungen ein? Hat es die Wissenschaft der Dynamik, so wie sie beispielsweise auf den Dampf angewendet wird, nur mit der potentiellen Kraft des Dampfes zu tun, der bei der Erhitzung von Wasser produziert wird, oder schließt sie die Nutzbarmachung dieser Kraft ein, um Lokomotiven anzutreiben?

Dies sind Beispiele derselben Art Frage wie: »Welche Wirkungen kann eine Theorie in der Praxis haben?« Oder, in der vorliegenden Untersuchung: »Welchen praktischen Nutzen hat die soziale und politische Philosophie in der sozialen und politischen Praxis?«

So offensichtlich die Antworten auf diese Fragen auf den ersten Blick erscheinen mögen, so existieren doch zwei Denkschulen hinsichtlich dieser Frage – Antworten, die antithetisch und kontradiktorisch sind. Obwohl es innerhalb jedes Lagers Meinungsverschiedenheiten gibt, können wir der Bequemlichkeit halber und bei Gefahr der Übervereinfachung diese Gesichtspunkte als extremen Idealismus und extremen Materialismus bezeichnen.

Der extreme Idealist, überzeugt, dass alles aus einer Theorie resultiert, betont das Ideal. Aufgrund seiner Voreingenommenheit für Ideale neigt er dazu, die Wirkungen nicht intellektueller Kräfte zu ignorieren und zu schließen, dass alle Institutionen und Gewohnheiten auf die eine oder die andere Weise aus der – expliziten oder impliziten – Anwendung von Theorien resultieren. Er sieht zum Beispiel den kürzlich beendeten Weltkrieg[1] als das Resultat eines Konflikts zwischen unversöhnlichen theoretischen Positionen an.

Der extreme Materialist hingegen ist der Überzeugung, dass eine Theorie keine Ursache ist, sondern eine Wirkung. Sie resultiert *aus* etwas, kann aber nicht *in* etwas resultieren. Für ihn war der Krieg in Europa das Ergebnis eines materiellen Konflikts. Seiner Ansicht nach sind alle größeren Weltgeschehnisse das Ergebnis von Kämpfen verschiedener Interessen im Leben. Er beschränkt seine Schlussfolgerung nicht auf Politik und Ökonomie, sondern dehnt sie sogar auf die schönen Künste aus.

Vom Gesichtspunkt des historischen Materialisten aus kann der Weltkrieg auf der Basis eines ökonomischen Konkurrenzkampfes erklärt werden. Er verwirft die Idee, der Krieg könne aus einem Konflikt zwischen Theorien entstanden sein, und besteht darauf, ihn als einen materiellen Konflikt zu interpretieren. Im Vorkriegsdeutschland hatte die Industrie derart riesige Überschüsse produziert, dass sie überseeische Absatzmärkte suchen musste. Zur selben Zeit beruhte die ökonomische Entwicklung Englands weitgehend auf dem Seehandel. Auf diese Weise resultierten nach Auffassung des Materialisten die widerstreitenden Interessen dieser beiden großen Nationen unvermeidlich in einem Krieg, und das Gerede von konfligierenden Idealen war nichts weiter als ein Schwall von hohlen Phrasen, um die Bevölkerung zur Teilhabe am Krieg zu

1 Wenn von »dem Krieg« oder dem »Weltkrieg« die Rede ist, ist immer der Erste Weltkrieg gemeint (Anm. d. Übers.).

motivieren. Er verweist auf die erfolgreichen Anstrengungen des deutschen Militärs, das Volk mit Hinweisen auf »Kultur« und mit Schlagworten wie »Sturm und Drang« und »Deutschland über alles« anzustacheln; und auf die Appelle der Führer der Alliierten mittels Schlagworten wie »Freiheit und Gerechtigkeit« oder »diese Welt für Demokratie sicher zu machen«. Der Materialist bestreitet, dass diese Ausdrücke überhaupt irgendwelche Ideale repräsentieren; in seinen Augen sind sie nichts weiter als Mittel, die von Kapitalisten und Militaristen angewendet werden, um ihre Ziele zu fördern. Und mit dieser Bestreitung verwirft er die Möglichkeit des Konfliktes zwischen Idealen.

Ich habe diese antithetischen Gesichtspunkte nicht erwähnt, um sie zu kritisieren, sondern eher, damit Sie die Wirkungen in Betracht ziehen können, welche die soziale und politische Philosophie auf die praktischen Angelegenheiten des Lebens haben könnte. Statt die beiden genannten Gesichtspunkte anzufechten, werde ich einen dritten vorbringen.

Nach dieser dritten Theorie sind Hypothesen und Theorien in ihren Anfangsstadien eher die Ergebnisse als die Ursachen der Praxis. Aber – und dieses ist der wesentliche Unterschied zu den beiden gerade diskutierten Gesichtspunkten – sobald eine Hypothese gebildet wird oder eine Theorie auch nur anfängt, Form anzunehmen, wird sie Teil der Praxis, die sie hervorgerufen hat. Sobald Menschen also anfangen darüber nachzudenken, was sie getan haben, verändert eben der Akt des Denkens das Tun. Die weitere Praxis klärt oder verändert die Theorie; die geklärte oder modifizierte Theorie ändert die Praxis, dann wird die Theorie immer weiter geklärt usw., bis eine kohärente und hinlänglich deskriptive Theorie erreicht ist.

Wie in anderen Aspekten des Lebens tritt auch im sozialen und politischen Bereich Denken immer dann auf, wenn wir auf Schwierigkeiten und unbefriedigende Situationen stoßen; und wie es der Fall bei individuellem Handeln ist – sobald einmal Denken auftritt, resultiert es in irgendeiner Veränderung der Sitten und Institutionen. Diese Veränderungen sind nicht immer unmittelbar zu erkennen, aber die Menschen werden davon beeinflusst und verändern sich, oft mehr, als sie selbst erkennen; und die Veränderungen spiegeln sich in ihrem Verhalten, in ihren Gewohnheiten und in ihrem Charakter – in vielen Fällen mehr als in ihren Äußerungen.

So ist es nicht sehr bedeutsam, unter einem rein theoretischen Gesichtspunkt über die verschiedenen Philosophien Englands, Frankreichs und Deutschlands zu sprechen; denn vom praktischen Gesichtspunkt aus exemplifizieren sich die verschiedenen Philosophien dieser Länder in dem Verhalten, den Einstellungen und Gewohnheiten ihrer Völker.

Da ganz gewöhnliche Beobachtungen uns davon überzeugen, dass Ideen menschliche Handlungen beeinflussen können und beeinflussen, wird es für uns wichtig zu beobachten, welche Arten von Wirkungen durch welche Arten von Ideen bewirkt werden. Wir müssen uns mit der Frage befassen, welche Ideen gut sind und welche schlecht.

Die erste Funktion der Theorie besteht darin, dem, was anfänglich nur temporär oder zufällig ist, Dauer zu verleihen, Stabilität für Denk- und Handlungsweisen zu schaffen, die schwankend und wacklig sind. Ohne theoretische Unterstützung kann ein angebliches Gut innerhalb relativ kurzer Zeit verschwinden; aber dieses selbe Gut kann mit Hilfe der Theorie im Prinzip verkörpert oder als Doktrin festgehalten und so permanent und stabil werden.

Dies kann sowohl gute als auch schlechte Folgen haben. Ein herausragendes Beispiel in der Geschichte ist die Übernahme des Aristotelismus (so wie er von Thomas von Aquin interpretiert wurde) durch die römisch-katholische Kirche als ihre offizielle Philosophie. Aber warum sollte die katholische Kirche die theoretischen Konstrukte eines Nichtkatholiken zu ihrer offiziellen Philosophie machen? Ganz einfach deshalb, weil im 13. Jahrhundert die theologische Kontroverse und die Kämpfe wettstreitender Philosophien eben die Existenz der traditionellen christlichen Theologie bedrohten und Aristoteles' systematischer philosophischer Rahmen die Mittel bot, der christlichen Lehre eine feste Gestalt zu geben und sie in einer stabilen und übertragbaren Form zu verewigen. China bietet andere Beispiele. Viele chinesische Institutionen unter der Ägide des Konfuzianismus sind mehr als zweitausend Jahre lang unverändert und unangefochten geblieben. Wenn Theorie zu Starrheit statt zu Stabilität führt, hindert sie den Fortschritt und kann sich auf diese Weise als gefährlich erweisen.

Eine zweite Funktion der Theorie, besonders in den Fällen, in denen die Theorie ein Ideal bildet, besteht darin, dass sie in Krisenzeiten Vertrauen erzeugen und Menschen dazu veranlassen kann, ihr Eigentum und selbst ihr Leben für etwas zu opfern, an das sie fest glauben. Wir haben die Verwendung von Schlagworten durch beide Seiten im Weltkrieg erwähnt. Selbst wenn die extremen Materialisten mit ihrer Behauptung Recht haben, dass Militaristen sich den Gebrauch solcher Schlagworte zunutze gemacht haben, um die Bevölkerung für ihre Zwecke zu manipulieren, müssen sie die Tatsache anerkennen, dass solche Begriffe auf die eine oder andere Weise in den Köpfen der Menschen, die von ihnen beeinflusst waren, an (in vielen Fällen kaum verstandene, aber dennoch) Ideale gebunden waren. Menschliches Verhalten wird tatsächlich durch Theorien auf der einen oder anderen Ebene ebenso sehr beeinflusst wie durch die materiellen Existenzbedingungen. In Krisenzeiten können ein paar abstrakte Begriffe die Welt in Brand setzen – ein bemerkenswerter Hinweis auf die Macht der Theorie.

Die beiden erwähnten Funktionen der Theorie sind für uns alle offensichtlich. Theorien können gut und schlecht sein, und gute wie schlechte Theorien haben ihre Wirkungen auf das menschliche Verhalten. Selbst Aberglauben und Halluzinationen können das menschliche Handeln kontrollieren.

Lassen Sie uns jetzt diskutieren, wie eine Theorie ihre Wirkungen hervorbringt, und untersuchen, ob unser gegenwärtiges Zeitalter eine neu konstruierte soziale und politische Philosophie verlangt.

Allgemein gesprochen, können soziale und politische Philosophien, genau wie der menschliche Charakter, unter zwei weite Kategorien subsumiert werden: radikal und konservativ.

Der typische Radikale ist unzufrieden mit den bestehenden sozialen Institutionen und kritisiert sie heftig, beklagt, was er um sich herum sieht, und schlägt idealistische utopische Pläne vor. Er ist nicht daran interessiert, das zu verbessern, was besteht, sondern plädiert dafür, das Bestehende durch etwas vollkommen Neues und Anderes zu ersetzen; seine Theorien tendieren dazu, eher destruktiv als konstruktiv zu sein. Der Konservative erscheint immer später als der Radikale. Zum Beispiel folgte im klassischen Griechenland der konservative Aristoteles auf den radikalen Platon. Im *Staat* schlug Platon, der die Institutionen seiner Gesellschaft äußerst geringschätzte, eine Utopie vor, in der Eigentum, Frauen und Kinder gemeinsamer Besitz aller Bürger sein sollten. Auf diese extreme radikale Formulierung folgten die konservativen Theorien des Aristoteles, der in seiner *Politik*, seiner *Ethik* und seinen anderen Büchern die theoretischen Grundlagen für die Fortsetzung der sozialen und politischen Systeme seiner Zeit schuf. Dasselbe gilt auch für China: Auf die radikalen Theorien von Laotse folgten die konservativen Theorien von Konfuzius.

Der Radikale betont Individualität und individuelles Gewissen, er möchte die bestehenden Institutionen, die seiner Meinung nach die Individualität ersticken, durch idealistische Konstrukte ersetzen. Nach Auffassung der extremen Radikalen ist jede Person, sofern ihr nur gestattet wird, ihrem eigenen Gewissen zu folgen und ihren individuellen Charakter zu entwickeln, durchaus imstande, ihre Handlungen selbst zu bestimmen; die Notwendigkeit einer Regierung wird verschwinden und eine utopische Gesellschaft entstehen.

Der Konservative ist ebenfalls mit den bestehenden Institutionen unzufrieden, aber er erkennt die Tatsache an, dass jede Institution sich entwickelt hat, um ein menschliches Bedürfnis zu befriedigen, dass sie das besitzt, was ein ursprünglicher Sinn genannt werden mag. Eine gegebene Institution kann sich verschlechtert haben, weil die Menschen den Zweck, dem sie ursprünglich dienen sollte, aus den Augen verloren haben. Regierungen zum Beispiel sind wesentliche Institutionen, aber wenn es einem Herrscher nicht gelingt, seine Macht in einer solchen Weise auszuüben, dass sie den Zwecken dient, für die die Regierung eingesetzt worden war, nennen wir dies eine schlechte Regierung.

Von dieser Überzeugung geleitet, unternimmt es der typische Konservative, wenn er eine Institution beurteilt, das Bedürfnis zu identifizieren, das der Institution anfänglich zugrunde lag oder, wie er es vielleicht ausdrückt, »nach dem ursprünglichen Sinn der Institution zu suchen«. Er nimmt an, dass seine Aufgabe darin besteht, den ursprünglichen Sinn wiederherzustellen, statt die Institution zu ersetzen.

Aristoteles war ein Konservativer, weil er der Meinung war, dass sich das Ideal für eine verbesserte Gesellschaft innerhalb bestehender sozialer Institutionen finden lasse und nicht, wie Platon dachte, in irgendeiner Utopie außerhalb der bestehenden Gesellschaft. In den frühen Phasen der Französischen Revolution waren die Jakobiner äußerst radikal und befürworteten die Zerstörung bestehender Institutionen – staatliche, kirchliche, klassenstrukturelle, selbst kalendarische. Aber nach dem Sturz Napoleons I. kam es zu einer

Umkehr des Trends und zu vermehrten Anstrengungen, so viel wie möglich von dem institutionellen Rahmen der Regierung und Gesellschaft zu erhalten, wie er vor der Revolution bestanden hatte. Wir sehen ein ähnliches Bild bei Konfuzius, der der Meinung war, alle Institutionen besäßen ihre idealen Maßstäbe, und wenn Menschen diese Ideale wieder entdeckten und danach handelten, bestünde keinerlei Notwendigkeit, die Institutionen zu zerstören oder zu ersetzen.

Von diesen beiden theoretischen Arten der Weltanschauung betont die erste – der Radikalismus – das Ideal der Individualität und findet in der menschlichen Person das Maß von Richtig und Falsch. Die zweite Position – der Konservativismus – setzt weniger Vertrauen in Individuen, da sie bemerkt, dass das individuelle Urteil fehlbar ist, und glaubt, die Weisheit der Vergangenheit sei die einzig verlässliche Basis des Handelns. Die erstere Theorie wertet die bestehenden Institutionen ab und sucht ihre Ersetzung durch neue Einrichtungen, während die letztere eine fundamentale Gültigkeit bestehender Institutionen postuliert und sich auf die Klärung ihres Zwecks oder auf die Entdeckung ihres ursprünglichen Sinns konzentriert. Die erste verlässt sich auf individuelle Initiative und Intelligenz, die zweite schaut auf die Altvorderen zurück; die erste setzt auf die reflexive Intelligenz, die zweite fordert eine analytische Untersuchung der Vergangenheit.

Natürlich hat es viele verschiedene Theorien auf dem Feld der sozialen und der politischen Philosophie gegeben, aber sie alle können unter die eine oder die andere der beiden erwähnten Kategorien subsumiert werden. Wenn ich übervereinfacht und übertrieben habe, dann nicht deshalb, weil ich die beiden Positionen lächerlich machen wollte, sondern eher, um die Aufmerksamkeit auf eine grundlegende Schwäche der klassischen und zeitgenössischen sozialen und politischen Philosophie zu lenken und so einer dritten theoretischen Position den Boden zu bereiten, die sich von den beiden genannten unterscheidet.

Seit unvordenklichen Zeiten hat die Menschheit an zwei Irrtumsquellen gelitten, dem Mangel und dem Übermaß. In Krisenzeiten neigen Menschen dazu, entweder zu radikal oder zu konservativ zu sein. Sie sind in die Falle des Entweder-oder geraten, weil sie dazu tendieren, alles, was sie um sich herum sehen, als entweder gut oder schlecht zu beurteilen.

Trotzdem sagen uns unser gesunder Menschenverstand und unsere alltägliche Beobachtung, dass die Probleme des menschlichen Lebens nicht dadurch gelöst werden können, dass wir unsere Gewohnheiten, Sitten und Institutionen entweder vollkommen abschaffen oder verbissen an ihnen festhalten und allen Anstrengungen widerstehen, sie zu modifizieren und zu erneuern.

Was die Menschheit am meisten braucht, ist die Fähigkeit, *Tatsachen* zur Kenntnis zu nehmen und zu beurteilen. Wir müssen die Fähigkeit (und die Disposition) entwickeln, nach besonderen Arten von Lösungen durch besondere Methoden für besondere Probleme zu suchen, die sich bei besonderen Gelegenheiten stellen. Mit anderen Worten: Wir müssen mit konkreten Problemen durch konkrete Methoden fertigwerden, sobald diese Probleme sich in unserer Erfahrung zeigen. Dies ist der Kern dessen, was wir die dritte Philosophie nennen.

Die gemeinsame Schwäche des extremen Radikalismus und des extremen Konservativismus, wie ich sie beschrieben habe, ist ihre Abhängigkeit von pauschalen Verallgemeinerungen. Ersterer glaubt, alle Institutionen seien von Übel, und ruft dazu auf, sie über Bord zu werfen und unverzüglich ein Paradies zu schaffen. Der Letztere ist der Meinung, alle Institutionen seien im Grunde vernünftig, wenn wir nur ihren ursprünglichen Sinn entdecken und an ihm festhalten. Beiden gelingt es nicht, sich auf konkrete Probleme zu konzentrieren, die sich in der Erfahrung ergeben, und lassen zu, dass derartige Probleme unter pauschalen Verallgemeinerungen begraben werden.

Um zum Schluss zu kommen: Das gegenwärtige Problem der sozialen und politischen Philosophie besteht darin, Wege zu entdecken, das menschliche Verhalten durch menschliches Wissen und Intelligenz zu kontrollieren und zu Zielen zu lenken, die durch die menschliche Vernunft gerechtfertigt sind. Welche Instrumente können entwickelt werden, die uns dabei dienen können, mit unserer gegenwärtigen Umwelt fertigzuwerden? Das sind die Probleme der dritten sozialen und politischen Philosophie, und sie werden das Thema der nächsten Vorlesung in dieser Reihe bilden.

Notizen zur ersten Vorlesung

Der direkte Gebrauch der Sprache für bestimmte Zwecke je nach den Bedürfnissen des Augenblicks ging der Grammatik, Rhetorik und dem Wörterbuch lange voraus. Atmen, essen, verdauen, sehen und hören gab es lange vor der Lehre vom Körper und der Physiologie. Wir handeln zunächst, um besonderen Bedürfnissen und bestimmten Gelegenheiten Genüge zu tun. Erst später denken wir darüber nach, was, wie und warum wir es tun, und versuchen, allgemeine Prinzipien zu formulieren, eine Philosophie der jeweiligen Materie. Genauso verhält es sich mit sozialem, kollektivem Handeln. Menschen entwickelten Bräuche und überlieferten ihren Nachkommen jahrhundertelang Traditionen, bevor sie versuchten, einen vernünftigen Grund für das zu entdecken, was sie da taten. Sie unternahmen keinerlei Versuche zu einer Erklärung. Wären sie danach gefragt worden, hätten sie gesagt, sie hätten derlei Bräuche, weil sie ihnen gefielen, weil ihre Vorfahren ihnen geraten hätten, so zu handeln, oder weil ihre Götter sie gestiftet hätten. Allzu genau nachzufragen galt als gottlos oder illoyal und konnte wie bei Sokrates zum Tode führen.

Denken ist von Natur aus lästig und unangenehm. Es ist leichter, dem Instinkt und der Sitte und den Befehlen anderer zu folgen. *Menschen denken erst nach, wenn sie durch ein Ereignis dazu gezwungen werden, das sie veranlasst, einen nicht durch Gewohnheit oder Neigung bereitgestellten Ausweg zu suchen.* So begannen die Menschen erst dann über ihre kollektiven Gewohnheiten, ihre bestehenden Institutionen nachzudenken, wenn diese nicht mehr zu ihrer Zufriedenheit funktionierten. Die Schwierigkeiten konnten in internen Streitigkeiten, äußeren Kontakten und Konflikten oder beidem bestehen. Aber irgendetwas, das eine Veränderung oder Desintegration fürchten ließ, brachte sie dazu, *Vergleiche anzustellen* und *zu forschen* und *zu versuchen, eine Wahl zu treffen und am wirklich Guten festzuhalten.* Krankheit und Wunden aus einer Schlacht veranlassten die Menschen, Anatomie und die normalen physiologischen Prozesse zu studieren. Andernfalls hätten die Menschen ihre natürlichen Prozesse für immer und ewig hingenommen, ohne jemals über sie nachzudenken, ohne jemals ihre Aufmerksamkeit auf sie zu richten. *Soziale Pathologie hatte ähnliche Auswirkungen auf das soziale Theoretisieren.* (Illustrationen aus Griechenland, aus

China.) *Nachdem die Theorie erst einmal entstanden war, verlief das Leben nicht mehr auf dieselbe Weise.* Menschen atmen und essen nicht wegen ihrer Kenntnisse von Anatomie und Physiologie. Diese Akte beruhen weiterhin auf tieferen Kräften. Aber sie essen und atmen aufgrund ihrer Kenntnis vielleicht *etwas anders, besonders in Notfällen.*

Freilich mag sich die Frage stellen, welche Unterschiede Ideen, Theorien, Philosophien wirklich machen. Machen sie einen Unterschied in dem, was Menschen tun, oder nur in dem, wie sie das, was sie tun, empfinden? Ist Philosophieren praktisch, so wie der *Dampf als Antriebskraft* in der Lokomotive? Oder ist es vielmehr wie *der Lärm des entweichenden Dampfes der Pfeife* – ein Nebenprodukt, eine Begleiterscheinung, ein Symptom dessen, was passiert? Es gibt stark übertriebene Antworten in beide Richtungen. Belesene Menschen und Philosophen werden wahrscheinlich abstrakten Ideen besondere Bedeutung beimessen, sie als die wichtigsten Bewegungsursachen ansehen. Sie suchen für alles ideologische Erklärungen. Sie übersehen, bis zu welchem Ausmaß Menschen immer noch durch primäre Instinkte wie Hunger, Sexualität und Liebe zu Macht oder Bequemlichkeit, durch die Umstände oder ihre Gewohnheiten zum Handeln getrieben werden. Sie sagen zum Beispiel, der letzte Krieg sei primär und im Wesentlichen ein Konflikt von Philosophien, von Ideengebäuden gewesen. Am anderen Extrem haben wir die sogenannten materialistischen Erklärungen von Institutionen und sozialen Veränderungen. In den Augen ihrer Verfechter sind ökonomische Ursachen die einzig wirklichen oder wirksamen Ursachen. Ideen sind nur Wirkungen, Produkte.

Die einzigen erklärenden Ursachen sind die Wünsche zunächst nach den primären Notwendigkeiten des Lebens und danach nach Macht über andere und nach dem Genuss der Bequemlichkeiten, die sich dem Reichtum verdanken. Selbst Kunst und Religion und Systeme der Moral wie auch soziale Bräuche und politische Regulierungen sollen ökonomisch erklärt werden. Der Krieg war kein Konflikt von Ideen und Idealen, sondern *ein Kampf um ökonomische Vorteile und kommerzielle Übermacht.* Ideale, Theorien sind nur eine Maske, um den eigentlichen materiellen Kampf zu verhüllen, hübsche Phrasen, um die Massen zu erregen, die sich von ihnen bezaubern lassen. Philosophien, die vorgeben, mehr zu tun, als das Spiel ökonomischer Kräfte zu analysieren und zu beschreiben, sind nur Träume oder Mittel, durch die die wenigen Mächtigen die Massen beherrschen. Wir stoßen hier auf die *erste große Frage, die die Sozialphilosophie betrifft* – eine Frage, die erst im Verlaufe der gesamten Diskussion beantwortet werden kann. Aber wir wollen zu Anfang die Natur der Antwort, die in den folgenden Vorlesungen entwickelt werden wird, dogmatisch antizipieren. *Ideen, Theorien sind ursprünglich Produkte, [ihrerseits aber auch] Ursachen nichtintellektueller Kräfte*. Denken entsteht sozusagen nur in den *feinen Rissen* fester Gewohnheiten und durchdringt nur mit großer Schwierigkeit die widerstrebende Materie. Oder es spielt launisch und wie ein phosphoreszierendes Leuchten auf der Oberfläche eines riesigen Ozeans von Traditionen, Bräuchen und besonderen Anpassungen an die Umstände. Aber nichtsdestoweniger hat und hatte es einen wirklich praktischen Einfluss, und *unter bestimmten Umständen*, die in der nächsten Lektion behandelt werden sollen, kann es einen bedeutenden richtungweisenden Einfluss haben. Wenn *Wirkungen* erst einmal erzeugt worden sind, *verbinden sie sich in* allen lebenden Formen *mit den Ursachen*, von denen sie hervorgebracht worden sind, und modifizieren die Kräfte, die sie hervorbrachten. Die deutsche Philosophie war ein *Produkt* deutscher Bedingungen, kein Erzeugnis reiner Vernunft. Aber nachdem sie sich erst einmal verbreitet und das Denken der Menschen durchdrungen hatte, *bestätigten und rechtfertigten* Vorstellungen von System, Ordnung und Effizienz *die Ursachen*, die andernfalls mit der Zeit vielleicht vergangen wären; sie verankerte im Denken der Menschen, was andernfalls vielleicht vergängliche Ereignisse gewesen wären, sie verstetigte, stabilisierte und perpetuierte flüchtige physische Ursachen. In einem Land, wo der Konfuzianismus mehr als zweitausend Jahre lang eine Kraft gewesen ist, besteht wohl keine Notwendigkeit, ausführlich zu begründen, dass selbst dann, wenn man den konkreten und praktischen Ursprung des Systems einräumt, er Faktoren organisierte, befestigte und fokussierte und zu dauerhaften Faktoren gemacht hat, die sich ohne ihre intellektuelle Formulierung womöglich als vergänglich erwiesen hätten.

Nicht Ideen oder Theorien sind wirksam. Aber Menschen, die von gewissen Ideen durchdrungen sind, die ihnen durch die Erziehung eingeprägt wurden, sind *andere Personen, selbst andere Maschinen*, als wenn sie keine solchen oder andere Ideen gehabt hätten. Dieses ist wahr, selbst wenn die Ideen falsch sind. Ein

Mensch mit einer Illusion handelt anders als einer ohne sie. Und während vielleicht der Haupteffekt philosophischer Systeme darin bestanden hat, die Kraft von Bedingungen zu konsolidieren, zu verbreiten und zu verewigen, die andernfalls lokal und vergänglich gewesen wären, haben sie doch auch eine anregende und treibende Kraft, besonders in Krisenzeiten. Der Materialist gibt allzu viel zu, wenn er sagt, dass *Theorien oder Ideale Werkzeuge sind, die von den herrschenden Sonderinteressen zum Schein verwendet werden, um die Massen zu beeinflussen*. Denn diese Behauptung räumt ein, dass Menschen *tatsächlich* von Idealen beeinflusst werden und dass sie nur dadurch bewogen werden können, massenhaft und energisch gegen Gefahr und Übermacht zu handeln, dass man an Ideale, an allgemeine Vorstellungen appelliert. »Kultur in Gefahr« auf der einen Seite, »Freiheit in Gefahr« auf der anderen. Wenn große Menschenmassen nicht dazu gebracht worden wären, dergleichen zu glauben, hätte der Krieg nicht weitergeführt werden können. Bewiesen ist allenfalls, dass *allgemeine Ideen in Krisenzeiten so wirksam und so kraftvoll sind, dass die rein materiellen ökonomischen Interessen der Wenigen nur indirekt durchgesetzt werden können, indem man auf die eher idealistischen Wünsche und Überzeugungen der Vielen eingeht*. Besonders gilt dies unter den jüngsten Bedingungen der Kriegführung, wo die alten direkten Motive persönlicher Helden- und Ruhmestaten ihre Wirksamkeit verloren haben – allgemeine Motive, Patriotismus, Nationalgefühl, Gerechtigkeit, Humanität usw. müssen ins Spiel gebracht werden. *Kein Begriff ist falscher als der, dass Menschen durch Berechnungen des Eigentinteresses zum Handeln bewogen werden*. In vielen Hinsichten wäre die Welt besser, wenn es mehr Weisheit, mehr aufgeklärtes Eigeninteresse, mehr wohlerwogenes Abwägen von Vor- und Nachteilen gäbe. Handeln beruht immer noch eher auf Instinkt und Emotion als auf Berechnung, aber *viele Instinkte können nur kollektiv durch Stimuli einer idealistischen Art ins Spiel gebracht werden*. Und Gedankensysteme, Philosophien, die für die Wenigen abstrakt sind, verdichten sich zu solchen einfachen und bewegenden Schlagwörtern, Kriegsgeschrei und Idealen für die Vielen.

Der Grund dafür, so viel Zeit auf die Diskussion der praktischen Wirksamkeit allgemeiner Ideen und Theorien zu verwenden, ist der, dass sie dazu dient, die *alternativen Kräfte herauszustellen, die Menschen bewegen* – Sitten, etablierte Autorität, Vorurteil, Sonderinteressen, die Ambitionen mächtiger Menschen, die sie veranlassen, andere als Werkzeuge zu benutzen usw. Der beste Beweis dafür, dass Philosophie eine gewisse Macht hat, ist *die Furcht vor ihr, die durch die Vertreter und Wächter dieser Interessen ausgedrückt wird.* Emerson formulierte diese Idee recht eindringlich, als er sagte: *Sei auf der Hut, wenn Gott einen Denker auf den Planeten loslässt.* Dann werden alle Dinge flüssig. *Denken bedeutet die Einführung eines neuen und insofern unberechenbaren Faktors – eine Abweichung oder ein Neuanfang und eine Erfindung. Das Unbehagen, das der engstirnige Konservative angesichts von Versuchen zeigt, auch nur seine eigenen Überzeugungen rational zu formulieren, ist durchaus gerechtfertigt. Der Appell an die Vernunft, der dabei impliziert ist, ist beunruhigend.*

Wir müssen freilich zwischen *den verschiedenen Arten, wie Theorien praktischen Einfluss ausüben*, unterscheiden. Im Allgemeinen können wir drei Typen unterscheiden. *Erstens* diejenigen, die primär die Mängel der bestehenden Institutionen wahrnehmen und sie kritisieren und verurteilen. Sie konzipieren einen anderen Idealstaat, der so anders ist, dass er geradezu einen totalen Gegensatz bildet und nur durch eine Revolution verwirklicht werden kann. Sie sind *idealistisch,* wenn nicht gar *romantisch*, *utopisch* in ihrem Ton. Sie finden die wahren *Maßstäbe* und *Modelle* des Lebens in etwas, das weit entfernt und jenseits von den bestehenden Zuständen liegt. Sie sind der Auffassung, dass der Geist durch den Kontakt mit den Dingen, wie sie tatsächlich existieren, verdorben wird, bis er die wahre Bedingung und das wahre Modell überhaupt nicht mehr wahrzunehmen imstande ist. Aber wenn die Verwirrung, Dunkelheit und der Irrtum, die auf diesem Einfluss beruhen, aufgehoben werden, dann wird eine *innere Erleuchtung* die Menschen dazu befähigen, die Wahrheit zu sehen und einen radikalen Wandel herbeizuführen. Dieser Typus ist auf diese Weise *plötzlich, abrupt* in seinen Vorstellungen und appelliert an *Selbstvertrauen*, an *Inspiration von innen*, kombiniert mit *Verachtung für den existierenden Zustand der Dinge* und seinen korrumpierenden Einfluss. Unter anderen Bedingungen zeigt sich etwas von diesem Typus in *Platons* Staat, in den sozialen Bestrebungen der frühen (im Unterschied zu den späten) *Christen*, in *Shelleys Dichtung*, in der Haltung von Lao-tse. *Er erwartet, dass Dinge, die jetzt verachtet werden, jene Dinge umstürzen, die jetzt geachtet sind, dass die schwachen Dinge die Mächtigen verwirren; dass Ideale das Wirkliche beherrschen.* Er färbt das Denken in Zeiten großen sozialen Wandels; *die Französische Revolution*, die Russische *erstreben einen neuen Himmel und eine neue Erde.*

Der zweite Typus ist *nüchtern, vorsichtig und konservativ.* Er zielt darauf ab, den *Geist* der bestehenden Institutionen zu rechtfertigen. Er findet die wahren Muster und Maßstäbe im *Innern* der Angelegenheiten. Er blickt mit Misstrauen auf Wandel, besonders abrupten Wandel, weil das *Übel auf der Abweichung von notwendigen Bedeutungen und festen Beziehungen beruht, die in den Dingen selbst liegen.* Reform ist Restauration, Wiedergewinnung dieser wahren Muster. Das ist die Haltung von Menschen wie *Aristoteles, Konfuzius und Hegel.* Während der erste Typus im Hinblick auf die Dinge, wie sie sind, kritisch und *pessimistisch* ist, ist dieser *selbstzufrieden* oder *optimistisch. Die Dinge sind wesentlich, wenn schon nicht beiläufig, richtig und vernünftig.* Das Übel liegt eher im Geist, der sich von ihnen entfernt hat. Statt also an den Geist selbst zu appellieren, um in ihm selbst, intuitiv und angeboren, Ideale des Wandels zu finden, glaubt er, *der Geist müsse durch sorgfältiges Studium der Dinge, Formen und Beziehungen, die ihm äußerlich sind, belehrt und berichtigt werden.* Sein Naturell ist realistisch, nicht idealistisch. *Er zielt auf eine Reform von Charakter und Geist, um sie mit den wahren Bedeutungen bestehender Institutionen und Beziehungen in Übereinstimmung zu bringen,* nicht auf *eine Reform von Institutionen durch einen Appell an die inneren Ideale des erleuchteten Geistes.* Er lehrt Selbstmisstrauen, Misstrauen gegenüber Enthusiasmus, Impuls, *die Wichtigkeit geduldigen Studiums und der Belehrung von außen.* Er tendiert dazu, das individuelle Selbst unterzuordnen, wie der radikale Typ dazu neigt, es zu überhöhen.

Beide Typen von Theorie stimmen trotz ihres profunden Antagonismus darin miteinander überein, dass sie *pauschal* sind – indem sie eine allgemeine Haltung von entweder Verurteilung oder Rechtfertigung gegenüber den Dingen, wie sie sind, einnehmen. Beiden *fehlt also die Art von praktischer Macht oder Wirksamkeit, deren es am meisten bedarf – der Macht, die erforderlichen Veränderungen zu entwerfen und zu lenken.* Der Erste erwartet, dass irgendeine plötzliche und revolutionäre Veränderung eine ideale Bedingung herbeiführt; der Zweite widersetzt sich allem Wandel. *Aber was die Menschheit braucht, ist die Fähigkeit, die Veränderungen, die eintreten müssen, zu formen und zu lenken. Dem konservativen Typus fehlt es an einer Kraft, die Veränderung zu lenken, weil er die Dinge, wie sie im Wesentlichen sind, heiligspricht und rechtfertigt.*

Dem radikalen und idealistischen Typus fehlt es an einem Zugriff auf die Dinge, wie sie sind, weil er der äußeren Angelegenheit und Institution pauschal das innere Ideal gegenüberstellt. *Das Gesamtresultat ist entweder negatives und destruktives Handeln oder Untätigkeit, Passivität, ein Warten darauf, dass das Ideal durch irgendein Wunder realisiert wird.*

Die folgenden Lektionen werden folglich versuchen, den dritten Typus sozialen und politischen Denkens zu formulieren und anzuwenden, indem sie die historischen Philosophien kritisieren, die sich pauschal auf den einen oder den anderen der ersten beiden erwähnten Typen stützen. Insbesondere die nächste Vorlesung ist einer Exposition der Hauptzüge der dritten Art von Theorie gewidmet.

2. Wissenschaft und Sozialphilosophie

Allgemein gesprochen entstanden die Sozialwissenschaften – die Wissenschaften, die sich mit dem menschlichen Zusammenleben (*associated human life*) befassen – im 19. Jahrhundert in Europa. Die Gesetze und Prinzipien, die ursprünglich in der Naturwissenschaft entwickelt worden waren, wurden erst allmählich auf das individuelle menschliche Leben angewendet, und noch später auf die Probleme der menschlichen Gesellschaft. Was wir Sozialwissenschaften nennen, ist das Ergebnis der Anwendung des Geistes und der Methoden, die sich bei der Bemühung um ein besseres Naturverständnis herausgebildet hatten, auf soziale Probleme.

Mein heutiges Thema ist der Einfluss dieses wissenschaftlichen Geistes auf die dritte soziale und politische Philosophie, die ich am Schluss meiner ersten Vorlesung als Alternative zum extremen Radikalismus und extremen Konservativismus erwähnt habe.

Es ist interessant zu bemerken, dass die moderne Wissenschaft in ihren Anfängen mit einem Stoff zu tun hatte, der denkbar weit von den unmittelbaren Problemen des menschlichen Lebens entfernt war – mit der Astronomie. Dann wandte der Mensch die Methoden der Wissenschaften auf seine unmittelbare Welt an und die moderne Physik und Chemie wurden geboren. Erst danach gewannen wir einen wissenschaftlichen Zugang zu lebenden Dingen und entwickelten die Lebenswissenschaften Botanik und Zoologie. Erst in vergleichsweise jüngster Zeit ist uns aufgegangen, dass die Probleme des Zusammenlebens eine Erforschung und Ordnung durch dieselben Methoden zulassen, die sich im Umgang mit der objektiven Welt bewährt hatten.

Sobald der Mensch erst einmal erkannte, dass wissenschaftliche Methoden mit Erfolg auf das Studium gesellschaftlicher Ereignisse angewendet werden konnten, erlebten wir die Geburt der Sozialwissenschaften. Die Wissenschaft zum Beispiel, die mit den Ursprüngen der menschlichen Rassen zu tun hat, mit ihrer Evolution, ihren Sitten und der Anpassung an eine Umwelt, wird Anthropologie genannt; die Wissenschaft, die mit Produktion, Distribution und Nutzbarmachung materieller Güter zu tun hat, wird Ökonomie genannt; die Wissenschaft, die mit den Institutionen zu tun hat, durch die die Menschen versuchen, ihr eigenes Verhalten und das ihrer Mitmenschen in ihren Beziehungen in Dorf, Stadt, Staat oder Nation zu regulieren, wird Politikwissenschaft (*politics*) genannt; die Wissenschaft, welche die Anstrengungen des Menschen untersucht, sich zu seinem Universum in Beziehung zu setzen, seine Überzeugungen und Werte zu studieren, wird Religionswissenschaft (*religion*) genannt; die Wissenschaft, die die vergangenen Anstrengungen des Menschen erforscht, mit den Situationen fertigzuwerden, denen er sich ausgesetzt sah, wird Geschichtswissenschaft (*history*) genannt; die Wissenschaft, die mit den Mitteln der Kommunikation von Ideen unter Menschen zu tun hat, wird Linguistik genannt. Diese und andere sind die Sozialwissenschaften, die die Gesetze und Methoden der Naturwissenschaften auf die Probleme des gesellschaftlichen menschlichen Lebens anwenden.

Die Sozialwissenschaften haben sich verschieden schnell entwickelt und verschiedene Erfolgsgrade bei ihren Bemühungen erreicht, das Wissen vom menschlichen Verhalten zu ordnen. Immer wieder haben einige von ihnen Schlussfolgerungen gezogen, die spätere Forschungen als ungültig erwiesen haben. Ungeachtet dieser Umstände freilich lässt sich eine Feststellung über die Sozialwissenschaften insgesamt treffen – sie haben eine unglaubliche Verwandlung in den Einstellungen der Menschen und in ihren Denkgewohnheiten bewirkt. Kein gebildeter Mensch nimmt heute noch an, dass wissenschaftliche Gesetze und Theorien nur für die Naturwissenschaften wie etwa Mathematik, Physik und Chemie konstruiert werden können oder dass die Unregelmäßigkeiten des menschlichen Lebens es aus dem Bereich der Wissenschaften ausschließen. Wir haben die Tatsache akzeptiert, dass die physischen, psychischen und sozialen Verhaltensweisen des Menschen auf genau dieselbe Weise erforscht und erklärt werden können (wenn auch nicht immer mit demselben Grad an Genauigkeit) wie natürliche Phänomene.

Trotzdem haben gerade die Schöpfer der Sozialwissenschaften seltsamerweise oft eine verschwommene Ansicht von Sozialphilosophie. Sie scheinen zu glauben, dass Wissenschaften festen natürlichen Gesetzen folgen und es mit harten Fakten zu tun haben, während die Philosophie als bloße Spekulation keiner Beachtung wert ist.

Ich hatte nicht die Absicht, Sozialwissenschaftler zu kritisieren, aber es gibt eine Sache, auf die wir an diesem Punkt unsere Aufmerksamkeit richten müssen: Wenn der Stoff einer wissenschaftlichen Untersuchung eine Kategorie menschlichen Verhaltens ist, dann leiten sich die Prinzipien und Theorien gewöhnlich vom Studium einer bestimmten Situation während eines bestimmten Zeitraums her. Diese Prinzipien und Theorien können durchaus eine genaue und adäquate Beschreibung und Erklärung des Verhaltens bieten, das in dieser Situation und zu dieser Zeit beobachtet wird. Allzu oft freilich unternehmen es Sozialwissenschaftler, die Anwendung solcher Prinzipien und Theorien zu verallgemeinern und zu universalisieren und anzunehmen, dass sie überall und zu allen Zeiten gleichermaßen anwendbar sind.

Lassen Sie uns als ein Beispiel dieser Tendenz die Ökonomie anschauen. Diese ist erst im 18. und 19. Jahrhundert als eine Sozialwissenschaft entwickelt worden. Ihre allgemeinen Prinzipien wurden als Ergebnis der Untersuchung der ökonomischen Bedingungen und des Verhaltens in einem sehr begrenzten Teil Westeuropas formuliert. Die Fragen, auf die die frühen Ökonomen Antworten suchten, waren: »Wie lassen sich mehr Güter zu geringeren Kosten produzieren? Wie können diese Güter am effektivsten verteilt werden? Wie kann die Nachfrage so angeregt werden, dass der Konsum anwächst?«

Das waren Fragen, die in einer bestimmten Region in Westeuropa von großer Bedeutung waren, aber nachdem Ökonomen allgemeine Prinzipien formuliert hatten, die auf die Zeit und den Ort anwendbar waren, wo sie abgeleitet worden waren, tendierten sie dazu, sie als universale Gesetze anzusehen, die gleich gut in der ganzen Welt und für alle Zeiten angewendet werden konnten. In Wirklichkeit unterschied sich die ökonomische Situation im westlichen Europa in drei wichtigen Aspekten von den Situationen, die an anderen Orten zu jener Zeit bestanden, wie auch von der Situation, die auf ihrem eigenen Boden zunehmend an ihre Stelle tritt: (1) die Produktion im 19. Jahrhundert in Europa geschah mittels eines kapitalistischen Systems, das weitgehend aus riesigen Einheiten bestand; (2) die ökonomische Entwicklung war wettbewerblich, nicht kooperativ; und (3) die Absicht der ökonomischen Organisation war offen profitorientiert und ohne Bezug zum Wohl der Öffentlichkeit.

Die Ökonomen, die eine Situation untersuchten, für die diese Faktoren charakteristisch waren, gelangten zu einer Formulierung von Prinzipien, die in ihren Augen den Status eines universalen Gesetzes hatten und alle ökonomischen Aktivitäten des menschlichen Lebens beschreiben sollten. Ein Beispiel eines solchen »Gesetzes« war das Gesetz von Angebot und Nachfrage, das angeblich die unerbittliche Operation des Prozesses von Produktion und Konsumtion beschrieb. Dieses Gesetz mochte Armut oder Unglück nach sich ziehen; erdrückende Armut für einige, Überfluss für andere; es konnte beklagt werden, aber nach Ansicht der Ökonomen musste es akzeptiert werden. Es war so unveränderlich wie die Umlaufbahnen der Planeten.

In der Folge verlangten Carlyle, Ruskin und andere soziale Denker ihrer Zeit, erschreckt von der Armut und Herabwürdigung, die sie sahen, und nicht willens, den Verkündigungen der klassischen Volkswirtschaftler den Status eines Naturgesetzes zuzubilligen, die Abschaffung einer solchen tragischen Art von Wissenschaft. Aus der Kontroverse ging eine neue Schule hervor, die »historischen Ökonomen«, die historische Tatsachen und Systeme anerkannten und daraus schlossen, dass Prinzipien und Gesetze, die vom Studium besonderer Tatsachen in der Geschichte abgeleitet waren, relativ auf diese Tatsachen sind, keine absoluten und universal anwendbaren Gesetze.

Die Geschichte bietet uns ein weiteres Beispiel für die Tatsache, dass allgemeine Prinzipien auf der Basis besonderer Ereignisse formuliert werden. Tatsachen verändern sich, und der Übergang zu einer anderen Menge von Tatsachen schafft das Bedürfnis nach einer neuen Formulierung des Prinzips, einer neuen Theorie. Ein hierher gehöriger Fall ist die Tatsache, dass die Natur der europäischen Gesellschaft auf einer bestimmten Stufe hauptsächlich die Natur eines Stadtstaates war. In der Folge war sie eine Feudalgesellschaft; noch später wurde sie zu einer industriellen Gesellschaft. Es ist offensichtlich, dass Prinzipien, die für einen Stadtstaat vollkommen angemessen und adäquat gewesen sein mochten, in einer Feudalgesellschaft keine Geltung mehr hatten, und dass Prinzipien, die in einer Feudalgesellschaft gut funktionierten, in einer industriellen Gesellschaft nutzlos, obsolet oder schädlich werden.

Was ich durch den Hinweis auf Ökonomie und Geschichte illustriert habe, gilt ebenso für die anderen Bereiche menschlichen Verhaltens, die das Thema der Sozialwissenschaften bilden. Die Situationen, in denen Menschen leben, unterscheiden sich von Generation zu Generation, und daraus folgt, dass Generalisierungen und Prinzipien, die aus dem Studium dieser Situationen abgeleitet sind, in dem einen oder anderen Grad ebenfalls differieren müssen. Es gibt keine Sozialtheorie, die absolut und immer wahr ist oder gegen jede Veränderung immun wäre.

Ich habe die Ansichten von Sozialwissenschaftlern des 19. Jahrhunderts aus zwei Gründen erwähnt. Der erste dieser Gründe hat einen negativen wie einen positiven Aspekt. Auf der negativen Seite wollte ich erklären, dass sich Gesellschaft immer noch entwickelt, und die Geschichte, die eine menschliche Schöpfung ist, immer noch im Fortschreiten begriffen ist. Wir müssen die Philosophie auf unsere gegenwärtige Situation anwenden. Die Naturwissenschaft operiert von einem rein objektiven Gesichtspunkt aus. Sie kann natürliche Phänomene beschreiben und aufzeichnen, aber sie kann sie nicht lenken oder nach menschlichen Idealen verändern. Aber Sozialphilosophie kann sich nicht mit dem bloßen Aufzeichnen oder Beschreiben begnügen; sie muss die Schlussfolgerungen und Empfehlungen, die sich aus den Berichten und Beschreibungen einer Wissenschaft ergeben, mit teilnahmsvollem Verständnis lenken. Deshalb ist in der Sozialphilosophie notwendig immer ein gewisses Maß an Spekulation vorhanden.

Auf der positiven Seite steht der ungeheure Wandel in der seelischen Einstellung der Menschen in Folge der Entwicklung der Sozialwissenschaften. Wir betrachten jetzt menschliche Aktivitäten als etwas, von dem auch Gesetze und Prinzipien formuliert werden können, statt als etwas Erratisches und Unvorhersagbares. Die Sozialwissenschaften haben den wissenschaftlichen Geist in die Sozialphilosophie eingeführt. Philosophie, die früher rein spekulativ gewesen ist, ist aus den Wolken auf den Boden der Tatsachen geholt worden.

Zu den bedeutsamen Resultaten dieser Veränderung zählt, dass Menschen ihre Urteile auf der Basis von Tatsachen statt einer Lehnstuhlspekulation fällen, auf der Basis von Beweisen statt eines angeblichen »Naturgesetzes«, dass sie in ihrer Einstellung eher experimentell werden, statt sich gegen neue Erfahrungen zu verschließen, und dass sie wissenschaftliche Gesetze als Hypothesen statt als universale Wahrheiten ansehen. Mit der Entwicklung der Sozialwissenschaften ist die Sozialphilosophie zunehmend von wissenschaftlichem Geist durchdrungen worden.

Zum Zweiten habe ich die Entwicklung der Sozialwissenschaften erwähnt, weil ich zeigen wollte, wie die dritte Schule der Sozialphilosophie erst entstand, nachdem der wissenschaftliche Geist in Letztere eingedrungen war. Diese dritte Schule der Sozialphilosophie ist durch drei wichtige Eigenschaften charakterisiert:

1. Betonung von Experimenten. Klassische Philosophien neigten dazu, sich auf Ideen zu verlassen, im Allgemeinen konservativ und von den kalten, harten Tatsachen der menschlichen Erfahrung isoliert zu sein. Die dritte Philosophie ist der Auffassung, dass Ideen und Theorien durch praktische Anwendung überprüft werden müssen. Die Wahrheit oder Falschheit einer Idee muss durch Experimente bestimmt werden. Wenn Experimente zeigen, dass eine Idee gültig ist, kann sie menschlichem Verhalten zur Führung dienen.

2. Betonung der Untersuchung individueller Ereignisse. Klassische Philosophen haben entweder die Ersetzung bestehender Institutionen befürwortet oder versucht, sie in ihrer Gänze zu bewahren. Die dritte Philosophie nimmt keine Zuflucht zu derartig pauschalen Verallgemeinerungen. Sie befasst sich mit individuellen Fällen in besonderen Situationen. Sie formuliert keine Allheilmittel oder universalen Gesetze.

3. Betonung der Anwendung von Erkenntnis und Intelligenz auf sozialen Wandel. Die dritte Philosophie befürwortet weder den totalen Umbau noch die absolute Erhaltung bestehender Institutionen. Ihre Absicht ist es, Erkenntnis und Intelligenz zu kultivieren, durch deren Nutzung Menschen möglicherweise bestimmte Störungen beseitigen und besondere Probleme lösen können.

Es gibt zwei Zweige der Wissenschaft – reine Wissenschaft und angewandte Wissenschaft. Reine Wissenschaft hat es mit Tatsachen zu tun; sie beschreibt und formuliert Theorien von Ereignissen, wie diese beobachtet und aufgezeichnet werden können. Im Idealfalle sollten sich menschlicher Wille und Wunsch nicht in wissenschaftliche Beschreibungen von natürlichen Prozessen einmischen und keine Rolle in Theorien spielen, die wissenschaftliche Beobachtungen erklären. Angewandte Wissenschaft auf der anderen Seite muss notwendig, da sie eine Anwendung der Ergebnisse reiner Wissenschaft auf das Feld menschlichen Wollens und Wünschens ist, nicht nur die Präferenzen des Menschen beinhalten, sondern muss Theorien erzeugen, um diesen Präferenzen Genüge zu tun, um sie vor Unterdrückung oder Verdrehung zu schützen.

In der reinen Wissenschaft kann der Mensch ein Ereignis nur in der Haltung eines Zuschauers untersuchen. In der Astronomie zum Beispiel kann er sagen, ob der Mond voll oder im Abnehmen begriffen ist, ob er auf- oder untergeht. Er kann Theorien konstruieren, die das Verhalten des Mondes erklären, aber er kann nicht bewirken, dass er voll bleibt, oder verursachen, dass er zustatt abnimmt, zum östlichen Horizont zurückkehrt, statt im Westen unterzugehen. Ganz anders jedoch im Fall der angewandten Wissenschaft. Der Mensch ist mit der angewandten Wissenschaft nicht nur eng verbunden; er ist in Wirklichkeit einer ihrer Bestandteile. Infolgedessen führt der Mensch in der angewandten Wissenschaft seine Untersuchungen mit einem vollkommen legitimen subjektiven Interesse und nicht in der Haltung eines Zuschauers durch. In der medizinischen Wissenschaft zum Beispiel ist der Arzt Teil seiner eigenen Forschung. Seine Theorien handeln von der Heilung von Krankheiten, aber seine Entscheidung, für die Genesung seiner Patienten zu arbeiten, statt sie sterben zu lassen, ist ein Akt seines Willens. Die Theorie wird erst bestätigt und das Ziel der angewandten Wissenschaft erst erreicht, wenn das menschliche Wünschen und das Wollen befriedigt sind.

Das ist auch die Art und Weise, wie Sozialphilosophie operieren muss. Sie muss dem Menschen ein Richtungsgefühl verschaffen, sodass er sich auf ein Ziel zubewegt, statt hierhin und dorthin zu wandern. Alle Sozialwissenschaften sind angewandte Wissenschaften, die Quellen von Theorien, die menschliches Verhalten lenken und den Menschen befähigen sollten, die Ziele im Leben zu erreichen, die ihm sein Nachdenken als wünschenswert darstellt. Dies ist die Haltung des Instrumentalismus oder der experimentellen Methode.

Sozialphilosophie ist eine angewandte Wissenschaft, keine reine. Infolgedessen ist es für die Sozialphilosophie nicht hinreichend, die Phänomene der Erfahrung lediglich zu beschreiben – sie muss auch zu der Verwirklichung der Ziele beitragen, die Menschen anstreben. Es ist zum Beispiel für Ökonomen nicht genug, lediglich die Produktion und den Tausch von Gütern zu beschreiben und an diesem Punkt haltzumachen; sie müssen auf der Basis ihrer Untersuchung ökonomischer Situationen und Ereignisse die Richtungen anzeigen, in die die Menschen sich zu bewegen haben, damit möglichst viele von ihnen ein Maximum an Befriedigung erreichen. Oder nehmen Sie die Politikwissenschaft als anderes Beispiel: Es reicht für sie nicht aus, gegenwärtige und vergangene politische Ereignisse und Trends aufzuzeichnen und zu analysieren. Sie muss auch das Material bereitstellen, mit dessen Hilfe der Mensch sein Schicksal verbessern kann und das Ziel, Frieden und Glück, erreicht. Die Sozialwissenschaften wie etwa Ökonomie oder Politikwissenschaft sind in Wirklichkeit Technologien, deren Anwendung und Einschätzung Aufgaben der Sozialphilosophie sind. Die Beziehung zwischen Sozialwissenschaften und Sozialphilosophie ist folglich eine der wechselseitigen Durchdringung.

Natürlich gibt es viele Arten von Technologien, von denen einige gut sind und andere nicht; der Mensch steht beständig vor der Notwendigkeit einer Wahl. In der Medizin zum Beispiel gibt es die Behandlung von Krankheit durch Zauberei; und es gibt eine medizinische Wissenschaft, die sich der Physiologie und Biochemie als Techniken bedient. Dasselbe gilt von den anderen Sozialwissenschaften. Solange es zum Beispiel keinen kohärenten und konsistenten Theoriebestand in der politischen Wissenschaft gab, war gute Regierung weitgehend eine Sache des Zufalls. Unter einem starken Herrscher oder einer Gruppe von talentierten und loyalen öffentlichen Beamten konnte ein Land aufblühen, aber die Geschichte ist voll von Beispielen von Niedergang und Chaos, wenn weniger fähige Personen Zugang zu Machtpositionen erhielten. Jetzt, wo sich die Prinzipien und Theorien der Politikwissenschaft auf Erfahrung gründen, wird politisches Verhalten mit größerer Wahrscheinlichkeit durch wissenschaftliche Intelligenz gelenkt, und Regierungen sind weniger dem Schicksal, Glück oder Zufall unterworfen.

Es gibt zwei Gründe, um darauf zu bestehen, dass Sozialphilosophie die wissenschaftliche Methode beinhalten muss. Der erste dieser Gründe lautet, dass wir endlich auf einer Stufe angelangt sind, auf der wir politische und andere soziale Situationen überall auf der Welt beobachten und untersuchen können. Moderne Entwicklungen im Transportwesen und der Kommunikation haben alle Regionen und alle Völker bis zu einem gewissen Grad in Kontakt miteinander gebracht und es Sozialwissenschaftlern ermöglicht, deren Verhalten zu beobachten und aufzuzeichnen. Wir leben heute in einer Zeit, zu der das Ignorieren wissenschaftlicher Forschungsergebnisse zu einem Ereignis führen könnte, das die menschliche Kultur, die so mühsam über zahllose Jahrhunderte aufgebaut worden ist, unter Umständen vollkommen zerstört. Die Erhaltung der Menschheit verlangt, dass wir jede mögliche Gelegenheit wahrnehmen, die Forschung weiterzuführen und aus ihr Theorien abzuleiten, die als Werkzeug dienen können, um das menschliche Verhalten zu lenken.

Mein zweiter Grund dafür, auf der Einverleibung wissenschaftlicher Methoden in die Sozialphilosophie zu bestehen, ist der, die Aufmerksamkeit auf diejenigen Merkmale zu lenken, die diesen dritten Typ von Philosophie, den wir diskutieren, von seinen Vorgängern unterscheiden. Frühere Sozialphilosophien waren allgemein, abstrakt und idealistisch. Sie bauten ihre Argumente um allgemeine Begriffe wie etwa Individualismus, Sozialismus oder Kommunismus herum auf. Sie nahmen Zuflucht zu pauschalen Verallgemeinerungen – »Regierung ist nützlich«, »Regierung ist nutzlos« oder »die Institution des Privateigentums ist schlecht«. Die moderne Sozialphilosophie vermeidet doktrinäre Positionen wie diese; sie handelt von individuellen Fällen, von besonderen Ereignissen und von den Beziehungen zwischen den individuellen Fällen und Verallgemeinerungen. Ihre Aufgabe besteht darin, versuchsweise allgemeine Prinzipien auf der Basis der Untersuchung ähnlicher Einzelfälle zu formulieren und dann die Verallgemeinerungen zu überprüfen, indem sie sie auf immer weitere echte Fälle anwendet.

Philosophen, die immer noch zu vagen, pauschalen Verallgemeinerungen Zuflucht nehmen, hinken ihrer Zeit hinterher. Der moderne Philosoph unternimmt eine sorgfältige Überprüfung individueller Fälle. Das ist der Grund, weshalb sich Sozialphilosophie wissenschaftliche Methoden einverleiben muss.

Lassen Sie uns einige Beispiele betrachten, die den grundlegenden Fehlschluss illustrieren, der bei der ausschließlichen Abhängigkeit von Methoden der Abstraktion, Verallgemeinerung und Idealisierung im Spiel ist. Unser erstes Beispiel ist hypothetisch und offensichtlich absurd, aber letztlich nicht in höherem Maße als die anderen, die beobachtbare historische Entwicklungen sind.

Was würden wir von einem Eisenbahnbauer halten, der die abstrakte Idee einer idealen Eisenbahn als Bauplan übernehmen würde? Würden Investoren Gelder bereitstellen, wenn er im Begriff wäre, seine Brücken da zu bauen, wo sie auf seinem idealen Plan erscheinen, statt dort, wo sich wirkliche Flüsse in der Landschaft befinden? Oder wenn er Tunnel bohrte, wo der ideale Plan nach Tunneln verlangte, statt dort, wo wirkliche Berge Tunnel zu einer praktischen Notwendigkeit machen? Oder wenn er keinerlei Rücksicht auf wirkliche Güter und Waren nähme, die in der Gegend produziert werden, der seine Eisenbahn dienen soll, und auf die Lage der Märkte für diese Waren? Trotzdem stünde ein solches Verfahren in voller Übereinstimmung mit der ausschließlichen Benutzung von Verallgemeinerungen und Idealisierungen durch die Sozialphilosophen früherer Zeiten.

Jetzt zu einem wirklichen Beispiel aus der Geschichte: Chaotische Bedingungen im Europa des 17. Jahrhunderts – Religionskriege, Rivalitäten unter Fürstentümern, Kämpfe um die Vorherrschaft unter den entstehenden Nationen – schufen die Notwendigkeit von Gesetz und Ordnung und vor allem von absoluter nationaler Souveränität. Politische Theoretiker, die eine Rechtfertigung ihrer Theorien in der Tatsache fanden, dass sie halfen, den Problemen ihrer Zeit und ihres Ortes zu genügen, in denen sie geplant wurden, schlossen auf die Gültigkeit derselben Theorien in allen Ländern und zu allen Zeiten. Dieses »Gesetz« absoluter nationaler Souveränität wird fraglos von allzu vielen Leuten akzeptiert, selbst im 20. Jahrhundert – und mit Ergebnissen, die sich als höchst tragisch erwiesen haben. Darauf zu bestehen, »Gesetze«, die den Bedürfnissen einer besonderen Periode erfolgreich Genüge getan haben, auf eine spätere Zeit oder eine andere Region anzuwenden, also ihre universale Akzeptanz zu fordern, heißt, wie dieses Beispiel illustriert, ein Desaster herbeiführen.

Ein drittes Beispiel: Die Mittel der Produktion und Distribution von Gütern erfuhren im späten 18. und frühen 19. Jahrhundert einen entscheidenden Wandel, als bei der Herstellung von Gütern Dampfkraft an die Stelle von Muskelkraft trat. Dieser Wandel führte dazu, dass eine Anzahl von Gesetzen und gesetzlich geregelten Praktiken veralteten, die in früheren Phasen der ökonomischen Entwicklung benötigt worden waren, und führten zu dem Aufstieg der Forderung nach *laissez faire* – der Lehre, dass unbeschränkter Wettbewerb, vollständig frei von staatlichen Eingriffen, in einer ausgeglichenen Ökonomie resultieren würde.

Nun trifft es zu, dass zu der Zeit, als der moderne Kapitalismus entstand, *laissez faire* eine brauchbare und effektive Theorie war. Aber sie war keinesfalls eine universale Wahrheit; und als die Leute sie für universal und unveränderlich hielten, verwandelte sie sich in einen robusten Individualismus, der rücksichtslos dazu benutzt wurde, die Machtlosen zu unterdrücken, die Löhne niedrig zu halten und den Reichen und Mächtigen nur immer weitere Vorteile zu verschaffen.

Wir könnten noch viele weitere Beispiele beibringen, die die Gefahr des Versuchs illustrieren, eine Methode oder eine Theorie, die vielleicht dabei erfolgreich war, ein bestimmtes Bedürfnis zu einer gegebenen Zeit zu befriedigen, zu fixieren und auf ihrer universalen Anwendbarkeit zu bestehen. Aber ich glaube, dass diese wenigen Beispiele den Punkt hinreichend illustrieren.

Anders als ältere Philosophien, die entweder bestehende Institutionen *in toto* angriffen oder verteidigten, erkennt die hier diskutierte dritte Philosophie an, dass es besser ist, für den Fortschritt in besonderen Situationen zu arbeiten, als zu versuchen, bestehende Institutionen zu verteidigen oder anzugreifen. Aber solcher Fortschritt ist weder automatisch noch ist er Fortschritt *en bloc*; er ist kumulativ: ein Schritt nach vorne hier, ein bisschen Verbesserung da. Er findet Tag für Tag statt und ergibt sich daraus, wie individuelle Personen mit besonderen Situationen fertigwerden; es ist ein Stück-für-Stück-Fortschritt, der durch menschliche Anstrengung dazu gelangt, hier etwas zu reparieren, dort etwas zu modifizieren, da drüben eine kleine Verbesserung zu machen. Fortschritt ist ein Kleinhandel, kein Großhandel; er geschieht stückweise und nicht in einem Zug.

Heutzutage gibt es Menschen, die grandiose Pläne vorschlagen, mit deren Hilfe sie die Welt ein für alle Mal umbauen möchten. Aber ich für mein Teil glaube einfach nicht, dass die Welt vollständig und ein für alle Mal umgebaut werden kann. Sie kann nur schrittweise und durch individuelle Anstrengungen umgebaut werden.

Hier in China haben mich mehrere Leuten gefragt: »Wo sollen wir anfangen, unsere Gesellschaft zu reformieren?« Meine Antwort lautet, dass wir anfangen müssen, die elementaren Institutionen der Gesellschaft zu reformieren. Familien, Schulen, Kommunalverwaltungen, die Zentralregierung – alle müssen reformiert werden, aber sie müssen reformiert werden von den Leuten, die sie konstituieren, indem sie als Individuen arbeiten – in Zusammenarbeit mit anderen Individuen natürlich, aber gleichwohl als Individuen, wobei jeder seine eigene Verantwortung akzeptiert. Jeder Anspruch auf eine totale Rekonstruktion einer Gesellschaft führt beinahe sicher in die Irre. Die Institutionen, die eine Gesellschaft ausmachen, sind nicht »richtig« oder »falsch«, sondern jede ist für einen gewissen Grad der Verbesserung empfänglich. Sozialer Fortschritt ist weder Zufall noch Wunder; er ist die Summe von Anstrengungen, die von Individuen unternommen werden, deren Handlungen intelligenzgeleitet sind.

Wir wissen nicht immer, wie wir die Probleme der Menschen angehen sollen; und wenn wir anfangen, machen wir unvermeidlich Fehler, weil unsere Probleme so zahlreich und so kompliziert sind. Selbst wenn wir unsere Probleme eins nach dem anderen angehen und sie individuell statt nach einer Regel zu lösen versuchen, werden wir trotzdem Fehler begehen; aber wir werden nicht annähernd so viele machen, auch nicht so schwerwiegende.

Ich stelle mir vor, dass die meisten von Ihnen im Auditorium heute Studierende sind; und als Studierende dürften Sie sich dessen, was ich gesagt habe, ganz besonders bewusst sein. Sie wissen aus Ihrer Erfahrung, dass die Erfüllung einer Reihe kleiner Aufgaben in einer bedeutsamen Leistung resultiert. Manchmal scheint die gerade anstehende Aufgabe für unsere größeren Ziele vielleicht nicht sehr relevant zu sein. Aber wenn jeder von uns seine Pflicht tut und getreulich die verschiedenen kleinen Aufgaben, denen er gegenübersteht, verrichtet, kann das endgültige Resultat die Reformation sein, die wir uns alle wünschen. Aber wenn wir unsere Aufmerksamkeit auf diese Reformation allein richten und dabei die Myriaden von kleineren Unternehmungen aus dem Auge verlieren, zu denen wir fähig sind, dann fürchte ich, dass wenig – wahrscheinlicher nichts – erreicht werden wird.

Notizen zur zweiten Vorlesung

Die gesamte Geschichte des 19. Jahrhunderts im Westen ist durch Versuche gekennzeichnet, *Wissenschaften* im Unterschied zu einer *Philosophie* der Gesellschaft zu schaffen: Politische Ökonomie, Politikwissenschaft, Wissenschaft der Regierung, der Anthropologie, der Sprachen, Religionen usw., Soziologie, Wissenschaft der Geschichte, selbst der Moral. Diese Bemühungen drücken eine Reaktion gegen die Kontrolle menschlicher Angelegenheiten durch bloße Gewohnheit aus, durch Sonderinteressen, durch Autorität, durch Zufall und Wunderglaube. Sie markieren einen Glauben an die Herrschaft des Gesetzes, an die Gleichförmigkeit der Natur, in menschlichen und kollektiven Angelegenheiten ebenso wie in der unbelebten Natur. Sie waren das Ergebnis des Fortschritts der Naturwissenschaft und das Zeichen des Vertrauens auf die Fähigkeit des menschlichen Geistes, auch die scheinbare Wildnis und Unregelmäßigkeit der menschlichen Aktivitäten unter seine Kontrolle zu bringen. Als der positivistische Tatsachengeist in die Erforschung von Gesellschaft und Politik Einzug hielt, wurde *Philosophie* als spekulativ und prätentiös verurteilt, als unverifizierbar. Wir können auf die Schicksale dieser Versuche zu einer Sozialwissenschaft nicht weiter eingehen. Aber grob gesprochen kann gesagt werden, dass sie bislang diese Ansprüche nicht verwirklicht haben und in gewissem Sinne sogar künstlicher waren als die Philosophien, die sie zu ersetzen suchten. Sie wählten gewisse Tatsachen aus, die für eine *besondere Epoche* und Sachlage charakteristisch waren, und obwohl sie lediglich Verallgemeinerungen vornahmen, die die Haupteigenschaften dieser besonderen Epochen beschrieben, erklärten sie sie zu universellen Gesetzen, so umfassend und so notwendig wie die Gesetze der Physik oder Astronomie. Die sogenannte Wissenschaft der *politischen Ökonomie* zum Beispiel gelangte zu Verallgemeinerungen hinsichtlich der Aktivitäten von Menschen in dem *kapitalistischen Konkurrenzregime*, das durch Massenproduktion für einen entfernten Markt charakterisiert war, wobei der Tausch durch finanzielle Kredite gelenkt wurde, durch Geld, zu Profitzwecken. Sie war eine Theorie des Handels. Um diese Generalisierungen in den Rang einer Wissenschaft zu erheben, nahmen sie dann an, dass diese Verallgemeinerungen universell für die industriellen und ökonomischen Aktivitäten von Menschen gelten. Kenntnis von China oder der vergangenen Geschichte beweist zur Genüge, dass wir es nicht mit einer Wissenschaft, sondern mit gewissen Tendenzen zu tun haben, die zu einem bestimmten Zeitabschnitt unter eigentümlichen historischen Bedingungen herrschten. Dasselbe kann von der *politischen Wissenschaft* gesagt werden. Sie ist in Wirklichkeit eine Beschreibung gewisser Formen von Institutionen, die sich im Westen während der letzten paar Jahrhunderte entwickelt haben und die besonders das Europa des 19. Jahrhunderts charakterisierten, den *nationalen Territorialstaat* unter einer konstitutionellen und repräsentativen Regierung, die auf einer bestimmten Art des Wahlrechts beruhte.

Der Anspruch auf Universalität ist absurd, wenn man den gesamten Bereich menschlicher Angelegenheiten in Betracht zieht, nur eine Vergöttlichung lokaler und möglicherweise temporärer Umstände. Die »Wissenschaften« können künstlicher genannt werden als die Philosophien, weil die Letzteren mehr oder weniger offen immer *imaginativ* und *spekulativ* waren, davon sprachen, *was sein sollte*, während die Wissenschaften behaupteten, eine Darstellung von Dingen zu geben, wie sie *sein müssen*.

II. Das bedeutet nicht, dass die Wissenschaften nutzlos oder überflüssig sind. Abgesehen davon, dass sie die Überzeugung zum Ausdruck bringen, dass (1) menschliche Angelegenheiten ebenso erforscht und verstanden werden können wie physische, abgesehen davon, dass sie (2) eine große Menge an wertvollem Tatsachenmaterial ans Licht bringen, führen sie einen Faktor ein, der die Sozialphilosophien der Zukunft von Grund auf modifizieren muss. (3) Ihr Beitrag ist der *wissenschaftliche Geist*, die *wissenschaftliche Methode* im umfassenderen Sinn als eine bestimmte Art und Weise, Tatsachen und Pläne zu behandeln, und es ist dieser Beitrag, der einen *dritten Typus politischen Theoretisierens* möglich und notwendig macht, im Unterschied zu den beiden Arten, die in der letzten Stunde erwogen worden sind, ein Typus, der vielleicht die *richtungweisende Kraft* besitzt, die ihnen fehlte. Hier findet sich (1) die Wichtigkeit, die den *wirklichen Tatsachen und der Notwendigkeit, die Theorie auf sie zu begründen*, beigelegt wird. Hier findet sich (2) das Bedürfnis nach Abschaffung der Gewohnheit, parteiische Glorifizierung und Verdammung in die Darstellungen einzubauen, das Bedürfnis, zwischen den Phänomenen einerseits und den eigenen Wünschen, wie sie beschaffen sein sollten, andererseits zu unterscheiden. (3) Die Reduktion, wenn nicht gar Eliminierung der dogmatischen und autoritären Geistesgewohnheit; (4) die Bereitschaft, Dinge eher im Detail als in pauschalen Allgemeinheiten zu nehmen, eher Kleinhandel als Großhandel zu betreiben; (5) die Bereitschaft, angebliche Prinzipien und Gesetze als *nur provisorische*

Hypothesen zu behandeln; (6) das Beharren auf der Forderung nach experimenteller Verifikation – alle diese Dinge beruhen auf dem Einfluss des *Geistes* der Wissenschaft und sie bestehen auch dann weiter, wenn die pauschalen Ansprüche, wissenschaftliche Gesetze von universaler Reichweite zu bilden, fallen gelassen werden. AUF DIESE WEISE ENTSTEHT DIE MÖGLICHKEIT EINES DRITTEN TYPUS VON SOZIALPHILOSOPHIE, DIE SICH IN WICHTIGEN HINSICHTEN VON DEN BEIDEN LETZTES MAL ERWOGENEN UNTERSCHEIDET (werde das Obige in der Vorlesung verdichten).[2]

III. *Die Verbindung des wissenschaftlichen Geistes mit dem moralischen und praktischen Ziel der Philosophie.* Das Großartige an den klassischen Systemen der Philosophie besteht darin, dass sie mit einem *Zweck* vor Augen dachten. Sie waren nicht mit bloßer Beschreibung oder Beobachtung zufrieden. Sie versuchten, ein Prinzip für die Lenkung des Lebens zu entwickeln, Prinzipien, die genutzt werden sollten, um den Wert von Ereignissen zu beurteilen und um Pläne und Zwecke zu entwerfen. Nichts weniger als dies kann den Menschen in sozialen Fragen zufriedenstellen. Denn wir sind nicht lediglich unbeteiligte Zuschauer; wir sind Teilnehmer, Partner. Unser eigenes Schicksal und Glück steht im Gang der Ereignisse auf dem Spiel. Wir wollen, dass sie sich eher auf die eine als auf die andere Weise entwickeln, und wir benutzen unsere Beobachtungen von dem, was in unserer Macht steht, um Entscheidungen über das zu treffen, was sein kann und sein soll. In den sogenannten reinen Wissenschaften nehmen wir die Position ein, *lediglich* auf die Dinge *zu schauen*, um zu beobachten, was sich abspielt. Wir stehen außerhalb von ihnen. Unsere eigenen Hoffnungen, Ängste, Wünsche und Beobachtungen haben mit den zukünftigen Veränderungen des Mondes nichts zu tun. Die Szenerie ist, soweit es uns betrifft, *geschlossen und vollendet.* Unsere eigenen Aktivitäten gehen nicht in seine Herstellung oder Neuschöpfung ein. Nur in der *»angewandten« Wissenschaft*, in Agrikultur, Medizin, Ingenieurswesen (Tiefbau, mechanisch, elektrisch) *nutzen wir unser Wissen, um als aktive Partner bei dem, was sich vollzieht, mitzuwirken, um es anders zu machen, als es wäre, wenn wir nicht handeln, und zwar auf der Basis unseres eigenen Wissens.*

2 Im Manuskript in Großbuchstaben (Anm. d. Hg.).

Mit anderen Worten: Die Sozialwissenschaften sind nicht rein; sie sind wie *angewandte Wissenschaften. Sie befassen sich mit der intelligenten Neugestaltung oder Veränderung bestehender Bedingungen.* Man hat gesagt, dass wir *rückwärts wissen*; was getan worden ist – eine Tatsache ist etwas (Ab)Getanes – tot, erledigt. Wir *handeln vorwärts*; ein Akt ist etwas, was noch immer getan wird, um Dinge zu ändern. Bergson hat betont, dass wir *nicht dieselbe Art Wissenschaft vom Leben haben können wie vom Unbelebten.* Wir befassen uns nicht mit dem Beendeten und sich selbst Wiederholenden, sondern mit dem Unvollendeten, wo das Neue, das wirklich Neue eintritt, und wo wir selbst interessiert, betroffen sind von dem, was gerade geschieht, und bewusst versuchen, seine Qualität zu ändern, zu *erfinden* und zu *erneuern* und zu *ändern*, und wo unser Wissen von dem, was der Fall ist und gewesen ist, unvermeidlich unseren Bemühungen untergeordnet ist, zukünftigen Ereignissen eher die eine als die andere Form zu geben – wo *unser Wissen*, kurz gesagt, *praktisch ist* – wie das des Arztes, der versucht, auf der Basis seines Wissens Gesundheit statt Krankheit zu bewirken. Es ist absurd zu vermuten, wir könnten eine kaltherzige Sozialwissenschaft haben, die Wunsch und Vorliebe, Emotion und Voreingenommenheit eliminiert. Aber wir können unsere Wünsche klären und aufhellen. Unsere Kunst der Medizin beruht auf einer Voreingenommenheit zugunsten des Lebens. Wir *wollen* leben, wir bestehen darauf. Wir nutzen das kalte theoretische Wissen von Chemie, Anatomie und Physiologie, um unsere Wünsche, unsere Sehnsüchte effektiver zu lenken, unsere Voreingenommenheit stärker an die Bedingungen anzupassen, weniger blind und vom Zufall abhängig. Von daher stammen die primären Eigenschaften unseres dritten Typus.

IV. Er ist pragmatisch, instrumentell. Das heißt, er zielt darauf ab, eine Kunst, eine angewandte Wissenschaft zu sein, eine Form sozialer Ingenieurskunst. Politik ist eine Kunst, aber sie sollte keine blinde oder routinemäßige oder magische Kunst sein, nicht von Intrigen oder Sonderinteressen usf. bestimmt werden. *Sie beruht auf der Möglichkeit, bewusstere Regulierung zugunsten der allgemeinen oder öffentlichen Interessen in den Gang der Ereignisse einzuführen.* Sie glaubt, dass die Kunst der Politik gegenwärtig allzu sehr eine Kunst der speziellen Manipulation zugunsten von Sonder- oder Eigeninteressen oder Zielen ist. Sie kann eine Kunst wie die Ingenieurskunst werden, in ihrer Qualität, wenn nicht sogar in Ausmaß und Qualität. Das Bauen von Bahnlinien und Brücken, von Kanälen und elektrischen Dynamos erkennt die Vormachtstellung *menschlicher Ziele und Wünsche* an. *Es verwendet faktisches Wissen zugunsten kollektiver menschlicher Zwecke und Absichten.* Aber die Anwendung beruht auf positiven Wissenschaften und ist daher nicht blind, aufs Geratewohl, akzidentell oder lediglich traditionell. Sie kann planmäßig neue Dinge konzipieren und ausführen, die den Verlauf natürlicher Phänomene in konkrete Bahnen lenkt. Ganz ähnlich müssen unsere sozialen und politischen Begriffe, Theorien und Systeme *für soziale Konstruktionen* eingesetzt werden, *für eine soziale Ingenieurskunst, und den Überprüfungen eines solchen Gebrauchs unterworfen werden.*

V. Daher muss Sozialphilosophie *spezifisch*, nicht universell sein. Niemand baut eine *allgemeine* Eisenbahnstrecke. Wir bauen eine besondere Eisenbahnlinie unter Berücksichtigung spezifischer Lokalitäten, geographischer Eigenschaften, Flüsse, Berge, Täler, der Lage von Städten, der Bevölkerungsdichte, des Rohmaterials, der ökonomischen Mittel sowie der Berufe und Produkte. Mit anderen Worten, *das Projekt beruht auf der Untersuchung einer speziellen konkreten Situation, der Bedürfnisse, denen genügt werden muss, der Ressourcen, die zur Hand oder zumindest potentiell verfügbar sind, der Hindernisse, die überwunden werden müssen, definierter Ziele, die man vor Augen hat, der Konsequenzen, die sich ergeben*, politisch, industriell, finanziell usw. Das Problem ist eines von Zielen und Mitteln in einer bestimmten Situation. Im Gegensatz dazu waren die klassischen Sozialphilosophien pauschal und absolut. Sie erhoben einen Anspruch auf universale Gültigkeit, gut für alle Zeiten und Orte und Umstände. Allgemeiner Radikalismus oder allgemeiner Konservativismus statt wechselnder bzw. ständiger Spezialfaktoren, je nach den Bedürfnissen der besonderen Situation, in der sich die Menschen tatsächlich befanden. Jeder kennt die Rolle, die individualistische und universalistische Theorien in historischen Philosophien gespielt haben bzw. die, welche *Initiative und Freiheit des Individuums,* und die, welche *Staat, Recht und Ordnung im Allgemeinen* und die Subordination des Individuums unter sie betont haben. Was kein Teil dieser Philosophien war, ist notwendig – da es einen Platz für beide Elemente im Leben gibt, *können historische Bedingungen zu der Betonung des einen Faktors zu der einen Zeit und des anderen Faktors zu einer anderen führen* – dass keine der beiden

Philosophien universal und abstrakt wahr ist, sondern beide nur unter spezifischen Bedingungen anwendbar sind. Dass Menschen keine Tunnel auf einer Ebene bauen, ist kein Grund dafür, eine Theorie zu formulieren, der zufolge Tunnel grundsätzlichen Einwänden unterliegen, und deshalb den Bau von Eisenbahnen im Gebirge zu verzögern.

Im *17. Jahrhundert* kam es in Europa zu einem generellen Zusammenbruch von Institutionen, es war Schauplatz von Religions- und Bürgerkriegen. Es war nur natürlich, dass die Menschen in diesem bedrohlichen Chaos und der Auflösung der Zivilisation *Ordnung* hochgeschätzt und sich nach einer *Autorität* gesehnt haben, die die Macht hatte, Ordnung durchzusetzen. Die Bedingungen begünstigten Vereinheitlichung und Zentralisierung. Aber die nichtwissenschaftliche absolutistische Geistesgewohnheit *nahm dieses Bedürfnis aus ihrem Kontext heraus* und machte daraus ein universales und notwendiges Prinzip. Sie begünstigte in eben dem Prozess, das bestehende Übel zu korrigieren, die Bildung einer neuen üblen, absoluten und tyrannischen Regierung und vermachte späteren Zeiten die Tradition eines autoritären Staates – wie sie etwa Deutschland im 19. und 20. Jahrhundert beeinflusste.

Andererseits war der spätere Teil des *18. Jahrhunderts* eine Zeit, in der aufgrund der industriellen Veränderungen, die auf der Verwendung der Dampfmaschine beruhten, viele *Gesetze, Institutionen und Praktiken obsolet und schädlich* wurden, die unter früheren Bedingungen entstanden waren, unter denen sie mehr oder weniger funktioniert hatten. Aber unter den neuen Bedingungen arbeiteten sie ungerecht und hinderlich. Sie mussten beiseitegefegt werden, um den neuen Unternehmungen, die durch die Verwendung von Dampf bei der Produktion und Distribution möglich gemacht worden waren, freieres Spiel zu geben. Um erfolgreich und fähig zu sein, ihren Beitrag zum öffentlichen Wohl zu leisten, *mussten die Individuen zugunsten eines größeren Spielraums ihrer Eigeninitiative emanzipiert werden*. Aber unglücklicherweise erstarrte diese relative und spezifische Notwendigkeit zu einem universalen Prinzip. Jede soziale Regulierung von Industrie und Handel galt nun als übel. Eine kollektive Lenkung der Ökonomie durch organisierte Überlegung und Entscheidung der Gesellschaft war weder möglich noch wünschenswert. Die Funktionen des Staates sollten darauf beschränkt bleiben, Individuen in der Ausübung ihrer Freiheit zu schützen, solange sie nicht auf eine gleiche Freiheit anderer übergriffen: das *Laisser-faire* und die Polizeitheorie des Rechts und der Regierung. Kurzum, eine Bewegung, die innerhalb gewisser Grenzen gültig war, den Grenzen der historischen Situation, in der sie entstand und in Beziehung auf welche sie heilsam war, wurde zu einer absoluten und universellen Wahrheit gemacht. Später wurden die Mängel dieser Konzeption offensichtlich, und es gab eine entsprechende Reaktion in Richtung eines Staatssozialismus, eines generellen Staatseigentums und der Regulierung aller geschäftlichen Unternehmungen. Freie individuelle Aktivität und Wettbewerb galten nun nicht mehr nur als Ursache von Übeln unter diesen besonderen Bedingungen, unter denen sie durchgeführt wurden, sondern als inhärent schlecht. Dieses Hin-und-her-Schwanken von einem Extrem der Theorie zum anderen ist eine Illustration dessen, was geschieht, wenn der pauschale und absolute Typus von Theorie vorherrscht. Wir müssen sehen, dass jede Philosophie, die ein praktisches Ziel hat, relativ auf die spezifische Situation ist, die einer Berichtigung bedarf. Wir müssen in Grenzen denken, die durch die speziellen Übel und die speziellen Ressourcen, die gerade zu ihrer Korrektur zur Hand sind, gesetzt werden, große, allgemeine Ismen vermeiden und spezifische Fragen betrachten und Ismen einfach nur verwenden, soweit sie Licht auf das besondere vorliegende Bedürfnis werfen. *Es ist besonders die Tragödie der warmen enthusiastischen sozialen Idealismen, dass sie auf lange Sicht den Reaktionären in die Hände spielen, weil sie in viel zu pauschalen Ausdrücken denken und reden und vergessen, dass Entwicklung von einer sehr großen Anzahl spezifischer Veränderungen abhängt, die eine nach der andern im Detail abgearbeitet werden müssen, und dass der Versuch, alles auf eine allgemeine Weise zu tun, sehr wahrscheinlich im Scheitern endet, überhaupt irgendetwas im Besonderen zu tun, außer vielleicht zufällig.*

VI. Daher *setzt* der dritte Typus von Philosophie *die Unterscheidung besonderer Konsequenzen von Gut und Schlecht, Besser und Schlechter an die Stelle einer allgemeinen Kritik und Rechtfertigung.* Sie versucht herauszufinden, wie *diese* und *jene* Einrichtung, Sitte und Institution im Detail arbeitet, um Glück oder Elend zu fördern. Sie zielt eher auf *Verbesserung*, auf Verbesserung *dieser* und *jener* schlechten Eigenschaft, als auf universale Verdammung und Destruktion oder Heiligsprechung und Konservativismus. Ihre Parole lautet *Fortschritt*, obgleich sie ebenso anerkennt, dass *Fortschritt an bestimmten Punkten stattfinden muss, an denen eine Reorganisation benötigt wird*, und nicht *überall zugleich*. Sie erkennt an, dass wirklich gute Dinge gefunden werden müssen, um sie als Werkzeuge und Hilfsmittel zu verwenden, als aktive Hilfsmittel bei der Korrektur von Dingen, die der Verbesserung bedürfen. *Sie vermeidet die Illusion*, (1) dass Dinge ihrem Wesen nach unwandelbar sind, weil die menschliche Natur immer dieselbe ist, und (2) die Idee, dass eine einzelne umfassende Veränderung von Gesetzen oder Institutionen[3] mit einem Male Erfolg haben kann. Insbesondere setzt sie auf *Erziehung*, auf *Aufklärung* und bessere *Ausstattung, um Verbesserungen einzuführen und sie echt und dauerhaft zu machen*, statt auf irgendeinen magischen Gesetzeserlass, eine Gesetzgebung oder eine äußere Verwaltung.

Um noch einmal auf die Frage der praktischen Wirksamkeit von Theorien zurückzukommen, soll wiederholt werden, dass die traditionellen Typen *eine wirkliche soziale Wirkung eher zufällig als absichtlich haben*. Sie bestärken Bräuche, die unabhängig von ihnen existieren, indem sie sie rationalisieren und rechtfertigen. Oder sie drücken starke emotionale Vorlieben und Abneigungen aus und inspirieren Menschen zum Angriff. Aber *sie sind nicht absichtlich nützlich*. Sie sind nützlich so, wie ein Stück Holz zufälligerweise zum Pflügen nützlich ist, obwohl es nicht für diesen Gebrauch gedacht war. Aber *Ideen, die sich auf der Basis einer Untersuchung spezieller Bedingungen bilden, werden wertvoll und gültig genau in dem Grad sein, in dem sie helfen, Probleme zu lösen*. Obendrein werden sie *einer Überprüfung durch Verifikation unterzogen*. Sie werden dem Bereich von Behauptung und brutaler Gewalt und bloßem Streit entzogen. Sozialphilosophie sollte eine *Brücke von der bestehenden unbefriedigenden Situation zu einem besseren zukünftigen Sachverhalt sein, der auf genauer Kenntnis der zu korrigierenden Übel und auf konkreten Änderungsvorstellungen an diesem oder jenem Punkt beruht.*

3 Gelesen: *institutions* statt *intuitions* (Anm. d. Übers.).

3. Sozialer Konflikt

In meinen beiden ersten Vorlesungen habe ich drei Schulen der sozialen und politischen Philosophie beschrieben: die radikale, die den Umsturz bestehender Institutionen befürwortet; die konservative, die bestehende Institutionen verteidigt; und einen dritten Ansatz, der sich mit konkreten Problemen beschäftigt, statt mit Hilfe pauschaler Verallgemeinerungen bestehende Institutionen anzugreifen oder zu verteidigen. Heute werde ich weiter über diesen dritten Theorie-Typus sprechen und die ersten beiden nur gelegentlich kommentieren.

Der grundlegende Punkt dieses dritten Ansatzes ist der, dass Theoriebildung in den Versuchen des Menschen ihren Ursprung hat, mit ungelösten Situationen fertigzuwerden. Ihm zufolge besteht die Funktion der Theorie darin, Irrtümer zu korrigieren und Mängeln abzuhelfen, die sich zeigen, wann immer Menschen soziale Situationen zu bewältigen suchen, wie auch, Konflikte zu lösen, die zwischen den Elementen der Gesellschaft vorkommen. In solchen Fällen ist die Betonung konkreter Probleme, so wesentlich sie auch ist, nicht hinreichend; wir benötigen auch einen Rahmen von allgemeinen Konzeptionen, die uns bei unserer Erwägung der Gesamtsituation leiten.

So muss ein Seemann zumindest eine Karte und einen Kompass haben, die Karte, um bei der Festlegung seines Ziels zu helfen, den Kompass, um ihm ein Richtungsgefühl zu verschaffen. Ganz analog muss auch der Sozialphilosoph allgemeine leitende Prinzipien haben, die ihm als Karte und Kompass dienen, sobald er die Ursache von Konflikten und Instabilitäten auf der sozialen Szene beobachtet und zu lösen versucht, und dann Ansätze findet, die die Schwierigkeiten zu lösen oder zu entschärfen versprechen, vor die ihn die konkreten Probleme stellen.

Freilich ist ein »allgemeines leitendes Konzept«, wie ich den Ausdruck an dieser Stelle verwende, auf keinen Fall dasselbe wie die praktisch als *absoluta* fungierenden pauschalen Verallgemeinerungen, zu denen ich mich in früheren Vorlesungen geäußert habe. Das allgemeine leitende Konzept ist tatsächlich ein *allgemeines* Konzept, das sich in jedem Fall von konkreten Ereignissen der Art ableitet, auf die es angewendet werden soll.

Klassische Philosophen haben zu verallgemeinerten Antinomien Zuflucht genommen, wenn sie mit sozialen Konflikten zu tun hatten – Individuum versus Gesellschaft, Volk versus Regierung, Autorität versus Freiheit. Die wirklichen Grundlagen der sozialen Konflikte wurden durch diese Art, mit ihnen umzugehen, eher verdunkelt als erhellt. Wir sollten die Ursprünge des Konflikts in den Wechselbeziehungen von Gruppen suchen statt in diesen abstrakten Antinomien.

Von unserem Gesichtspunkt aus kann ein sozialer Konflikt nicht lediglich als Meinungsverschiedenheit zwischen einer Entität und einer anderen definiert werden. Für praktische Zwecke ist es mehr als nutzlos, solche Gegensätze wie Individuum gegen Gesellschaft, Volk gegen Regierung oder Autorität gegen Freiheit zu postulieren. Eine Gesellschaft besteht aus vielen Gruppen, und die Grenzlinien sind schlecht definiert und überlappen sich. Konflikte zwischen diesen Gruppen sind deshalb komplex und lassen sich nur schwer definieren.

Unter »Gruppe« verstehe ich eine Menge von Menschen, die durch gemeinsame Interessen vereint sind. Leute, die gemeinsame Interessen haben, bilden natürlicherweise Gruppen, wie zum Beispiel Leute, die sich für Baseball interessieren, Baseball-Teams bilden – oder in einem weiten Sinn Anhänger des einen oder anderen Teams werden. Und da eine Gesellschaft aus einer Vielzahl von Gruppen besteht, die auf der Grundlage von zumindest einem gemeinsamen Interesse ihrer Mitglieder beruhen, ist ein sozialer Konflikt nicht eigentlich ein Konflikt zwischen dem Individuum und seiner Gesellschaft, sondern eher einer zwischen Klassen, Berufsgruppen oder Gruppen, die nach ideologischen oder vielleicht sogar ethnischen Grundsätzen konstituiert sind.

Bestimmen wir etwas genauer, was wir meinen, wenn wir sagen, dass Leute mit gemeinsamen Interessen natürlicherweise Gruppen bilden, und schauen wir, wie jede dieser Gruppen dazu dient, einige der grundlegenden menschlichen Bedürfnisse zu befriedigen. Einer der elementarsten Triebe des Menschen (wie aller Lebewesen) ist die Sexualität. Die Befriedigung und Regulierung dieses Triebes und die Notwendigkeit, für die Kinder, die geboren werden, zu sorgen, bindet Menschen natürlicherweise zu Gruppen zusammen, die wir Familien nennen, und lässt die Institution entstehen, die wir einen Haushalt nennen. Die Gemeinsamkeit von Interessen zwischen den Generationen und zwischen Menschen verschiedener Verwandtschaftsgrade lassen die Institution des Stammes entstehen.

Und weiter: Weil Menschen essen, sich warm halten und vor dem Wetter schützen müssen, haben wir Berufsgruppen – Bauern, die Nahrung produzieren, Kaufleute, die sie verkaufen; Männer und Frauen, die spinnen, weben und unsere Kleidung herstellen; diejenigen, die Güter aus den Regionen, wo sie produziert werden, zu den Orten schaffen, wo sie konsumiert werden usw. Und da die menschliche Natur nun einmal so ist, dass unvermeidlich Konflikte entstehen, wird es bei zunehmender Komplexität der Assoziation in einem umfassenderen Sinne nötig, die Tätigkeiten durch die Bildung von Regierungen auf der lokalen, der provinzialen und der nationalen Ebene zu regulieren.

Die menschliche Natur scheint auch der Religion zu bedürfen, da die meisten Menschen nicht damit zufrieden sind, nur in den Tag hinein zu leben, sondern sich eine Art Definition ihrer Beziehung als Individuen zum Universum wünschen. Menschen, welche eine Definition dieses Bedürfnisses teilen oder die ähnliche Antworten auf die Fragen, die es stellt, postulieren, bilden religiöse Gruppen – und also haben wir Kirchen, Tempel und Moscheen. Wir könnten unzählige Beispiele für die einfache Tatsache anführen, dass Menschen, die gemeinsame Interessen haben, Gruppen bilden, durch die sie diesen gemeinsamen Interessen Ausdruck verleihen.

Wir haben von den Ursprüngen menschlicher Gruppen gesprochen; wir wollen jetzt auf die Basis für Konflikte unter diesen Gruppen blicken. Soziale Gruppenbildung ist ein kompliziertes und sich überschneidendes Phänomen. Keine Gruppe ist unabhängig und isoliert und keine Person ist jemals Mitglied nur einer einzigen Gruppe. Ein einzelnes Individuum zum Beispiel ist Mitglied seiner Gesamtgesellschaft; gleichzeitig ist es Bürger seiner Nation, seiner Provinz und seiner Stadt oder seines Dorfes. Es kann auch Mitglied einer Kirche sein, Angestellter in irgendeinem Gewerbe, Anhänger einer bestimmten Sportart. Eine andere Person kann die Mitgliedschaft in einigen dieser Gruppen mit ihm teilen, aber aufgrund ihrer anderen Interessen gleichzeitig noch zu anderen (und möglicherweise antagonistischen) Gruppierungen gehören.

Die Gesellschaft ist in einem Zustand des Ungleichgewichts,

weil diese vielen Gruppen sich nicht auf ausgewogene Weise entwickeln – und das auch nicht tun können. Manchmal unterdrückt eine Gruppe eine andere. Jahrzehnte-, jahrhundertelang können die Dinge scheinbar glatt verlaufen, und die untergeordnete Gruppe kann oberflächlich zufrieden und ruhig erscheinen. Aber die Geschichte ist voll von Beispielen für Revolten von anscheinend zufriedenen Gruppen – Revolten, die oftmals unterdrückte Antipathien und unterdrückten Hass enthüllt haben.

Nun lassen Sie uns Beispiele von Fällen ansehen, in denen bestimmte Gruppen einen privilegierten Status erlangten und durch die Unterdrückung anderer Gruppen zur Unordnung beitrugen und soziale Konflikte erzeugten. Religiöse Führer stellen einen offensichtlichen Fall dar. Die römisch-katholische Kirche beherrschte zwischen 500 und 1500 nach Christi Geburt tausend Jahre lang die europäische Geschichte. Während dieser Periode übte die Kirche die Kontrolle über die Familie, die Künste, die Erziehung aus – und, so lange sie konnte, selbst über den Staat.

Obwohl die Familie als eine grundlegende Institution während dieser Zeit fortbestand, funktionierte sie im Allgemeinen auf einer niedrigeren Ebene als im vorchristlichen Rom. Die christliche Theologie ging von einem Konflikt zwischen der geistigen Natur des Menschen und seinen physischen Bedürfnissen aus; und die Kirche verlangte aus diesem Grund von ihren Klerikern, zölibatär zu leben. Heirat und Familie wurden für Laien toleriert; aber da der Ehestand kaum mehr als eine Konzession an diejenigen war, die nicht die geistige Stärke besaßen, die Last des Zölibats zu tragen, die von Priestern, Mönchen und Nonnen verlangt wurde, wurde der Verbesserung der Qualität der Familie als Institution wenig wenn überhaupt Aufmerksamkeit gewidmet.

Die kreativen Künste, die in der klassischen »heidnischen« Welt ein hohes Entwicklungsniveau erreicht hatten, erfuhren während dieser Periode einen Niedergang beinahe bis zu dem Punkt ihrer Auslöschung – oder zumindest, bis andere Kräfte gegen Ende des Zeitalters begannen, die Herrschaft der Kirche erfolgreich in Frage zu stellen. Viele der frühen Kirchenväter empörten sich gegen die Künste – besonders gegen diejenigen, die die menschliche Gestalt abbildeten – mit der Behauptung, dass der sinnliche Reiz der Skulptur und Malerei körperliche Gelüste auslösen könnte – die *per definitionem* (*ihrer* Definition) ein Übel und deshalb zu vermeiden waren. Es ist wahr, dass die Kirche bestimmte Künste förderte, namentlich Architektur und in der Folge Musik – aber primär für den Dienst, den diese Künste der Religion leisten sollten, nicht für das, was sie zur Erhöhung des menschlichen Lebens beitragen konnten.

Von sehr wenigen bemerkenswerten Ausnahmen abgesehen, standen die Kleriker der Entwicklung der Wissenschaft feindselig gegenüber, da sie fürchteten, dass die Wissenschaft die »Wahrheiten« der Religion in Frage stellen würde. Die Erziehungsmöglichkeiten wurden eingeschränkt, und was es an Erziehung gab, diente eher den Bedürfnissen und Interessen der Kirche als der Bevölkerung. Die Kleriker waren eifersüchtig auf die Macht von Herzögen, Prinzen und Königen – und da weder der Staat noch die Kirche ihre Position ändern wollten, herrschte ein Jahrtausend lang praktisch Krieg zwischen den beiden. Tatsächlich sind Überbleibsel dieses speziellen Konflikts selbst heute noch zu finden.

Sie werden verstehen, dass ich diese Dinge lediglich sage, um Ihre Aufmerksamkeit auf die Häufigkeit zu lenken, mit der die Geschichte uns die Herrschaft kirchlicher Organisationen über andere Gruppen zeigt, weitgehend aufgrund des speziellen Respekts und Status, der ihnen zugestanden worden ist. Die Art Situation, die ich beschrieben habe, kommt überall auf der Welt vor. Die drei einzigen Ausnahmen, die einem in den Sinn kommen, sind das alte Griechenland, China und die Vereinigten Staaten von Amerika. Im klassischen Griechenland gab es praktisch keine Institutionalisierung der Religion und infolgedessen keine Priesterherrschaft über andere Gruppen. In China hat es niemals eine Staatsreligion gegeben. Zu der Zeit, als die Vereinigten Staaten sich als Nation etablierten, bauten ihre Gründer, wohl vertraut mit der Geschichte des Konflikts zwischen Kirche und Staat in Europa, in ihre Verfassung Vorsichtsmaßnahmen ein, die eine vollständige und permanente Trennung von Kirche und Staat garantieren. Das amerikanische Volk hat geerntet, was ihre Vorfahren gesät haben; mit dieser und den beiden anderen erwähnten Ausnahmen ist der soziale Fortschritt durch die Herrschaft organisierter Religion verhindert worden.

Eine andere Gruppe, die eine privilegierte Position einnahm und oft andere Gruppen ihrer Kontrolle unterworfen hat, ist das politische Establishment. Man erzählt sich die Geschichte eines Westlers, der bei einem Gespräch mit einem Hindu über die Gründe, warum die orientalischen Länder unterentwickelt sind, behauptete: »Orientalische Länder sind unterentwickelt, weil die Einheimischen zu konservativ sind und zu lange an traditionellen Gewohnheiten festhalten. Zum Beispiel pflegten die Menschen in Indien Dinge auf ihrem Kopf zu tragen, weil sie keine Schubkarren besaßen. Dann, als sie Schubkarren kennen lernten, beluden sie sie mit Kohlen und trugen die Schubkarren auf ihrem Kopf. Das ist ein Beispiel für die Tatsache, dass die Orientalen in einem solchen Ausmaß Opfer von Gewohnheit und Tradition sind, dass sie nicht hoffen können, jemals ihre Länder zu reformieren.« Darauf entgegnete der Hindu: »Es ist wahr, dass orientalische Menschen durch Gewohnheiten und Traditionen gefesselt sind; aber es ist auch wahr, dass die westlichen Völker zu sehr von ihren Regierungen abhängig sind. Ihr Fehler ist es, dass sie ihre Regierung als Schubkarre verwenden – sie wissen nicht, wie sie die Dinge auf ihren Kopf laden sollen, die dorthin gehören. Sie werfen alles in die Schubkarre der Regierung; und dies bedeutet einen Nachteil im Vergleich zu uns, weil wir immer noch wissen, wie wir unsere Köpfe gebrauchen müssen, um zurechtzukommen.«

Der Hindu hat nicht unrecht. Westliche Menschen sind typischerweise in großem Maße von der Regierung abhängig. Während des letzten Weltkriegs zum Beispiel wurde die Macht der westlichen Nationalregierungen so weit ausgedehnt, dass sie die Kontrolle des Schienennetzes, des Bergbaus, vieler industrieller Unternehmungen und sogar des menschlichen Lebens einschloss. Alle Institutionen – Handel, Industrie, Erziehung – wurden der Kontrolle durch die Regierung unterworfen. Der Prozess ging so weit, dass eine Gegenreaktion einsetzte und nachdenkliche Leute an der Weisheit zu zweifeln begannen, so viel Macht in den Händen der Regierung zu konzentrieren, andere Institutionen so sehr ihrer Kontrolle zu unterwerfen. Solche Zweifel wachsen und werden das weiterhin tun.

Ökonomische Faktoren üben ebenfalls oft eine ungebührliche Dominanz aus. Insbesondere westliche Menschen scheinen einen unverhältnismäßigen Wert auf die materiellen Dinge des Lebens zu legen. Sie lieben es, Geld zu verdienen; und einem Menschen, der ein Vermögen gemacht hat, wird beinahe automatisch Respekt und Bewunderung gezollt. Die Chinesen sehen diese Tendenz kritisch, und besonders kritisch sehen sie die Amerikaner, weil Amerikaner dazu neigen, derart viel Gewicht auf ökonomische Faktoren zu legen.

Die riesigen natürlichen Ressourcen der Vereinigten Staaten haben ganz natürlich zu der schnellen Entwicklung von Großindustrie und Handel beigetragen und aus dieser Entwicklung ist eine Gruppe mächtiger Kapitalisten hervorgegangen – Männer, die so mächtig sind, dass sie eine unverhältnismäßige Kontrolle über die Regierungen, selbst auf der nationalen Ebene, ausüben. Amerikanische Kapitalisten haben so oft die Regierung kontrolliert und deren Macht zu ihrem eigenen Vorteil ausgenutzt, dass die Menschen sich manchmal wundern, wo die wirkliche Regierung zu finden ist, in den Parlamenten oder aber in den Sitzungssälen, wo die Direktoren gigantischer Unternehmen ihre Treffen abhalten. Diese Überbetonung der ökonomischen Aspekte des Lebens hatte unglückliche Konsequenzen. In der Literatur, der Philosophie und den schönen Künsten hinkt Amerika weit hinter Europa hinterher. So sehen wir noch einmal, was geschieht, wenn eine Gruppe in einer Gesellschaft mehr Macht gewinnt, als ihr zusteht, und auf diese Weise die Entwicklung anderer Gruppen und anderer Aktivitäten, die für eine gesunde Gesellschaft notwendig sind, behindert.

Selbst die Familie als Institution kann nicht einem gewissen Maß an Kritik entgehen, wenn wir versuchen, uns über das soziale Ungleichgewicht klar zu werden. Besonders in weniger komplexen Gesellschaften kann die Familie aufgrund der intimen Assoziation ihrer Mitglieder ökonomische Interessen, Regierungsinstitutionen, organisierte Erziehung und organisierte Religion in sich enthalten. Ursprünglich hatte die Ökonomie, wie die Etymologie des Wortes anzeigt, mit der Verwaltung der Angelegenheiten in Haus und Hof zu tun. Ob wir an den Osten oder den Westen denken, es ist erst relativ wenige Jahre her, dass die Produktion von Nahrung und das Spinnen und Weben von Tuch weitgehend in der Familieneinheit zentriert war. Sklaven, Vieh, Pferde – selbst Frauen – waren Familienbesitz und standen unter der Kontrolle des Haushaltsvorstands. Über Generationen hinweg – bis in die vergleichsweise jüngste Zeit – sorgte die Familie für die signifikantesten Aspekte der Kindererziehung.

Als die Familie sich zum Stamm erweiterte und die Oberhäupter der individuellen Haushalte der Autorität des Stammesoberhaupts unterworfen wurden, begann sie einen halbpolitischen Charakter zu entwickeln. In alten Zeiten – und selbst unter einigen modernen Völkern – leitete das Familienoberhaupt oder das Oberhaupt des Stammes die Familie in Gebet und Kult, und so übernahm die Familie eine religiöse Funktion. Es ist nicht überraschend, dass die Familie als die fundamentale soziale Institution durch die gesamte Geschichte hindurch imstande gewesen ist, zumindest in einem gewissen Ausmaß den Herrschaftsbestrebungen anderer Gruppen Widerstand zu leisten. Es gibt tatsächlich guten Grund, die Familie als die wichtigste aller sozialen Gruppierungen und Institutionen anzusehen. Die grundlegenden moralischen Begriffe wie Mitgefühl, Liebe, Freundlichkeit, Erziehung der Kinder und Schutz der Schwachen, Respekt vor der menschlichen Person als Person hätten sich außerhalb der Intimität der Familien niemals entwickeln können.

Die positiven Beiträge der Familie als Institution werden freilich bis zu einem gewissen Grade durch Nachteile aufgewogen, von denen ich nur zwei erwähnen will, nämlich Konservativismus und Ungleichheit. Das Familiensystem ist inhärent konservativ. Das Familienoberhaupt sucht gewisse Rechte und Privilegien für sich oder einen bevorzugten Sohn zu bewahren und durchtränkt auf diese Weise die anderen Familienmitglieder mit der Vorstellung von der Wichtigkeit, Sitten und Traditionen zu beachten. Wenn die Zeit vergeht und die Bedingungen sich ändern, können diese Sitten ihren Nutzen verlieren, aber der Druck der Familie diktiert ihre fortgesetzte Beachtung. Allzu oft werden überholte Traditionen zu einer Erblast, die den Fortschritt in der Gegenwart bremst. Ähnlich genießen in den meisten Familien die verschiedenen Mitglieder keine Chancengleichheit. Einige Mitglieder üben die Autorität aus, während andere einfach gehorchen. Sklaven wird niemals Gleichbehandlung gewährt, Frauen selten.

Die fünfte und letzte Gruppe, die wir heute bei der Erwägung des Problems des sozialen Ungleichgewichts und Konfliktes betrachten werden, können wir als die geographische Gruppe bezeichnen. Leute sind Nachbarn, wenn sie nahe beieinanderwohnen. Wenn man diesen Begriff erweitert, kommt man zum Begriff des Landsmannes, mit dem wir Leute meinen können, die in derselben Stadt, im selben Distrikt, derselben Provinz wohnen oder derselben Nation angehören. Selbst Leute mit unterschiedlichen religiösen oder politischen Überzeugungen bilden Gruppen, die auf geographischen Beziehungen basieren. Positiv gesehen, hilft diese Tatsache, den Konflikt zu mildern, der aus religiösen oder politischen Unterschieden entstehen könnte, indem man solche Differenzen unter einem überwölbenden Gemeinschaftsgefühl zusammenfasst. Negativ gesehen, können und werden geographische Loyalitäten zu Provinzialismen degenerieren, sodass Menschen, die in benachbarten Städten oder Provinzen leben, einander mit Misstrauen oder Animositäten betrachten. Ein extremes Beispiel ist die Tatsache, dass Kriege oft mit Grenzstreitigkeiten begonnen haben.

Wir haben diese Beispiele zitiert, um zu demonstrieren, dass Sozialreform und die Erlangung sozialer Stabilität Kenntnis der Quellen des Konflikts in der Sozialordnung erfordern. In früheren Zeiten tendierten die verschiedenen Spannungen dazu, einander auszugleichen, und die Gesellschaften entwickelten ihre Institutionen ohne allzu viel an bewusster Planung. Erst wenn die Gesellschaft aufhört, in einer relativ befriedigenden Weise zu operieren, wenn wir Anpassungsprobleme oder Korruption entdecken, befassen wir uns damit, Methoden zu finden, um die empfundenen Übel zu korrigieren.

Die Zeit ist freilich gekommen, da wir es uns nicht länger leisten können, darauf zu warten, dass unsere Gesellschaft zerfällt, um dann Mittel zu suchen, sie wieder neu zusammenzusetzen; wir müssen vielmehr Methoden und Instrumente entwickeln, um Unheil zu verhindern, um eine Infektion eher zu verhindern, als ein Heilmittel erst dann anzuwenden, wenn sie eintritt. Wir müssen vor allem die Ursachen des sozialen Konflikts ins Auge fassen, um herauszufinden, welche Gruppen zu dominant geworden sind und überproportionale Macht ausüben, ebenso, wie die Gruppen zu identifizieren, die unterdrückt und denen Privilegien und Chancen verweigert worden sind. Erst wenn wir eine derartige genaue Diagnose gestellt haben, können wir hoffen, eine soziale Infektion zu verhindern und eine gesündere Gesellschaft aufzubauen. Wir müssen Mittel und Wege finden, um die Interessen aller Gruppen der Gesellschaft in Einklang miteinander zu bringen, allen die Gelegenheit zu bieten, sich zu entwickeln, sodass jede den anderen helfen kann, anstatt mit ihnen in Konflikt zu geraten. Wir müssen eine unausweichliche Tatsache begreifen: Jeder echte Vorteil einer Gruppe kommt allen zugute; und wenn eine Gruppe einen Nachteil erleidet, kommen alle zu Schaden. Soziale Gruppen sind so eng miteinander verknüpft, dass das, was einer von ihnen zustößt, letztlich das Wohlergehen aller betrifft.

Ich hoffe, dass Sie diese Frage des sozialen Konflikts, wie wir sie heute diskutiert haben, sorgfältig überdenken und dass Sie die Notwendigkeit erkennen, konkrete Methoden auszuarbeiten, um damit in einer Weise umzugehen, die dazu beitragen kann, eine glücklichere und gesündere Sozialordnung hervorzubringen. Ich unterstelle, dass die Theorie, die ich mit Ihnen diskutiert habe, unvergleichlich vielversprechender ist, wenn es darum geht, Verbesserungen hervorzubringen, als jeder der beiden Ansätze, die wir früher diskutiert haben – der radikale Ansatz, der die bestehenden Institutionen angreift, oder der konservative, der es unternimmt, sie zu verteidigen und zu verewigen.

Notizen zur dritten Vorlesung

Theorie hat ihren Ursprung in Unruhe, Verwirrung, Reibung. Sie versucht, Ursachen zu entdecken, und entwirft Pläne zu einer Neuordnung, die zu Einheit, Harmonie und freierer Bewegung führen. Um spezielle Schwierigkeiten zu lokalisieren und besondere Probleme zu definieren, benötigen wir irgendeine Idee von den Quellen und Ursachen gesellschaftlicher Unregelmäßigkeiten im Allgemeinen. Ein Konflikt von Kräften. Der ältere Typ von Theorie ging von einem allgemeinen Konflikt von Ordnung und Fortschritt oder von Autorität und Freiheit, Gesetz und Rechten, Gesellschaft und Individuum, dem Persönlichen und dem Institutionellen aus. Aber was wir suchen, ist ein Weniger an Opposition abstrakter Begriffe und ein Mehr an konkreten sozialen Kräften. Es sind nicht Ideen, die primär in Einklang miteinander gebracht werden müssen, sondern Tatsachen, Menschen. Und wir wollen etwas Bunteres, Abwechslungsreicheres als die wenigen allgemeinen Überschriften wie Individuum und Gesellschaft, unter die jedes Problem gebracht werden soll.

Die bedeutsamen Konflikte sind Konflikte von Gruppen, Klassen, Faktionen, Parteien, Leuten. Eine Gruppe ist eine Anzahl von Leuten, die sich zu irgendeinem Zweck zusammengeschlossen haben, zu irgendeiner gemeinsamen Aktivität, die sie zusammenhält.

Die menschliche Natur hat eine Vielzahl von Interessen, die

befriedigt werden müssen, eine Reihe von Impulstypen, die nach Ausdruck drängen, oder Instinkte, die zu erfüllende Bedürfnisse formen, und mit jeder der grundlegenderen von ihnen beschäftigt sich eine Form der Assoziation, des Zusammen*lebens* oder des dauernden Zusammenhandelns, sei es kontinuierlich oder wiederholt und regelmäßig (im Unterschied zu bloß zufälligen und flüchtigen Kontakten). Auf dem sexuellen Bedürfnis und der Funktion der Reproduktion erwächst das Zusammenleben von Mann und Frau und in der Folge der Anhang der Kinder – die Familiengruppe oder die Familienform des Zusammenlebens (*associated life*). Das Bedürfnis nach Unterstützung, nach Unterhalt, und das Bedürfnis nach einer regelmäßigen Tätigkeit, nach einem Einsatz menschlicher Energie bei der Bearbeitung der Natur führen zum Zusammenschluss (*association*) für Industrie und Handel. Darüber hinaus verbinden Menschen sich zu kultischen Handlungen, für religiöse Ziele und Kirchen, es entstehen Mönchsorden. Das Interesse der Menschen an Forschung und Entdeckung bewirkt, dass sie sich zu Zwecken der Erziehung zusammentun, zu Schulen, gelehrten Gesellschaften usw. Das Bedürfnis, den Lebenswandel der Menschen zu regulieren, ihr Verhalten zueinander, die öffentliche Ordnung zu schützen usw. und der Wunsch nach Macht und Autorität lassen Regierungsbündnisse, die politische Gesellschaft entstehen. Neben Hunderten von speziellen Verbindungen zum Zweck von Unterhaltung, Kameradschaft, gemeinsamen Festen, bei denen es sich um mehr oder weniger temporäre Verbindungen handelt, haben wir diese ziemlich universellen Formen von Vereinigung und Verbindung.

Wir können uns eine Szenerie ausmalen, in der es eine gleiche und angemessene Entwicklung all dieser Formen des Zusammenlebens gibt, wo sie frei miteinander interagieren und wo die Resultate einer jeden zum Reichtum und der Bedeutsamkeit jeder anderen beitragen, wo Familienbeziehungen gleichermaßen die Kooperation von Menschen in Wissenschaft, Kunst, Religion und öffentlichem Leben unterstützen, wo die Verbindungen zum Zweck von Produktion und Verkauf von Gütern nicht lediglich materiell, sondern moralisch und intellektuell alle Formen und Arten des menschlichen Verkehrs bereichern – kurzum: wo es wechselseitige Anregung und Unterstützung und freien Fluss von signifikanten Resultaten vom einen zum anderen gibt. Ein solches Idealbild ist nur von Nutzen, weil es hilft, im Kontrast dazu den Zustand der Dinge zu sehen, der in Wirklichkeit zu sozialen Trennungen und Konflikten geführt hat. Die europäische Geschichte zum Beispiel war jahrhundertelang durch eine solche Vorherrschaft von Assoziationen für religiöse Zwecke, durch die Kirche, charakterisiert, dass andere Lebensformen mehr oder weniger unterdrückt, erstickt, kleingemacht oder in einseitige Bahnen gelenkt wurden. Das Familienleben war betroffen, weil das Keuschheitsideal eigentlich die Enthaltung von der Ehe involvierte, das zölibatäre Leben galt als überlegen; die Industrie war betroffen, weil Reichtum und materielle Produktion als Ablenkungen vom spirituellen Leben galten; die Wissenschaft war betroffen, weil die Resultate freier Forschung theologischen Lehren der Kirche gefährlich werden konnten; die Kunst war betroffen, weil sie eine Liebe zu Dingen des Auges und des Fleisches auf Kosten göttlicher Dinge einzuflößen schien. Infolgedessen wurden diese nur in dem Maße zugelassen und kultiviert, wie sie eine den herrschenden religiösen Interessen gegenüber untergeordnete Form annahmen; sie sollten einzig zum Supremat der Kirche beitragen – Architektur, Musik, Malerei, Philosophie usw. Dann wiederum war einige Jahrhunderte lang die Geschichte durch einen Kampf zwischen Kirche und Staat charakterisiert, zwischen menschlicher Vereinigung im Interesse der Religion und im Interesse eines organisierten weltlichen öffentlichen Lebens – Religionskriege usw. Dieser Kampf hat bislang noch kein Ende gefunden. Die zeitgenössische Politik in Frankreich, Italien und selbst die Erziehungsprobleme Großbritanniens können nicht ohne Bezugnahme darauf verstanden werden. Während des 17. und 18. Jahrhunderts ist die Geschichte des Fortschritts der Naturwissenschaft weitgehend eine Geschichte des Konflikts zwischen dem Interesse an Beobachtung und Forschung und der etablierteren Autorität der Kirche.

Diese Konflikte von Institutionen sind so allgegenwärtig, dass sie beinahe den eigentlichen Stoff der Geschichte selbst auszumachen scheinen. Sie werden hier deshalb erwähnt, weil sie so schlüssig beweisen, dass die verschiedenen Interessen der Menschen nicht Seite an Seite schreiten, gleichmäßig und einheitlich. Irgendein mit der Form der Assoziation, in der es verkörpert ist, eng verbundenes Interesse findet besonders gute Startbedingungen vor, die zu seiner Verbreitung beitragen; dann spielt es sich gegenüber anderen

Interessen und Verbindungen als der Herr auf und macht sie sich so weit wie möglich dienstbar. Es besteht auf seiner beherrschenden Aktivität und monopolisiert die Aufmerksamkeit und das Interesse. Freies Geben und Nehmen, wechselseitige Bereicherung, reziproke Anregung werden verhindert. Dann wird das fragliche Interesse isoliert; seine natürlichen Quellen versiegen; es erstarrt, versteinert, verknöchert, und wenn seine Ansprüche nicht reduziert und Interaktion und Balance nicht wiederhergestellt werden, verfällt es, es kommt zu allgemeinem Rückfall und Stagnation, Korruption. Irgendeine Kraft muss von außen hinzukommen, um die Dinge gründlich aufzumischen und ein vitales Wechselspiel sozialer Tätigkeiten herbeizuführen. Eine Form des gesellschaftlichen Lebens, die sozusagen ein Monopol auf menschliche Energie und Aufmerksamkeit hat, wird notwendig selber einseitig; es fehlt ihr an den Kontakten, die ihr Fülle und einen vielseitigen Charakter verleihen. Sie wird zugleich harsch und relativ leer, unfruchtbar.

Wir können ein anderes Beispiel aus der Gegenwart nehmen. In den letzten zwei oder drei Jahrhunderten wurde jene politische Organisation, die wir als Staat kennen, immer wichtiger. Nachdem er sich in Europa von der kirchlichen Kontrolle befreit hatte, neigte er dazu, zu einer allumfassenden Größe zu werden, wie sich in der Lehre von der Staatssouveränität zeigt. Zwei Stufen sind offensichtlich. Zunächst wurde der Staat mit der Regierung identifiziert, und die Kontrolle durch die herrschende Gruppe war so groß, dass er als despotisch und tyrannisch galt; Verfassungen, repräsentative Regierung und allgemeines Wahlrecht entstanden weitgehend, um willkürliche Übergriffe auf Leben und Eigentum in Grenzen zu halten. Die bürgerliche Freiheit erforderte eine Kontrolle des Regierungshandelns, 1688 in England, 1789 in Frankreich. Im 19. Jahrhundert wurde der Staat mit der Nation als einem organisierten Ganzen identifiziert, das als eine Einheit mit anderen Nationen zu tun hatte. Der jüngste Krieg ist ein Beweis für den Aufstieg des Staatsinteresses und für die Aufopferung und Unterordnung von Leben, Eigentum, Freiheit der Industrie, Denken, Wissenschaft und Publikation, die es einfordern kann. Die Regierung als der universale Lastenträger. Gegenwärtig gibt es eine Reaktion gegen eben die Idee des Staates, wie etwa die Lehre von der Anarchie oder rein freiwilligen Gruppenverbindungen (*group associations*). Diese Doktrin blüht nur, wo und wenn der Staat übertrieben und starr geworden ist und andere Formen der Assoziation aus dem Gleichgewicht geraten sind.

Ganz allgemein lässt sich bemerken, dass gewisse Gebiete und Zeiten dazu neigten, sich auf bestimmte Formen zu konzentrieren. Griechenland auf bürgerliches Leben, organisierte Gemeinschaft, Stadtstaat; das Mittelalter auf die Kirche, wie beschrieben; der Osten auf das Familienprinzip; der zeitgenössische Westen, besonders Amerika, auf industrielle und ökonomische Gruppen, die quer durch andere Lebensformen hindurchschneiden und dazu neigen, sie ihrem eigenen ungebremsten Wachstum unterzuordnen. Wenn wir uns also auf theoretischer Basis mit einer bestimmten sozialen Bedingung befassen, müssen wir zunächst fragen, welche Struktur menschlicher Assoziation dazu tendiert, zentral und regulativ zu sein; welche Einseitigkeiten und Entwicklungshemmnisse, Fixierungen und Erstarrungen dadurch erzeugt werden; wo die Unterdrückungen stattfinden, an denen infolgedessen die Gesellschaft leidet; wo die Konflikte, Streitereien und Interessengegensätze herrühren.

Dieser Gesichtspunkt lässt sich vielleicht durch eine skizzenhafte und oberflächliche Erklärung der Tendenzen und Probleme illustrieren, die entstehen, wenn die Basis der Familien- oder Blutsverwandtschaft übertrieben wird.

Es gibt gute Gründe, warum sich das Familienprinzip historisch zuerst ausdrückte. Die Fortdauer der Gesellschaft hängt von der Vereinigung von Mann und Frau und der physischen und intellektuellen Sorge für die Nachkommen ab. Die Familie ist nicht lediglich die Familie. Sie ist auch der Haushalt, der die ökonomische und industrielle Form der Assoziation ist.

[Es folgen Stichworte:]

Aristoteles' Auffassung von Ökonomie, häuslichem Eigentum, Reproduktion des Lebens, Eigentum an Sklaven, Leibeigenen, politische Ökonomie, die des Staates, öffentliche Finanzen und Eigentum usw. Künste in der Familie auf Dauer gestellt – Lehrlingszeit, Adoption in die Familien-Zunft. Aber die Autorität von Eltern, besonders dem männlichen Teil, ausgeübt in der Familie und in der Haushaltsgruppe, führte dazu, dass die Familie Funktionen politischer Assoziation übernahm. Patriarchalische Herrschaft. Selbst nachdem Familien fest in eine bürgerliche Gesellschaft eingefügt waren, war die Autorität des Herrschers oft die des obersten Patriarchen, die dominante Familie innerhalb einer Gruppe von Familien. Die primitive Familie war auch die religiöse und erzieherische Einheit. Der Vater der Priester; der Haushalt Altar,[4] Gottheiten; Ahnenverehrung, Respekt vor den Eltern. Das dominante Muster, andere untergeordnet, selbst wenn sie sich abspalten. Beitrag der Familienidee zur Ethik. Intimität, Liebe, Sorge. Schutz, Blutsbande und Verwandtschaft, Gott der Vater, alle Menschen Brüder. Aber es gab bestimmte Übel. Zusammengefasst in der Unterordnung der Frauen unter die Männer, Frauen als passive Reproduktionsmittel, und von Untergeordneten unter Übergeordnete von Natur aus fixiert, physisch und unveränderlich. Aristoteles – über die Stellung der Frauen; und einige Personen von Natur aus Sklaven, Werkzeuge.

Gewisse Klassen in der Gemeinschaft keine regulären Teile, Teilhaber am Gemeinschaftsleben, sondern äußerliche Mittel, müssen leben, liefern Bedingungen für die feine Gesellschaft, die sich höheren Dingen widmet. Umso wichtiger, weil Aristoteles nicht primär durch die Familienidee bewegt wurde, sondern die bürgerliche; Familie überlebte nur und entwarf sich selbst. In der Politik ganz allgemein begann der Staat (*state*) als Grundbesitz (*Estate*), der Herrschaftsbereich des Herrschers. Das Dominion (Herrschaftsbereich), worüber einer regierte, Herrschaft (*Lordship*), Beherrschung (*mastery*), war dasselbe wie Eigentum. Frauen ein Eigentum. Die Maxime des englischen Rechts: Mann und Frau sind eine Person und für legale Zwecke ist der Ehemann dieser Eine. Der religiöse Faktor kam hinein – frühe politische Gesellschaften theokratisch; göttliches Recht der Könige. Der König – der direkte Repräsentant Gottes – überdauerte lange, nachdem die Priesterfunktion an Bedeutung verlor. Der mystische Wert, mysteriös und emotional, Ehrfurcht, Verehrung. Eins der Haupthindernisse für eine direkte vernünftige Behandlung der Regierung.

Nun ist es aber offensichtlich, dass alle diese Dinge eine Einseitigkeit und Verzerrung der menschlichen Natur involvieren – Unterdrückung des Wachstums in eine Richtung, Übertreibung in die andere. Herrschaft (*Lordship*), Beherrschung, Autorität stimuliert aus allen Eigenschaften bei wenigen (*authority stimulated out of all properties in a few*). Die Qualitäten, die nur durch direkte Teilhabe

4 Gelesen: *altar* statt *alter* (Anm. d. Übers.).

an Assoziationen zur Förderung des intellektuellen Lebens entwickelt werden konnten, Kunst, Industrie, Religion, gehemmt. Selbst als diese Formen der Assoziation entstehen, sind sie nicht frei zu wachsen; sie müssen sich den Gewohnheiten anpassen, die aus einer zuvor beherrschenden Assoziation übertragen werden.

Dass die ungleiche und unausgeglichene Entwicklung von Lebensformen die Quelle sozialer Schwierigkeiten im Allgemeinen ist und dass das Problem der Theorie darin besteht, diese Ursachen im Detail aufzudecken und Pläne für Heilung zu liefern, tritt so zutage. Wir haben freilich eine weitere Konfliktquelle aus dieser Quelle hinzuzufügen. Wir haben nicht die lokale oder territoriale Quelle der Verbindung im Leben erwähnt. Die Nachbarschaft, Bekanntschaft, Familiarität, als Band der Vereinigung. Dorf, Distrikt, Provinz, Nation, im Unterschied zu Außenseitern, instinktive Haltung zum Fremden, Exotischen in Erscheinung und Sitte, Gewohnheiten, Kleidung, ist eine des Verdachts, der Furcht, Abneigung. *Unsere* Kirche, Club, Clique, Zirkel, Partei, College, Klasse, diejenigen, die dieselben Gewohnheiten haben, die miteinander vertraut sind und einander verstehen. Exklusivität, Vorurteil, Eifersucht, Isolierung, Feindseligkeiten – von nationalen Kriegen zu lokalen Eifersüchteleien. Wer ist mein Nachbar? Wer war dem der Nächste, der unter die Räuber fiel? Die Idee, das Bedürfnis und die Fähigkeit zu helfen, von Nutzen zu sein, sind Bande der Einheit, ungeachtet lokaler Nachbarschaft und der Familiarität, die sie möglich macht, erscheint erst langsam und ist schwer zu realisieren. Dieses Prinzip der Assoziation schneidet durch alle anderen hindurch, läuft durch sie alle hindurch. Es fügt neue Quellen sozialen Unfriedens und Übels hinzu und intensiviert alle alten.

{In der Gegenwart herrscht ein dringendes Bedürfnis nach einer Sozialphilosophie, weil die gewachsene Mobilität des Lebens sich auf beide großen Prinzipien der Verbindung ausgewirkt hat. Alte Formen von Assoziation, Familie, Kirche, politische Partei, Schule, sind wegen der schnellen Entwicklung der industriellen Veränderung aus dem Tritt. Diese Veränderungen haben auch lokale Gruppen in engeren Kontakt miteinander gebracht, gewachsene Quellen der Reibung, indem sie die für gemeinsames Handeln und Kooperation anwachsen lassen. Machte gegenseitiges Verstehen und Organisation, um es auf Dauer zu stellen, wichtiger. Kritischer Zustand der Welt.}

4. Sozialreform

In den vorangegangenen Vorlesungen in dieser Reihe habe ich zwei wichtige Punkte entwickelt: (1) Theorie hat ihren Ursprung in Zeiten, in denen die Gesellschaft aus den Fugen geraten ist und die normalen Prozesse sozialer Interaktion gestört sind; und (2) sozialer Konflikt entsteht dann, wenn bestimmte Gruppen ihre Interessen zum Nachteil anderer Gruppen und deren Interessen durchsetzen. Eine unverhältnismäßig privilegierte Position bestimmter Gruppen zum Nachteil anderer stellt eine Ungerechtigkeit dar, die zum Konflikt führt.

Dieser Gesichtspunkt weicht von der bislang üblichen sozialen und politischen Philosophie ab. Wer mit deren Geschichte vertraut ist, wird den Unterschied sofort erkennen. Frühere Theorien lassen sich in drei große Kategorien einteilen: (*a*) Individualismus, der Freiheiten, Rechte und Würde der individuellen Person betont; (*b*) Sozialismus, der Recht und Ordnung als Mittel zum Wohlergehen des Sozialkörpers insgesamt betont; und (*c*) eine Position zwischen diesen Extremen, die einerseits ein Interesse an der Freiheit und den Rechten des Individuums ausdrückt, während sie gleichzeitig die Notwendigkeit von Recht und Ordnung und eines reibungslosen Funktionierens der Gesellschaft behauptet. Dieser dritte Gesichtspunkt geht aus von einem Gegensatz zwischen den Rechten und Freiheiten des Individuums auf der einen und dem Verlangen nach sozialer Stabilität auf der anderen Seite und sieht darin die Ursprünge des sozialen Konflikts.

Alle diese drei Gesichtspunkte sind ganz verschieden von dem, auf den ich ihre Aufmerksamkeit lenken möchte. Wir sagen, dass es nützlicher ist – das heißt, dass es besser zu den beobachtbaren Tatsachen passt, vorausgesetzt, unsere Beobachtung ist durchdacht und sorgfältig –, die Gesellschaft so zu denken, als bestehe sie aus Menschen in vielen verschiedenen Gruppierungen statt einfach aus Mengen individueller Personen. Und wir sagen, dass ein sozialer Konflikt nicht deshalb auftritt, weil die Interessen der individuellen Person mit denen ihrer Gesellschaft nicht vereinbar sind, sondern weil die Interessen einiger Gruppen anderen Gruppen zum Nachteil gereichen oder sogar mittels Unterdrückung der Interessen anderer Gruppen durchgesetzt werden.

Wenn unsere Herangehensweise an dieses Problem stichhaltig ist, dann haben die Philosophen der vergangenen drei- oder vierhundert Jahre einen Irrtum begangen; und die Standarddefinition von sozialem Konflikt als Ungleichheit zwischen den Interessen des Individuums auf der einen und denen seiner Gesellschaft auf der anderen Seite beinhaltet eine grundlegende Fehldeutung des Sachverhalts, wie uns die jüngst entstandenen Sozialwissenschaften lehren können. Lassen Sie uns also sehen, ob es tatsächlich einen praktischen und fundamentalen Unterschied zwischen den bislang akzeptierten Theorien und derjenigen gibt, die wir jetzt vortragen, oder ob die Differenz lediglich terminologischer und theoretischer Natur ist.

Lassen Sie uns noch einmal auf unser Grundproblem blicken, den sozialen Konflikt. Wie wir gesagt haben, ermöglichen uns die Hilfsmittel der Sozialwissenschaften jetzt, zu sehen, dass die Gesellschaft aus vielen Gruppen von Leuten und nicht lediglich aus der Summe der Individuen besteht. Aus dieser Definition folgt die Definition des sozialen Konflikts als Missverhältnis der Interessen, die Gruppen von Menschen verfolgen.

Wenn die eine Gruppe eine privilegierte und machtvolle Position erlangt, wenn sie zur herrschenden Gruppe in einer Gesellschaft wird, neigen ihre Mitglieder dazu, all diejenigen Interessen, die nicht die ihrer Gruppe sind, als die Interessen von Individuen zu definieren und ihre eigenen als die Interessen der Gesellschaft auszugeben. Mit anderen Worten, ihrer Ansicht nach *ist* die dominante Gruppe die Gesellschaft, ihre eigenen Interessen *sind* die Interessen der Gesellschaft, und das Wohl der herrschenden Gruppe wird mit dem Wohl der Gesellschaft identifiziert. Die Mitglieder der dominanten Gruppe erkennen Interessen, die sich von ihren eigenen unterscheiden oder mit ihnen konkurrieren, nicht als Interessen anderer Gruppen an, sondern schreiben sie beinahe ausnahmslos einzelnen Personen zu und setzen so einen Konflikt voraus zwischen solchen Individuen auf der einen Seite und der Gesellschaft (die ihrer Ansicht nach synonym mit ihrer Gruppe ist) auf der anderen. Offensichtlich führte die Tatsache, dass diese Art von Definition unkritisch von früheren Sozialphilosophen übernommen wurde, diese dazu, eine fehlerhafte Definition des sozialen Konflikts zu verewigen.

Um es noch mal zu wiederholen: Unserer Ansicht nach tritt ein sozialer Konflikt dann auf, wenn eine oder mehrere Gruppen einen Grad an Freiheit und Rechten genießen, der andere Gruppen dessen beraubt, was ihnen zusteht. Wie wir gesehen haben, handelt es sich hier nicht um einen Konflikt zwischen Individuen auf der einen und ihrer Gesellschaft auf der anderen Seite. Es ist kein Konflikt zwischen Freiheit und Rechten auf der einen und Gesetz und Ordnung auf der anderen Seite. Unserer Ansicht nach ist die Person, die eine Bewegung zugunsten einer Sozialreform gründet, nicht notwendig ein Radikaler, sondern jemand, der eine Veränderung oder Revision bestehender Institutionen sucht; nach klassischer Ansicht wird er unweigerlich als ein Abweichler gelten, der Partei ergreift, um seiner Gesellschaft den Krieg zu erklären; er ist in diesem sozialen Konflikt der Schuldige.

Nach unserer Theorie hingegen ist ein sozialer Konflikt eine Sache von Gruppen, die aufeinanderprallen – und Gruppen sind *per definitionem* sozial. Die Gruppe auf der einen Seite des Kampfes ist ebenso fest davon überzeugt, dass sie für das Wohl der gesamten Gesellschaft kämpft, wie die Gruppe, die ihr auf der anderen Seite gegenübersteht. Wenn es legitim wäre, die Aktionen der unpopulären oder untergeordneten Seite einzelnen Dissidenten zuzuschreiben, dann wäre es genauso vernünftig, darauf hinzuweisen, dass die übergeordnete Gruppe ebenfalls aus individuellen Mitgliedern besteht, und ihnen als Individuen die Verteidigung des *Status quo* zuzuschreiben. Der praktische Unterschied besteht, wie wir angedeutet haben, darin, dass die Interessen der herrschenden Gruppe dazu neigen, implizit mit den Interessen der Gesellschaft identifiziert zu werden, während die Interessen, die von einer untergeordneten Gruppe verfolgt werden, regelmäßig nicht so angesehen werden. Diese Tatsache erklärt, warum Führer von Reformbewegungen so oft als Unruhestifter bezeichnet werden.

Wir können an diesem Punkt noch einmal auf den Konflikt zwischen Staat und Kirche Bezug nehmen, der ein so auffallender Aspekt der Geschichte des Mittelalters in Europa war. Aus dem relativen Chaos des frühen Mittelalters ging die Kirche in den meisten Gebieten Westeuropas als stabilisierender Akteur hervor, und so war es nur natürlich, die Interessen dieser Institution und bald auch die Interessen des kirchlichen Establishments mit den Interessen der Gesellschaft zu identifizieren. Politische Führer – Herzöge, Prinzen, sogar Könige – waren im Allgemeinen der Kirche untergeordnet und akzeptierten, wenigstens dem Anschein nach, die Identifizierung ihrer Interessen mit denen der Gesellschaft im Allgemeinen.

Als freilich die entstehenden politischen Institutionen begannen, eigene Interessen zu entwickeln und Aufgaben zu übernehmen, war das Resultat ein Konflikt, der als Rebellion definiert wurde, da er sich gegen die etablierte Ordnung richtete. Diese Definition wurde nicht nur vom Kirchenestablishment behauptet, das seine eigenen Interessen mit denen der Gesellschaft identifizierte, sondern charakterisierte auch weiterhin den vorherrschenden Blick, selbst nachdem eine beträchtliche Anzahl von Leuten zu dem Schluss gelangte, dass säkulare politische Institutionen den ihnen am Herzen liegenden Interessen besser dienen konnten als die Kirche als solche. Die Interessen der Kirche wurden öffentlich anerkannt; diejenigen ihrer langsam entstehenden Konkurrenten genossen noch keine derartige öffentliche Anerkennung und galten deshalb weitgehend als individuelle statt als soziale Interessen.

Ein weiteres und ähnliches Beispiel ist der Konflikt zwischen Religion und Wissenschaft in der Periode, die auf die eben genannte folgte. Selbst nachdem politische Institutionen ein gewisses Maß an Unabhängigkeit von der kirchlichen Kontrolle erlangten, behielt die Kirche eine beträchtliche Macht. Ihre in Gesetzen verkörperten Glaubensbekenntnisse wurden vom Staat durchgesetzt; sie behielt in großem Maßstab die Kontrolle über die Erziehung, und der Lehrplan wurde weiterhin beherrscht von den heiligen Schriften und theologischen Kommentaren und Spekulationen; sie beeinflusste die Gesetzgebung und genoss weiterhin das Vorrecht, einen weiten Bereich von Fragen zu beherrschen, in dem die kirchlichen Gerichtshöfe das endgültige Urteil sprachen. Die Kirche war die herrschende konservative Kraft in der Gesellschaft und setzte sich weiterhin vehement für die Erhaltung und den Fortbestand bestehender Sitten und Traditionen ein. In ihren Augen war die Erhaltung sozialer Stabilität eine Verantwortung, die eine relativ kleine Aristokratie übernehmen und tragen sollte, deren Interesse als identisch mit den Interessen der Gesamtgesellschaft galt. Unabhängige Denker, und speziell Erneuerer der Wissenschaft, waren Rebellen und Feinde der Gesellschaft, deren Nonkonformismus eine Bedrohung der Stabilität darstellte. Die Tatsache, dass selbst die Forderungen nach einer Sozialreform, deren Rechtfertigung heutzutage vollkommen offensichtlich erscheint, regelmäßig mit der Behauptung verworfen wurden, sie verstießen gegen das gemeinschaftliche Interesse, illustriert das Ausmaß der Blindheit, das die Selbstsucht bei den Mitgliedern einer Gruppe hervorrufen kann, deren lang fortgesetzte Herrschaft darin resultierte, dass sie sich selbst für die Gesellschaft und ihre eigenen engen Interessen für diejenigen hielt, die am besten den Bedürfnissen der gesamten sozialen Körperschaft dienen.

Lassen Sie uns Europa nun verlassen und als letzte und vielleicht eindrücklichste Illustration unserer Behauptung einen Blick auf die orientalische Familie werfen. Die Familie ist die grundlegende Einheit der orientalischen Gesellschaft, und infolgedessen ist es natürlich genug, dass Familieninteressen weithin als synonym mit sozialen Interessen gelten. In der Familienorganisation nehmen die Ältesten Positionen mit hohem Status ein und üben beträchtliche Macht aus. Oft hemmen die Ältesten die Interessen der Frauen und der jüngeren Männer in der Familie bis zu dem Punkt, an dem die Letzteren zur Familie nur in einem Sinne gehören, der sie praktisch auf den Status von Besitztümern reduziert – oder bestenfalls auf Akteure, die den Befehlen der Ältesten zu gehorchen und deren Absichten auszuführen haben.

Wenn – als Reaktion auf sich ändernde Bedingungen – Söhne und jüngere Brüder beginnen, ihre eigenen Meinungen auszudrücken, und darauf bestehen, sich ihre Berufe, ihren Glauben und ihre Bräute selbst auszuwählen, sehen die Ältesten diese Forderungen als etwas an, das dem Familieninteresse widerspricht, und deshalb als Bedrohungen der sozialen Stabilität. Nach ihrer Ansicht erfordert die Aufrechterhaltung der Interessen der Gesellschaft, dass zuerst die Interessen der Familie gesichert sein müssen; und die Interessen der Familie erfordern, dass Söhne und jüngere Brüder in Schach gehalten werden. Die Ältesten können nicht verstehen, dass die Forderungen der Söhne und jüngeren Brüder auch eine Art von sozialem Interesse darstellen. Das Verlangen, den eigenen Beruf, den eigenen Glauben und die eigene Ehefrau auszuwählen, ist im Wesentlichen eine Forderung nach gesellschaftlicher Gleichheit, nach gleicher Gelegenheit für eine freie Entwicklung. Eine solche Forderung scheint nur aus dem einfachen Grund eine Katastrophe anzukündigen, dass die Gesamtgesellschaft ihr noch nicht genügend weite öffentliche Anerkennung zugebilligt hat. Dies ist eine weitere Illustration der Tatsache, dass die Interessen von Gruppen, die immer noch den herrschenden Gruppen untergeordnet sind, die ihre eigenen Interessen mit denen der Gesamtgesellschaft identifizieren, im Allgemeinen bekämpft oder unberücksichtigt gelassen werden – zumindest bis die untergeordnete Gruppe groß genug wird, um die Forderung durchzusetzen, ebenfalls als wirksame Komponente der größeren Gesellschaft anerkannt zu werden. Ich glaube, es lässt sich zeigen, dass jedes Beispiel eines sozialen Konflikts in der Geschichte diese Art von Ursprung gehabt hat.

Um es zu wiederholen: Ein sozialer Konflikt ist niemals ein Streit zwischen dem Individuum und seiner Gesellschaft, sondern ein Konflikt zwischen zwei Gruppen, von denen eine von der größeren Gesellschaft öffentlich anerkannt worden ist, während die andere eine solche Anerkennung noch nicht erlangt hat. Die herrschende Gruppe, die in ihren eigenen Augen die Gesellschaft ist, kann nicht sehen, dass die Forderungen von noch nicht anerkannten Gruppen tatsächlich eine Art von sozialem Interesse darstellen. Diese Tatsache wird klarer, wenn wir den Umstand bemerken, dass jede größere Reformbewegung in der Welt durch drei Phasen hindurchgegangen ist.

Zur Illustration und als Mittel, diese Phasen zu definieren, können wir auf die Frauenrechtsbewegung blicken, die in Europa und Amerika im späten 19. und frühen 20. Jahrhundert entstand. Nachdem Frauen seit unvordenklichen Zeiten eine niedrige Stellung in der westlichen Gesellschaft eingenommen hatten, begannen sie ihre Rechte einzufordern, um am industriellen, ökonomischen und beruflichen Leben zu ihren eigenen Bedingungen und in den Berufen ihrer Wahl teilzuhaben, statt in den eng begrenzten Sphären, zu denen sie von Zeit zu Zeit durch die männlich beherrschte Gesellschaft zugelassen worden waren. Sie verlangten die Chance, an sozialen Verpflichtungen teilzuhaben, und dieses bedeutete, dass sie politische Macht würden besitzen müssen; dies seinerseits bedeutete, dass sie das Stimmrecht erlangen mussten. Diese Bewegung zur Emanzipation von Frauen aus den Beschränkungen, die ihnen immer auferlegt worden waren, ging durch die drei Phasen, die wir als charakteristisch für jede größere Bewegung einer Sozialreform postuliert haben.

Am Anfang stand natürlich die Periode der stillschweigenden Akzeptanz des *Status quo*. Da Frauen immer den Männern unterworfen waren, neigten sie dazu, ihre Unterlegenheit als Tatsache zu akzeptieren. (Selbst heute ist in Großbritannien ein verheiratetes Paar in den Augen des Gesetzes eine einzige Person – und diese einzige Person ist natürlich der Ehemann.) Ungleichheit zwischen Männern und Frauen wurde als eine Naturtatsache betrachtet – unveränderbar und deshalb zu akzeptieren.

Die zweite Phase ist die Phase der Herausforderung. Die Gesellschaft verändert sich, und diese Veränderungen schaffen neue Forderungen. Neue Erkenntnisse breiten sich aus und die Leute beginnen anders als früher zu denken. »Naturtatsachen« stellen sich als doch nicht unveränderlich heraus und angebliche »universale Wahrheiten« beginnen ins Wanken zu geraten.

Bis in die jüngste Zeit hinein waren die meisten Frauen gezwungen, zu Hause zu bleiben, den Haushalt zu führen und viele der materiellen Güter des Lebens zu produzieren (Textilien sind ein gutes Beispiel). Aber die Erfindung von Maschinen beschleunigte die industrielle Revolution, und die maschinelle Produktion in den Fabriken ersetzte die Handarbeit. Frauen verließen ihr Heim, um in Fabriken zu arbeiten; und als lohnverdienende Teilhaber in einem expandierenden industriellen Milieu begannen sie sich selbst in einem anderen Licht zu sehen.

Die industrielle Revolution schuf auch das Bedürfnis nach einer weiter verbreiteten Schulbildung, als in früheren Tagen notwendig war – und dieser Schulunterricht, zuerst nur rudimentär, aber schließlich auch auf höheren Ebenen, wurde allmählich den Mädchen ebenso zugänglich gemacht wie den Jungen. Für gebildete Frauen war es nicht mehr so leicht wie für ihre Großmütter, sich mit der angeblichen weiblichen Unterlegenheit abzufinden. Mehr und mehr Frauen wurden sich mit zunehmender Empörung der Ungerechtigkeit bewusst, dass sie keinerlei Recht besaßen, ihre Stimme abzugeben, ein Amt wahrzunehmen und so direkt auf politischem Wege an der Verbesserung der Gesellschaft mitzuwirken.

Aber alte Institutionen sind starr; alte moralische Begriffe sind dauerhaft; alte Sitten sind zäh. Die Anzahl der Frauen, die aktiv an der Frauenrechtsbewegung teilnahmen, war zuerst recht klein, und der größere Teil der Gesellschaft missachtete die Bewegung entweder oder tolerierte sie im besten Falle amüsiert. Die wenigen Führungspersönlichkeiten wurden als unweiblich lächerlich gemacht – abnorme Individuen, die sich auf einen absurden Kampf mit der bestehenden Gesellschaftsordnung eingelassen hatten. Aber unerschrocken verfochten diese führenden Frauenrechtlerinnen ihre Sache, verkündeten die Lehre der natürlichen Rechte und argumentierten, diese Rechte besäßen Gültigkeit für alle Menschen, selbst Frauen. Auf den späteren Stufen dieser zweiten Phase gewinnt eine Bewegung Konvertiten, und während in der allgemeinen öffentlichen Wahrnehmung die Fürsprecher des Wandels vielleicht immer noch als ein Konglomerat von Individuen erscheinen, die in Opposition zu ihrer Gesellschaft stehen, beginnen die Teilnehmer der Bewegung, sich selbst mehr und mehr als eine soziale Gruppe zu begreifen, die für Recht und Freiheit kämpft – gegen die größere Gesellschaft, die ihr immer noch die öffentliche Anerkennung verweigert.

Die dritte Phase, durch die eine Reformbewegung hindurchgeht, kann als Periode des Reifung bezeichnet werden. Die Bewegung umfasst jetzt größere Anzahlen von Leuten, sie gewinnt an Macht, und die Chance, ihre Ziele zu erreichen, wird größer. Der Charakter der Bewegung entfernt sich von der zweiten Phase, in der die eine Seite beansprucht, auf der Seite der Moral sowie der Ordnung zu kämpfen, die andere auf der Seite heiliger und unverletzlicher Freiheit. Es wird jetzt allgemein anerkannt, dass die von der Bewegung erhobenen Forderungen tatsächlich Dinge von sozialem Interesse und nicht die Irrwege absonderlicher Individuen sind. Die Führer der Bewegung, die für ihre Mitglieder die Chance verlangt, ihren Verpflichtungen zu genügen, können allmählich beweisen, dass das Versäumnis der Gesellschaft, ihnen diese Chance zu gewähren, ihr selbst zum Schaden gereicht. Die Gesellschaft ihrerseits erkennt die soziale Gültigkeit der Forderung an. Das Interesse, das zunächst als antisozial charakterisiert worden war, wird allmählich als sozial angesehen, und die Forderungen der Bewegung werden – gewöhnlich nicht alle zugleich, aber nichtsdestoweniger unaufhaltsam – angenommen und es kommt zu einer Reform.

Jede Reformbewegung in der Geschichte ist durch diese drei Phasen hindurchgegangen. In jedem Falle erhebt die eine Seite während der zweiten Phase den Anspruch, die soziale Ordnung zu schützen und zu erhalten, während die andere Seite Rechte einfordert; und an diesem Punkt scheint der Konflikt zwischen Individuen auf der einen Seite und ihrer Gesellschaft auf der anderen zu bestehen. Erst später erkennen die Leute, dass der Konflikt in

Wirklichkeit einer zwischen verschiedenen sozialen Interessen ist und keiner zwischen Individuen und ihrer Gesellschaft.

Die Arbeiterbewegung ist eine weitere geeignete Illustration der Tatsache, dass jede Reformbewegung durch diese Abfolge von drei Phasen hindurchgeht. In der ersten Phase, die mit den Anfängen der industriellen Revolution zusammenfiel, nahmen die Arbeiter im Allgemeinen ihre Behandlung durch die Kapitalisten als eine Selbstverständlichkeit hin. In der zweiten Phase entwickelten sie ein Bewusstsein ihrer eigenen Humanität und infolgedessen die Überzeugung, dass sie ein Recht auf bestimmte Menschenrechte hatten. Hier wurden die Begriffe des Wertes der Arbeit, der Gleichbehandlung und der Chancengleichheit formuliert und vorgetragen. In der dritten Phase wurden die Menschen sich der Tatsache bewusst, dass das Arbeiterproblem nicht einfach ein Problem von Individuen, sondern ein soziales Problem ist; dass die Erfüllung der Forderungen der Bewegung nicht nur zum Wohl der beteiligten Individuen beiträgt, sondern das Wohl der Gesamtgesellschaft fördert.

Wir könnten noch viele Beispiele mehr vorbringen, doch dazu besteht wirklich keine Notwendigkeit. Wir haben genug gesagt, um zu verdeutlichen, dass die traditionelle Definition eines sozialen Konflikts als Streit zwischen Individuen und ihrer Gesellschaft auf einem Irrtum beruht. (Eine Einzelperson kann zeitweilig mit den Normen ihrer Gesellschaft nicht übereinstimmen und außerstande sein, sich ihnen anzupassen, aber wenn eine solche Situation wirklich vorkommt, klassifizieren wir sie als Beispiel einer Psychopathologie und nicht als sozialen Konflikt.) Ein sozialer Konflikt ist, wie wir gesehen haben, ein Tauziehen zwischen den Interessen der einen Gruppe von Menschen und denen einer anderen Gruppe. Die Gruppe, die behauptet, die Interessen der Gesellschaft zu verteidigen, ist immer diejenige, die öffentliche Anerkennung erreicht hat, und häufig eine, die ihre Interessen mit denen der Gesamtgesellschaft identifiziert. Nach Ansicht dieser herrschenden Gruppe nimmt die herausfordernde Gruppe eine gegenüber den Interessen der Gesellschaft antithetische Position ein, und nur in dem Maße, wie die untergeordnete Gruppe an Anzahl, Stärke und öffentlicher Anerkennung gewinnt, wird offensichtlich, dass die Dinge, die sie verlangt, als echte soziale Bedürfnisse definiert werden können. Weil die Forderungen der untergeordneten Gruppe zuerst nur von relativ wenigen Individuen vertreten werden, lässt sich der Konflikt oberflächlich beschreiben als einer zwischen diesen Individuen und der Gesellschaft, gegen die sie ihren Protest richten. Eine realistischere Einschätzung der Situation (eine Einschätzung, die leichter getroffen werden kann, wenn sich eine Reformbewegung in ihre dritte Phase hineinbewegt) führt zu der gültigen Definition, die wir eben dargelegt haben, nämlich derjenigen, dass der Konflikt in Wirklichkeit zwischen Gruppen besteht, von denen jede glaubt, dass ihre Ziele mit dem Wohl der gesamten Gesellschaft vereinbar oder gar identisch sind.

Lassen Sie uns nun zu unserer zweiten Frage kommen, die der Differenz – wenn überhaupt eine besteht — zwischen traditionellen Theorien des Sozialkonflikts und derjenigen, die wir hier entwickelt haben. Ist die Differenz lediglich terminologisch und theoretisch oder ist sie praktisch und fundamental? Ich glaube, es sollte mittlerweile klar sein, dass die Differenz keine oberflächliche, sondern eine sehr praktische Differenz ist. Die traditionelle Definition eines sozialen Konflikts als Streit zwischen Individuen und ihrer Gesellschaft nimmt nicht nur der Öffentlichkeit, sondern den Reformern selbst den adäquaten Kontext, in dem der Sachverhalt zu betrachten ist. Wenn Sozialtheoretiker darauf bestehen, die Anführer von Reformbewegungen als abweichende Individuen anzusehen, als Unruhestifter und als Feinde der Gesellschaft, ist es nicht nur möglich, sondern wahrscheinlich, dass diese Anführer dieselbe Ansicht von der Situation haben. Wenn sie Feinde der Gesellschaft sind, was ist natürlicher, als dass sie zu dem Schluss kommen, die Gesellschaft sei ihr Feind? In einem solchen Falle ist die Entwicklung tiefgehender Feindseligkeiten unvermeidbar, das Führen eines Dialogs zwischen den streitenden Parteien so gut wie unmöglich. Jede Seite verteidigt nur umso entschlossener ihre Sache – die eine schwört, den *Status quo* bis zum Tode zu verteidigen, die andere befürwortet Gewalt und Revolution. Ein Sieg für die erstere führt zu einer weiteren Verfestigung von Sitte und Tradition; ein Sieg für die letztere zu einer »Reformation« dessen, was nicht reformiert werden muss, zum Fallenlassen dessen, was beibehalten werden sollte und der Verwerfung von vielem, was wesentlich ist. Beide Resultate sind, wie die Geschichte uns immer wieder beweist, auf fast schon tragische Weise verheerend.

Die hier vorgetragene alternative Theorie bietet freilich einen

Rahmen, in dem Anführer einer Reformbewegung eine Haltung der Forschung einnehmen und leidenschaftslos bestimmen können, welche Bedürfnisse ihrer Gesellschaft noch nicht vernünftig befriedigt werden; welche Elemente in der Gesellschaft noch nicht genügend Gelegenheit haben, sich so zu entwickeln, dass sie zur Bereicherung der Gesamtgesellschaft beitragen; und welche Arten von Fähigkeiten verschwendet oder unzulänglich genutzt werden. Wenn Führer von Reformbewegungen auf diese Weise gründlich die Übel und Mängel ihrer Gesellschaft diagnostizieren, wird eine Reform zu einer Möglichkeit, Methoden zu befürworten, um Übel zu korrigieren und Mängel zu beseitigen, und nicht zu einer Revolution, die es unternimmt, die gesamte Struktur der bestehenden institutionellen Einrichtungen über den Haufen zu werfen. Statt die Gesellschaft als ihren Feind zu betrachten, weil diese darauf bestanden hat, dass sie ihre Feinde sind, können Reformer, die in diesem Theorienstreit arbeiten, sich selbst als hilfreiche Teilnehmer in einem andauernden Prozess des sozialen Umbaus ansehen.

Unsere Theorie verschafft der gesamten Öffentlichkeit wie den in ihr herrschenden Gruppen auch einen Rahmen für einen Ansatz, der unermesslich ertragreicher sein kann als alles, was unter der traditionellen Definition eines sozialen Konflikts möglich war. Wenn die eine Konfliktpartei eine Haltung der ruhigen Forschung einnimmt, wird es weniger schwierig für diejenigen, die entgegengesetzte Ansichten hegen, ebenfalls rational an das Problem heranzugehen. So wird eine Bewertung von vorgeschlagenen Alternativen möglich, und Offenheit für die Überzeugung ersetzt Unnachgiebigkeit. Natürlich wird der Konflikt nicht vermieden, aber er kann entschärft werden, und seine Ergebnisse können uns wesentlich weniger teuer und verschwenderisch zu stehen kommen, als es in der Vergangenheit so oft der Fall war. Wenn kritische Intelligenz ins Spiel kommt und wenn wissenschaftliche Methoden zur Erforschung aktueller Situationen an die Stelle grober Verallgemeinerungen treten, dann braucht der Sozialreformer sich nicht länger als Messias oder Märtyrer zu fühlen und die Gesellschaft braucht ihn nicht länger als Unruhestifter anzusehen. Die Funktion von Reformern wird dann die, Diagnosen sozialer Übel zu stellen und Vorschläge für Veränderungen zu formulieren und vorzutragen, die die Situation verbessern; und die Theorie, die wir vorgetragen haben, einmal gegeben, können sie sich mit anderen

Elementen der Gesellschaft zusammenschließen, um die Genauigkeit ihrer Diagnosen und die voraussichtliche Wirksamkeit ihrer vorgeschlagenen Heilmittel zu beurteilen.

Im Lichte dessen, was wir gesagt haben, scheint es vollkommen klar, dass der Unterschied zwischen traditionellen Definitionen und Theorien und denjenigen, die hier vorgetragen worden sind, viel mehr als nur ein terminologischer ist. Legt man die Resultate der Anwendung auf wirkliche Situationen zugrunde, handelt es sich um einen ausgesprochen praktischen Unterschied.

Notizen zur vierten Vorlesung

Der Gesichtspunkt, der in der letzten Stunde entwickelt wurde, war der, dass die praktischen Schwierigkeiten, die hinter theoretischen sozialen Problemen liegen, auf der übertriebenen Entwicklung eines Einzelinteresses beruhen, sei es in einem gegebenen Typus von Gesellschaft, der Familie oder einer religiösen, ökonomischen, politischen, persönlichen Beziehung oder was auch immer. Diese übertriebene Entwicklung eines Einzelinteresses bringt Gruppen oder Klassen von Personen in Konflikt miteinander; sie führt zu Reibung, Streit, Hader, Unruhe und Spaltung und zu Verwirrung, Unordnung und Ungewissheit. Denn an irgendeinem Punkt kommt die unterdrückte Seite des menschlichen Interesses, kommen die Instinkte, die keinen Ausdruck und keine Erfüllung gefunden haben, zum Bewusstsein und fordern ihr Recht. Und sie sind nicht abstrakt, sondern in bestimmten Gruppen von Personen verkörpert. Es gibt keinen Streit zwischen Wissenschaft und Religion, zwischen Kirche und Staat, sondern nur einen Streit zwischen konkreten Menschen, die zum Beispiel Kontrolle durch die Kirche ausüben, und andererseits Männern und Frauen, deren Interesse, weltliches Wohlergehen zu erforschen und zu entdecken oder zu fördern oder politische Macht zu gewinnen, unterdrückt und vereitelt wird.

Dies ist freilich nicht die übliche Weise, Ursprung, Quelle und Natur der sozialen Probleme zu formulieren, die die Sozialtheorie ausmachen. Gewöhnlich heißt es, der Konflikt von Gesellschaft und Individuum sei derart, dass er zu dem Bedürfnis führe, die jeweiligen Ansprüche des einen an den anderen zu harmonisieren oder anzupassen, und Sozialphilosophie suche die Frage zu beantworten, was an oberster Stelle stehen sollte oder wie die Ansprüche des einen mit denen des anderen versöhnt werden können – individuelle Freiheit mit sozialer Kontrolle, Freiheit mit Autorität, subjektive Rechte mit dem Gesetz usw. Heute werden wir uns mit zwei Fragen auseinandersetzen. (1) Wie kommt es, dass die Sozialphilosophie von einer so falschen Vorstellung ausgeht? Und (2) welcher praktische Unterschied besteht zwischen den beiden Arten, soziale Fragen zu formulieren und anzugehen? Ist der Unterschied mehr als nur akademisch, eine spekulative Differenz?

Eine Gruppe von Personen repräsentiert und verkörpert die beherrschende, gesetzauslegende Gruppe und andere Personen die unterdrückte, niedergehaltene, vergleichsweise stumme Gruppe. Die Ersteren haben die Autorität, das Prestige der Gewohnheit, das sie stützt. Eben weil sie das repräsentieren, was fest etabliert ist, die übliche und bestehende Ordnung, scheinen sie die Ansprüche, die Autorität und Majestät der *Gesellschaft* zu verkörpern. Die Personen, die die relativ unterdrückte Gruppe repräsentieren, scheinen sich sozial zu verhalten, durch soziale Motive angetrieben zu werden, solange sie den bestehenden Zustand der Dinge akzeptieren und mit seinen Traditionen und Vorschriften konform gehen. Wenn sie revoltieren und den Wunsch haben, Dinge zu ändern, damit ein *anderes soziales Interesse* einen umfassenderen Ausdruck finden kann, scheinen sie nicht im Interesse irgendeines sozialen Zwecks oder überhaupt irgendeines Guts zu handeln. Sie geraten in die Position, Ansprüche auf *eigene, individualistische Rechnung* zu erheben, weil sie nicht die Legitimation eines sozialen Zieles haben, das von einer Autorität anerkannt ist. So kommt es, dass Egoismus und Selbstsucht, die lediglich auf Gebräuchen beruhen und Anerkennung und Prestige erlangt haben, den Anschein sozialer Billigung und moralischer Standards, von Recht und Ordnung, gewinnen, während Aktivitäten, die in Wirklichkeit ein umfassenderes und gerechteres *soziales* Arrangement zum Ausdruck bringen, als gesetzlos gelten, als Beweis selbstsüchtiger Wünsche einer Anzahl von *Individuen*, die die *Gesellschaft* zugunsten ihrer eigenen *egoistischen* Leidenschaften und Ambitionen stören. Dieser Kampf um die Korrektur sozialer Ungleichheiten, die große Gruppen und Interessen und Funktionen in ihrem Verhältnis zueinander prägen, ist der primäre Grund für den Glauben, das primäre Problem sei der Konflikt von *Gesellschaft* und *Individualismus* und das Hauptproblem der Sozialtheorie bestehe darin, zu bestimmen, wer den höheren Anspruch und die höhere Autorität besitzt.

So nahm zum Beispiel in dem Konflikt zwischen säkularen *Interessen*, Wissenschaft, Industrie und Handel, und dem religiösen Interesse, das in der Institution der Kirche verkörpert ist, die Letztere die Stelle eines *sozialen* Vorteils ein. Die sozialen Vorteile und die Organisationen, die durch Freiheit des Denkens und Glaubens, des Kultus und des Gewissens repräsentiert werden, lagen noch in der Zukunft. Sie waren sozusagen Angelegenheiten des Glaubens.

Die Kirche war eine *soziale* Organisation, die positive *soziale Funktionen* der Lehre und der Kontrolle ausübte; ihre *soziale* Qualität war Ansichtssache. Eben *weil* das wissenschaftliche Interesse nicht die Erlaubnis besaß, seine Macht als Quelle von Organisation und Lenkung frei auszuüben, konnte seine Stellung als Basis menschlicher Assoziation und Gemeinschaft nicht demonstriert werden. Deshalb behaupteten ihre Repräsentanten höchst natürlicherweise, dass sie die Ansprüche der *Individualität* repräsentierten, ohne Rücksicht auf oder selbst im Gegensatz zu *sozialen Organisationen*, die Ansprüche der Individualität gegen eine Kraft, von der sie gefesselt und tyrannisiert werde. Andererseits begriffen die Repräsentanten der Kirche sich selbst natürlich als Bewahrer von Recht und Ordnung, als Bewahrer all der *sozialen Werte*, die allein das Leben lebenswert machten und die menschliche Natur davor bewahrten, sich ungezügelten Exzessen hinzugeben. Sie behaupteten, die Neuerer, diejenigen, die Glaubens-, Kultus- und Lehrfreiheit wünschten, würden von *antisozialen* Absichten getrieben, ihre Ansprüche auf geistliche und moralische Freiheit seien lediglich Bemäntelungen eines finsteren Eigeninteresses, das die Gesellschaft zu unterminieren suche, sodass es keine Kontrolle über bösartigen Egoismus und Selbstsucht mehr gebe. Kurzum, eine Form der Selbstsucht, der Selbstüberhöhung war so [unlesbar] institutionalisiert, so mit allen Lebensformen verwoben und so beherrschend, dass sie weder Ehrgeiz noch Selbsterhöhung noch schiere Liebe zur Macht überhaupt auszudrücken schien. Sie war im Wesentlichen (obgleich durch unvermeidliche menschliche Defekte entstellt) Ausdruck des Prinzips *sozialer Autorität und Erleuchtung*.

Vielleicht findet sich ein noch besseres Beispiel in dem Zustand der Dinge, der eintritt, wenn die Gesellschaft primär nach dem

Muster einer Familie organisiert ist, wenn der Familienverband, Stamm oder Haushalt der herrschende ist. In einer solchen Situation wird der *Egoismus* der Erwachsenen, und zwar der Männer, der männlichen Erwachsenen, geweckt, aber gleichzeitig erhält er eine starke *soziale Bestätigung* – er erweckt den Anschein, durch hohe moralische Motive der Bewahrung von sozialem Frieden und Ordnung, der Konservierung und Auf-Dauer-Stellung der Traditionen motiviert zu sein, durch Ideale, durch welche die Gesellschaft lebt und möglich gemacht wird. Genau in dem Grad, in dem die besonderen und einseitigen Interessen des männlichen Erwachsenen institutionalisiert und standardisiert werden, Sonderinteressen also, und sie einflussreich werden, das heißt wirklich mit allen Formen sozialen Verkehrs und sozialen Beziehungen verknüpft sind, alle Zeremonien und die Richtung des Denkens und Handelns beeinflussen, gewinnen diese Interessen *soziale Rechtfertigung, Ruhm, Prestige*. Ein angeborener Egoismus wird mit sozial wichtigen Zwecken und Unterstützungen bemäntelt und bewaffnet. Dann wird jede Forderung von Seiten der Jungen nach größerer Freiheit, Freiheit der Berufswahl, Wahl des eigenen Ehepartners, Wahl der eigenen politischen Zugehörigkeit, Bestimmung der eigenen moralischen und religiösen Überzeugungen, nicht nur als ein Konflikt von persönlichen Willensentscheidungen präsentiert, Entscheidungen der einen Menge von Individuen im Gegensatz zu einer anderen, sondern als *Angriff eines zügellosen Individualismus auf die Grundlagen der Gesellschaft*; als erster Schritt zu einem gesetzlosen Individualismus, der alle kohärente soziale Autorität über den Haufen wirft, weil er die soziale Organisation unterminiert. Auf der anderen Seite können die Jungen, die vielleicht fest davon überzeugt sind, dass die Erfüllung ihrer Wünsche nach größerer Freiheit die Gesellschaft verbessern und menschliche Beziehungen auf eine gesicherte Basis stellen würde, ihre Überzeugung gleichwohl nicht dadurch beweisen, dass sie auf eine etablierte Ordnung verweisen, wo dieser Zustand schon realisiert ist. Sie können nur behaupten, dass bestimmte natürliche, inhärente und unveräußerliche Ansprüche der Individualität durch die Forderungen der Konvention und der sozialen Institutionen unterdrückt werden. Die soziale Seite ihrer Hoffnung präsentiert sich vielleicht nur als ein vager utopischer Idealismus, eine leidenschaftliche Behauptung einer neuen und erlösten Gesellschaft. In Wirklichkeit beanspruchen sie das Recht auf Individualismus, was auch immer sozial geschehen mag; sie werden *Rebellen gegen die Gesellschaft*, während sie in Wahrheit nur nach einer sozialen Reorganisation verlangen, die die Beziehung der Familiengruppe zu wissenschaftlichen, literarischen, religiösen, industriellen und politischen Gruppen flexibler, weniger eingefroren und starr macht.

Eine der ausgeprägtesten Bewegungen des späteren 19. Jahrhunderts und der Gegenwart ist der Feminismus – die Bewegung für die Rechte der Frauen, die Emanzipation von Frauen. Recht auf Bildung, auf einen Platz in der Industrie oder ökonomische Unabhängigkeit, das Recht, Berufe auszuüben, die früher nur Männer beanspruchten, das Recht, an der Gesetzgebung und ihrer Ausführung teilzunehmen. Nun ist aber klar, dass das nicht allgemein als ein Kampf zwischen sozialen Gruppen oder zwischen Mengen von Individuen gesehen wird. Der Feminismus hat sich selbst als eine Forderung nach größerer *Freiheit* auf Seiten einiger Individuen, als bestenfalls ein Protest gegen *soziale* Missbräuche, Tyrannei und Unterdrückung präsentiert, während diejenigen, die ihn ablehnten, deren Komfort, Privilegien, Genüsse und Macht gestört oder bedroht wurden, ihn als einen *antisozialen willkürlichen Angriff auf eben die Grundlagen der sozialen Beziehungen* von Seiten einer kleinen Anzahl aggressiver, mehr oder weniger bösartiger und enttäuschter Frauen betrachteten. Tatsächlich ist er ein Nebenumstand allgemeiner sozialer Veränderungen, einer neuen Aktion sozialer Kräfte, die eine Erneuerung sozialer Gruppen und ihrer Anpassung aneinander herbeiführen – keineswegs, um ganz spezifisch eine Destruktion der Familie zu sein, sondern unter anderen Dingen die Bemühung, sicherzustellen, dass die humanen und sympathetischen Interessen und Ziele der Familie, die die besondere Aufgabe von Frauen gewesen waren, nicht auf das Innere des Hauses beschränkt bleiben, sondern eine Chance haben, in die Schulen, Läden, Fabriken, Berufe, Politik usw. getragen zu werden, und dass die eher unpersönlichen, abstrakten und possessiven Interessen der Männer nicht länger das Handeln so bestimmen, dass sie Schranken gegen das freie Geben und Nehmen sozialer Gruppen und der Interessen, die sie repräsentieren, errichten.

Es ist interessant zu bemerken, dass auf den *früheren Stufen einer Bewegung, wenn ihr Ziel am undeutlichsten ist*, wenn sie im besten Fall die Form eines *Protestes* annimmt, *ihr sogenannter in-*

dividualistischer Charakter am deutlichsten hervortritt. Wir können tatsächlich drei Stufen unterscheiden. Auf der *ersten* Stufe herrscht noch ein Gleichgewicht, sodass die unterdrückte Gruppe oder Klasse ihre Unterdrückung gar nicht bemerkt oder sie als Teil der bestehenden und notwendigen Ordnung der Dinge ansieht. Es gibt keine Gelegenheiten, die die Idee einer anderen Verfassung der Dinge nahelegen, und daher auch nicht die Idee einer Bemühung, eine Veränderung herbeizuführen. Wenn die Sklaverei am vollständigsten ist, wenn die Regierung am erfolgreichsten despotisch ist, gelten Sklaverei oder Despotismus nicht als Übel, gegen die man protestieren müsste. Erst wenn die Bedingungen so sind, dass sie ein *Bewusstsein von Kräften wecken, die nicht ausgedrückt und befriedigt werden,* kommt es zu einer Revolte und zu der Anstrengung, eine Veränderung herbeizuführen. Als Veränderungen in der Industrie den Frauen Tätigkeiten im Haushalt nahmen, die sie früher ausgeübt hatten, entstand nicht nur ein relativer Verlust an Aktivität, sondern auch Muße für andere Dinge. Es gab jetzt bessere Ausbildungsmöglichkeiten. Das erzeugte ein Gefühl von Kräften, die kein Ventil hatten, und schuf Ruhelosigkeit und Unbehagen, die es nicht gab, solange die Frauen noch viel stärker vom Haushalt in Anspruch genommen wurden.

Die *zweite* Stufe ist dann das Stadium der *Ruhelosigkeit und Unzufriedenheit,* weil sich die sozialen Bedingungen genügend geändert haben, um *ein Gefühl von Kräften zu erzeugen, die keine Funktion haben, für deren Nutzung keine bestimmte soziale Bahn vorgesehen ist.* Das ist die Periode eines charakteristischen »*Individualismus*«, einer Revolte gegen die Autorität und die bestehenden Institutionen, des Gefühls, dass sie entweder lediglich konventionell oder andernfalls wirklich unterdrückend sind und im Interesse individueller Freiheit zerstört werden müssen, die negativ als *Fehlen von Beschränkungen* gesehen wird, das zu tun, was man will usw. (3) Aber in dem Maße, wie die soziale Organisation voranschreitet und die Fähigkeiten der unterdrückten Gruppe nicht lediglich auf emotionale Weise stimuliert und zum Bewusstsein gebracht werden, sondern *eine bestimmte* Bahn der Ausübung erhalten, *hört das Verlangen auf, Verlangen nach individualistischem Ausdruck zu sein,* und wird zu einer *Forderung nach einer Chance, eine dringend benötigte soziale Funktion auszuüben. Die Forderung verlagert sich* von *einem Recht* auf *eine vernachlässigte soziale Pflicht.*

Es gibt ähnliche Stufen im Wachstum des wissenschaftlichen Interesses. (1) Zunächst ist es untergründig; es herrscht Konformität, Einverständnis mit allen gerade gängigen Ideen. Die Autorität des Brauchs ist so umfassend, dass sie nicht als äußerliche Autorität empfunden wird; sie ist einfach Teil der regulären und unhinterfragten Ordnung. Welche Unabhängigkeit oder Originalität auch immer existiert, sie findet ein Ventil in der Bildung fantastischer Erzählungen oder Mythen und Legenden, die nicht mit dem anerkannten Glaubenssystem in Konflikt geraten. Dann, durch irgendein Ereignis, gewöhnlich Kontakt mit Leuten, die andere Ideen und Überzeugungen haben, oder die Beobachtung ungewöhnlicher Naturphänomene auf Reisen, kommen *Zweifel* und *Fragen* auf. (2) Zweifel und Fragen werden freilich gewöhnlich vom bestehenden sozialen und kirchlichen und politischen Regime mit Empörung zurückgewiesen, als Angriff auf seine Autorität, als *antisozial, subversiv*. Es kommt zu mehr oder minder schweren Verfolgungen. Von daher werden neue Forschungen, die das Auftauchen aus dem Untergrund bedeuten, die bestehende soziale Ordnung wahrscheinlich mit der Gesellschaft selbst identifizieren und das Recht auf freie Forschung und Glauben nicht als ein Recht beanspruchen, eine sozial benötigte Kraft auszuüben, sondern als ein rein persönliches, privates Recht, das den Forschern, ungeachtet aller sozialen Orientierungen, als Individuen zusteht. Das natürliche Recht zu forschen und seine eigene Überzeugung zu vertreten, gilt als das höchste, selbst wenn es soziale Subversion mit sich führt. (3) Auf der dritten Stufe ist die wissenschaftliche Bewegung genügend organisiert, sie hat eine hinreichende Anzahl von Personen um sich geschart, sodass sie eine *soziale Stellung und Reputation* hat; sie hat genügend Fahrt aufgenommen, sodass ihre sozialen Tendenzen offensichtlich sind, und das Pochen auf dem Recht, das wissenschaftliche Interesse auszuüben, wird zugunsten eines sozialen Bedürfnisses und Wohlergehens gemacht, nicht zugunsten eines rein individualistischen, nichtsozialen Faktors.

Dieselben drei Stufen lassen sich in der Geschichte der Arbeiterbewegung nachweisen. Zunächst werden Sklaverei und Leibeigenschaft auf beiden Seiten als selbstverständlich hingenommen. Dann entsteht zweitens ein sozialer Wandel, der ein Bewusstsein von Mängeln und Wünschen und eine Erkenntnis der Unterdrückung von Tätigkeiten weckt – eine Bewegung der Revolte, der

Emanzipation, der Beanspruchung persönlicher Rechte und Genüsse. Natürliche, unveräußerliche Rechte auf Leben, Freiheit und das Streben nach Glück, die dem Individuum ungeachtet sozialer Erwägungen zukommen. Drittens wird gesehen, dass dies nur eine Maske für soziale Bedürfnisse und Interessen ist: die Forderung, dass den Arbeitern die Erziehung, die Ressourcen, die Kultivierung und die Macht zuteilwerden, die nötig sind, damit eine Gesellschaft ihre Arbeit möglichst wirkungsvoll und glücklich erledigen kann.

II. Welchen praktischen Unterschied macht es, ob wir diesen Gesichtspunkt oder den traditionellen von Konflikt und Anpassung des Gesellschaftlichen und Individuellen einnehmen? Die Antwort lautet, dass *letzterer zum Entstehen von einander entgegengesetzten Gruppen führt, die auf Emotion, Vorurteil und Sonderrechten und -unrechten beruhen,* und *zu den Methoden von Disput, gegenseitigen Vorwürfen und sogar physischer Gewalt Zuflucht nimmt.* Menschen ergreifen Partei für das *Gesellschaftliche im Allgemeinen,* für *Autorität und Kontrolle im Allgemeinen* oder für *Freiheit und Individualismus im Allgemeinen.* Es gibt Behauptung und Gegenbehauptung, bitteren Streit, aber *keine Möglichkeit, durch den Einsatz von Intelligenz bei der Analyse spezifischer Bedingungen, bei der Untersuchung definierter Probleme von Ursache und Wirkungen zu einer gemeinsamen Schlussfolgerung zu gelangen.* Blindes Festhalten an Konservativismus und Wandel, unter Bedingungen, die den *ersten* despotisch reaktionär und den *zweiten* destruktiv machen. Wenn der hier angemahnte Gesichtspunkt allgemein übernommen würde, würde anerkannt, dass *Institutionen, Konventionen, Arten der sozialen Kontrolle,* die die Gedanken und Taten der Gesellschaftsmitglieder lenken, *notwendig entstehen*; sie sind *unvermeidlich*; es ist unmöglich, sich ihrer zu entledigen – eine Form zu zerstören heißt nur, eine andere an ihre Stelle zu setzen – wie sich an der Herrschaft der Bolschewiken sehen lässt, nachdem sie die der Zaren zerstört hatten. Es ist nicht nur unvermeidlich, sondern auf bestimmte Art auch *unverzichtbar*, nützlich. Entscheidend ist, zwischen ihnen zu *unterscheiden*, denn Sitten, Konventionen, Institutionen sind besser und schlechter, und es kommt darauf an, *das Gute zu behalten und das Schlechtere zu verbessern oder damit Schluss zu machen. Das bedeutet einen Appell an Intelligenz, nicht an Voreingenommenheit und Vorurteil und Sonderinteressen, an Forschung, um Ursachen und Folgen ausfindig zu machen, zu sehen, was diese oder jene Instituti-*

on oder Einrichtung hervorgerufen hat, die historische Methode, und auch, *Konsequenzen nachzugehen, zu sehen, wie die Einrichtung arbeitet, welche Wirkungen sie hat – und dasselbe für jede vorgeschlagene Reformmaßnahme, Verbesserung.* Der praktische Unterschied ist folglich, dass *die wissenschaftliche Methode* an die Stelle der *Methode der Meinung, der dogmatischen Behauptungen, bitterer Vorwürfe, herabsetzender Beschimpfungen und Beleidigungen tritt. Die Methode der Analyse, detaillierte Betrachtung der Dinge, genaue Untersuchung anstelle von pauschalen Ismen.*

Sie ebnet auf diese Weise einem ordentlichen und kontinuierlichen Fortschritt den Weg. Der Neuerer trägt die Beweislast. *Er ist derjenige, der eine Hypothese vorschlägt,* der zufolge *das Wohlergehen der Gesellschaft durch die Übernahme einer gewissen Veränderung gefördert werden würde,* der zufolge *auch dann, wenn diese eine Zeit lang eine spezielle Klasse schädigt, dieser Verlust im Interesse der Gemeinschaft als ganzer ist und einer anderen Klasse, die jetzt unter einer unangemessenen sozialen Anerkennung leidet, Gerechtigkeit bringt.* Er präsentiert sich nicht als bloßer *Rebell,* feindselig gegen die Autorität als solche, bereit zur rücksichtslosen Zerstörung, in der blinden Hoffnung, irgendetwas Besseres werde erscheinen. Seine Behauptung, dass *gewisse Mängel existieren* und dass sie durch die Übernahme *gewisser vorgeschlagener Veränderungsmaßnahmen* behoben werden können, sind Behauptungen, die im Lichte von Tatsachen geprüft werden müssen – erstens geschichtliche *Tatsachen, existierende Tatsachen und Bedingungen,* zweitens *neue Tatsachen,* Tatsachen, die neu eingeführt werden müssen.

5. Kriterien für die Beurteilung von Gedankensystemen

In meiner vorigen Vorlesung habe ich die traditionelle Ansicht, dass Unordnung in einer Gesellschaft aus einem Konflikt zwischen Individuen auf der einen und organisierter Gesellschaft auf der anderen Seite entsteht, mit meiner eigenen Theorie kontrastiert, laut der ein sozialer Konflikt seinen Ursprung in einem starken Ungleichgewicht der Interessen und Vorteile der Gruppen von Menschen hat, die kollektiv eine Gesellschaft ausmachen. Auf die Frage, ob es einen signifikanten Unterschied zwischen den traditionellen Ansichten und der von mir entwickelten gibt, antwortete ich mit einem emphatischen »Ja, es gibt einen gewaltigen Unterschied, der von großer praktischer Bedeutung ist«.

Solange wir darauf bestehen, soziale Unordnung als einen Konflikt zwischen Individuen und ihrer Gesellschaft zu definieren, beschwören wir Feindseligkeit auf der einen und Unversöhnlichkeit auf der anderen Seite herauf; wir ermutigen die einen zu einer verbissenen Bewahrung bestehender Institutionen um jeden Preis und ermutigen die anderen, verzweifelt für die unterschiedslose Abschaffung bestehender Einrichtungen und ihre Ersetzung durch etwas vollkommen anderes zu agitieren und zu arbeiten; und endlich schaffen wir eine Situation derart, dass, gleichgültig welche Seite gewinnt, die konkreten Probleme, die gelöst werden müssen, aus dem Blick geraten, begraben unter einem Chaos von pauschalen Verallgemeinerungen und emotionalen Reaktionen.

Unsere alternative Theorie unterscheidet sich davon grundlegend, da sie auf dem Standpunkt steht, dass die Ziele beider Parteien in einem sozialen Konflikt als soziale Interessen definiert werden können; der Unterschied besteht darin, dass die Position der einen Partei öffentlich als ein soziales Interesse anerkannt wird, während der anderen diese Anerkennung noch fehlt. Diese Ansicht macht eine rationale und leidenschaftslose Diskussion strittiger Ziele und ihre Bewertung auf der Basis des wahrscheinlichen Vorteils für das gesamte soziale System möglich. Sie ermutigt Nachforschungen darüber, welche Aspekte der Gesellschaft einer Reform bedürfen und welche bestehen bleiben sollten – das heißt, sie setzt voll auf die Anwendung wissenschaftlicher Methoden bezüglich sozialer Probleme. Sicherlich verleihen diese Erwägungen unserer Theorie einen unschätzbaren Vorteil gegenüber traditionellen Definitionen und Einstellungen.

Im Gegensatz zu unserer Theorie hält die traditionelle Ansicht an der Tendenz fest, Individuen und Gesellschaft als antithetische Entitäten anzusehen. Wenn eine solche Ansicht vorherrscht, reagieren die konservativen Teile der Gesellschaft mit einem generellen Beschützerinstinkt, sobald einer ihrer Werte in Frage gestellt wird. Statt zu prüfen und abzuwägen, statt zwischen denjenigen Einrichtungen, die vielleicht geändert werden sollten, und denjenigen, die unbedingt erhalten bleiben sollten, zu differenzieren, nehmen sie ihre Zuflucht zu pauschalen Verallgemeinerungen und schließen sich zur Verteidigung dessen zusammen, was *ist,* identifizieren das Traditionelle mit dem Guten und verurteilen diejenigen, die mit ihnen nicht übereinstimmen, als Feinde der Gesellschaft. Durch diese Reaktion in den herrschenden Gruppen gereizt, tendieren die Befürworter der Sozialreform auf der anderen Seite zu extremem Radikalismus und werden zu Revolutionären, die verlangen, dass Sitten und Institutionen, die die menschliche Freiheit beschränken, als gänzlich übel abgeschafft werden. Auch sie sind, so lange diese alte Ansicht vorherrscht, außerstande, die wirklichen Situationen leidenschaftslos zu prüfen, den Ort eines notwendigen Wandels wissenschaftlich festzulegen und eine intelligente Entscheidung über das zu treffen, was bewahrt werden sollte.

Natürlich schreiben wir diese traditionelle Theorie in der übervereinfachten Form, in der wir sie dargestellt haben, nicht allen Sozialtheoretikern zu, die uns vorangegangen sind; aber wir behaupten, dass ihr Ansatz, konsequent zu Ende gedacht, zu den von uns angedeuteten Resultaten tendiert. Wir müssen an diesem Punkt noch einmal wiederholen, dass wir keine Versöhnung zwischen dem radikalen und dem konservativen Aspekt versuchen, zwischen der theoretischen Position, die individuelle Rechte und Freiheit betont, und der alternativen Position, die Recht und Ordnung verherrlicht. Die Theorie, die wir hier entwickeln, verlangt nach einer neuen Methode der Beurteilung, nach einer, die die Methoden der Wissenschaft auf unsere Bemühungen anwendet, das Bessere vom Schlechteren zu unterscheiden und zu entscheiden, was reformiert und was beibehalten werden sollte. Sie ermutigt uns, konkrete Probleme zu identifizieren und zu diagnostizieren und wissenschaftliche Lösungen für diese Probleme zu finden.

Lassen Sie uns für einen Moment das Beispiel des Anarchismus anschauen. Der Anarchist möchte mit allen herrschenden Regeln und Institutionen aufräumen. Er möchte jede Regierung, jedes Gesetz, alles Privateigentum, selbst die Familie abschaffen – weil sie alle irgendeine Einschränkung der individuellen Freiheit bedeuten. Er hat eine doch eigentlich offensichtliche Tatsache aus dem Auge verloren, nämlich, dass einige Regierungsformen die individuelle Freiheit ungebührlich beschränken, während andere die Chancen für das Individuum, zu wachsen und seine Möglichkeiten zu entwickeln, verstärken, und dass einige Gesetze restriktiv, andere befreiend sind. Er versteht nicht, dass die absolute Freiheit, für die er kämpft, eine Chimäre ist und dass jede Freiheit, die irgendetwas bedeutet, das Resultat und nicht die Antithese einer angemessenen Regulierung des menschlichen Verhaltens ist. Um ein alltägliches Beispiel zu nehmen: Verkehrsregeln erlegen uns einige Beschränkungen auf und sagen uns, auf welcher Straßenseite wir fahren dürfen und auf welcher nicht; aber ihr Gesamteffekt besteht darin, die Fortbewegung zu erleichtern, nicht, sie einzuschränken. Sie gewähren uns die Freiheit, schneller und sicherer zu unserem Ziel zu gelangen, als es uns möglich wäre, wenn es uns freistände, überall da zu fahren, wo wir gerade Lust haben. Dasselbe Prinzip gilt für die Regierung im Allgemeinen. Die wissenschaftliche Einstellung fordert eine Bewertung der Regierungen und Gesetze nach dem Kriterium ihres Beitrags zur menschlichen Wohlfahrt und Freiheit; sie macht die Verbesserung oder Abschaffung spezifischer Gesetze möglich, die uns ungebührliche oder unnötige Beschränkungen auferlegen, aber sie steht auch in vollkommenem Gegensatz zu der Haltung, die mit allem Gesetz nur deswegen aufräumen will, weil einige Gesetze unangemessen oder inzwischen überholt sind.

So viel zur Einführung. Nun lassen Sie uns zu dem zentralen Problem der Methode und Einstellung, dem Urteilsakt, zurückkehren. Wir können nicht beurteilen, was gut oder was schlecht, was besser oder was schlechter ist, wenn wir keine Kriterien haben, auf die wir unsere Urteile gründen können. Ich werde verschiedene Kriterien nennen, die uns als Hilfsmittel zur Verfügung stehen, wenn wir darangehen, ein Urteil zu fällen.

Zuerst allerdings ein Wort über Kriterien im Allgemeinen. Auch die Theoretiker, die wir kritisiert haben, hatten ihre Kriterien. Alle Theoretiker haben das. Tatsächlich ist eine Theorie ohne Kriterien eine *contradictio in adjecto*. Allzu oft freilich haben Theoretiker als ihre Kriterien Ideale gewählt, Archetypen dessen, was sein sollte, utopische Begriffe. Weil diese Ideale allzu häufig keine erkennbare Beziehung zu den Bedingungen haben, mit denen wir tatsächlich konfrontiert sind, und weil sie so weit weg von unserer Erfahrung sind, dass wir keine signifikante Beziehung zwischen ihnen und der spezifischen Verbesserung erkennen können, die wir jetzt in der gegenwärtigen Situation vornehmen möchten, sind sie kaum nützlicher dabei, den Urteilsakt zu lenken, als wenn sie vollkommen imaginär wären. Ganz im Gegensatz dazu leiten sich in unserem Ansatz Kriterien aus der Erfahrung ab und sind unserer Kontrolle unterworfen. Wie vollkommen lächerlich wäre es zum Beispiel für einen Schiffskapitän, einfach nur sein Ziel anzukündigen und seine Segel zu setzen, ohne sich über Meeresströme, vorherrschende Winde oder die Lokalisierung von Untiefen zu informieren, und das alles ohne Kompass und Karte! Aber wie oft formulieren wir in der Politik unser Ziel in Form eines Ideals – vergleichbar dem Ziel des Kapitäns – und machen uns daran, es zu erreichen, ohne uns adäquat über die gegensätzlichen Strömungen innerhalb von Gruppen, die vorherrschenden Winde der Ideologien, die Untiefen der Traditionen und Bräuche zu informieren; ohne die Karte der Geschichte zu konsultieren, die sowohl erfolgreiche wie auch katastrophale politische Reisen der Vergangenheit verzeichnet; und ohne den Kompass der kritischen Intelligenz, der uns hilft, unsere Route so zu planen, dass die Gefahren unterwegs möglichst klein gehalten werden.

Nein, wir müssen uns mit Tatsachen befassen – und unsere Tatsachen müssen aus unserer Erfahrung mit der menschlichen Natur stammen. (Wenn wir von der menschlichen Natur sprechen, beziehen wir uns nicht auf die müßigen Redeschlachten über die inhärente Güte des Menschen oder seine angeborene Schlechtigkeit, sondern vielmehr auf das objektive Studium beobachtbaren menschlichen Verhaltens und auf wissenschaftlich abgeleitete Hypothesen über dessen wechselnde Tendenzen.) Durch das Studium von Tatsachen stellen wir menschliche Bedürfnisse fest, machen Pläne, diese Bedürfnisse zu befriedigen, und identifizieren die Regeln, die sich auf unsere Bemühungen anwenden lassen und sie steuern. Und auf der Grundlage unserer Erkenntnisse entwickeln wir unsere Ansätze und Methoden, um menschliche Probleme zu lösen.

Es gibt drei umfassende Kategorien menschlicher Aktivität, in denen wir Kriterien für unsere Urteilsakte suchen: (*a*) Gewohnheiten und Sitten; (*b*) soziale Institutionen; und (*c*) das Zusammenleben (*associated living*) (mit welchem Ausdruck wir lediglich auf die einfache Tatsache hinweisen, dass jedes menschliche Wesen in irgendeiner Art von Assoziation mit anderen menschlichen Lebewesen lebt – und leben muss).

Eine Gewohnheit ist eine regelhafte Struktur individuellen Verhaltens, die sich aus einer früheren Erfahrung herleitet. Eine Sitte ist eine Gewohnheit, die den Mitgliedern einer Gesellschaft gemeinsam ist. Wenn die Sitte reguliert, systematisiert und bewusst beibehalten wird, nennen wir sie Tradition. Wenn soziale Einrichtungen den Grad an Systematisierung erreichen, der durch Delegierung von Verantwortung, Arbeitsteilung und die Notwendigkeit kooperativer Bestrebungen charakterisiert ist, haben wir eine Institution. Diese beiden Kategorien sind freilich zweitrangig; die Hauptquelle unserer Beurteilungskriterien liegt im Zusammenleben, da Kooperation und Interaktion nur möglich sind, wenn Leute in assoziierten Gruppen mit gemeinsamen Interessen leben.

Gewohnheiten und Sitten. Psychologisch gesprochen, sind Gewohnheiten und Sitten das wirtschaftlichste Mittel, um aus gemeinsamen Lebenserfahrungen einen kumulativen Wert zu gewinnen. Wenn wir uns um alles, was wir tun, ängstigen müssten, wenn wir über jede der unzähligen Aktionen, die wir jeden Tag verrichten, nachdenken müssten, würde unsere gesamte Energie darauf verwendet werden, uns lediglich am Leben zu halten (wenn wir überhaupt am Leben bleiben würden!). Und wir hätten keine Zeit [hier fehlt ein Stück Text][5] ein kleines Kind, das gerade gehen lernt. Es muss seine Aufmerksamkeit auf jeden Schritt richten, den es macht, seine Energie der Aufrechterhaltung seiner Balance widmen; buchstäblich eine Entscheidung über jeden einzelnen Schritt treffen. Und wir haben alle bemerkt, dass das Kind, wenn es wirklich irgendwohin zu gelangen wünscht – sagen wir, um ein Lieb-

5 Zu ergänzen ist etwa: », unser Leben zu genießen. Nehmen Sie zum Beispiel« (Anm. d. Übers.).

lingsspielzeug auf der anderen Seite des Zimmers zu erreichen –, sich auf den Boden setzt und kriecht. Kriechen ist schon eine Gewohnheit, es muss nicht darüber nachdenken; Gehen ist für es noch nicht zu einer Gewohnheit geworden. Sie, die Sie hier im Auditorium sitzen, haben die Gewohnheit erworben, mit Stäbchen zu essen, und ohne einen Gedanken auf die Art zu verwenden, wie Sie sie handhaben, können Sie sich darauf konzentrieren, Ihre Nahrung zu genießen. Ich andererseits muss derartig viel darüber nachdenken, wie ich meine Stäbchen halte, dass ich manchmal kaum weiß, was ich esse.

Jeder Mensch hat Tausende von Gewohnheiten, jede Gesellschaft Tausende von Sitten. Gäbe es nicht die Arbeitsersparnis, die dadurch ermöglicht wird, würden wir einfach nicht zurande kommen.

Wenn Sitten bewusst anerkannt und als gut angesehen werden, werden sie systematisiert, und wir haben solche Dinge wie das Familiensystem, das Eigentumssystem, das Ehesystem usw. Solche bewusst anerkannten Sitten können von großem Nutzen sein. Nicht alle Sitten sind stabil oder einförmig, selbst wenn sie Mittel sind, um gemeinsame menschliche Bedürfnisse zu kanalisieren; aber wenn sie systematisiert und auf die Ebene von Traditionen erhoben werden, neigen sie dazu, starr und mehr oder weniger einförmig zu werden. Im Allgemeinen akzeptieren Menschen Traditionen als Maßstäbe, denen ihr Verhalten konform gehen sollte. Konventionen, die in Sitte und Tradition verkörpert sind, stellen eine allgemeine Macht dar, die das Verhalten unter Individuen regelt und das Auftreten von Konflikten reduziert, die vorherrschen würden, wenn jede Person ihren eigenen Launen folgte. Wie Thomas Hobbes es ausgedrückt hat: »Daraus ergibt sich klar, dass die Menschen während der Zeit, in der sie ohne eine allgemeine, sie alle im Zaum haltende Macht leben, sich in einem Zustand befinden, der Krieg genannt wird … Jede andere Zeit ist FRIEDEN.«[6] Obwohl wir Hobbes' Behauptung nicht ohne Einschränkung akzeptieren können, ist es im Allgemeinen richtig zu sagen, dass es in einer Gesellschaft ohne Konventionen keinen Frieden geben kann und dass da, wo die sozialen Formalitäten erfolgreich arbeiten, tendenziell Frieden herrscht.

6 Thomas Hobbes, *Leviathan*, Buch I, Kap. 13; das Wort »Frieden« setzt Dewey in Großbuchstaben.

Sitten haben Vor- wie Nachteile. Man kann eine Sitte mit dem Panzer eines Krustentiers vergleichen, der das Tier vor Angriffen schützt, es aber gleichzeitig am Wachstum hindert, weil er hart und unflexibel ist. Analog entstehen Sitten, um das zu bewahren, was aus der Erfahrung gelernt worden ist – aber wie oft verlieren wir diesen Zweck aus den Augen und machen die Aufrechterhaltung der Sitte zu einem Selbstzweck! Dann wird die Sitte wie der Panzer dicker und härter und behindert das soziale Wachstum und die Entwicklung, bis er endlich einen sozialen Konflikt hervorruft, der in einer Revolution enden kann, die so heftig ist, dass sie nicht nur die Sitte selbst, sondern sogar den Wert zerstört, dem die Sitte ursprünglich dienen sollte. Revolutionen dieser Art werden nicht von einzelnen Rebellen begonnen, sondern sind Massenreaktionen gegen die Entschlossenheit der konservativen Elemente einer Gesellschaft, die blind darauf beharren, eine sterbende Gesellschaft zu erhalten, die von einem schon abgestorbenen Panzer umgeben ist.

Die Alternative zur Revolution als Mittel (und ein fast immer aufwändiges und verschwenderisches Mittel) des sozialen Fortschritts ist ein System von Gewohnheiten, Sitten, Konventionen, Traditionen und Institutionen, das hinreichend flexibel ist, um Anpassung an eine wandelnde Umwelt zu erlauben. Und eine solche Flexibilität setzt Denken voraus – die Ausübung der individuellen Intelligenz in Diskussion und Bewertung, in Entscheidung, in Urteil und in Experiment. Gewohnheiten, Sitten und Systeme bleiben lebendig nur als Gegenstände des intelligenten Denkens. Das erste Kriterium ist nützlich bei der Anpassung von Gewohnheiten, Sitten und Institutionen an die Realitäten der menschlichen Natur. Hier betonen wir individuelle Freiheit der Wahl, der Kritik und des Urteils zu dem Zweck, dass solche Gewohnheiten, Sitten und Institutionen nicht zum Ballast werden, Fortschritt verhindern und Revolution anregen.

Soziale Institutionen. Gewohnheiten und Sitten entstehen ohne bewussten Plan, aber soziale Institutionen werden absichtlich entwickelt. Man kann eine Institution mit einem Körper vergleichen, in dem jeder Teil seine Funktion in der Interaktion und Kooperation mit allen anderen Teilen ausübt. Ein adäquates System sozialer Institutionen vermehrt ganz natürlich die Fähigkeit einer Gesellschaft zu überleben, wenn sie sich, wie es oft geschieht, im Wettstreit mit einer anderen Gesellschaft befindet. Soziale Institutionen bieten der Gesellschaft dieselbe Wirtschaftlichkeit und Wirksamkeit, die Gewohnheiten und Sitten individuellen Personen bieten.

Jeder erkennt die Organisationsbegabung der Deutschen an – obgleich wir in anderen Hinsichten unsere Zweifel an ihnen haben mögen. Die Deutschen nutzen wissenschaftliche Methoden, um ihre Institutionen zu kontrollieren und Pläne zu machen, die innerhalb spezifischer Zeiträume verwirklicht werden sollen. So viel spricht für sie. Schwierigkeiten ergeben sich dann, wenn die Rolle von Institutionen überbetont wird. Solche Überbetonung tendiert dazu, die Gelegenheiten für freie Entwicklung einzuschränken und die Kreativität zu behindern. Organisation ist natürlich unentbehrlich beim Betrieb einer Fabrik, einer Industrie oder der Führung einer Armee. Manchmal freilich ist die Organisation von einer solchen Art, dass eine kleine Anzahl von Personen Verantwortung für die gesamte Administration übernimmt und die übrigen Beteiligten auf den Status von Automaten reduziert werden. In einigen religiösen Organisationen hat die Abhängigkeit von einem ausgearbeiteten Ritual die spirituelle Entwicklung ihrer Anhänger vereitelt. In einigen Armeen hat die extreme Reglementierung und die Starrheit der Regulierungen die Initiative der niederen Dienstgrade erstickt und sie zu wenig mehr als Robotern gemacht. Deutschland ist ein gutes Beispiel sowohl für die Effizienz in der Organisation wie dafür, den Prozess bis zu dem Punkt zu treiben, an dem die Resultate zu beklagen sind.

Organisation erfordert *per definitionem* Struktur. Zurechnungsfähigkeit und Verantwortung müssen zentralisiert werden – bei Aufsichtsräten und Managern in der Industrie, bei zentralen Stäben und Feldkommandeuren in der Armee. In Situationen, wo die Macht zentralisiert ist, besteht eine Tendenz, die Männer an der Spitze als menschliche Wesen und (möglicherweise ohne sich dessen bewusst zu sein) den gesamten Rest als Zahnräder in der Maschine anzusehen. Diese Haltung, die dazu führt, die freie Entfaltung individueller schöpferischer Fähigkeiten zu behindern, ist nicht auf Deutschland beschränkt, sondern ist ganz allgemein für die westlichen Völker charakteristisch. Einige Leute sagen, es gebe zu viel Freiheit in den Vereinigten Staaten, aber tatsächlich wird selbst Amerika rasend schnell Opfer der Überorganisierung und extremen Institutionalisierung.

Wie bei den meisten anderen Fragen, die wir ins Auge fassen müssen, kann die Antwort auf die Probleme der Organisation und Institutionalisierung nicht in einem Entweder-oder bestehen. Wir sollten lieber der Tatsache ins Auge sehen, dass genauso, wie es keine universalen Wahrheiten, keine Allheilmittel in der Welt gibt, so auch keine Institutionen, die automatisch und perfekt operieren. Einerseits kann Institutionalisierung eine zu starre Kontrolle über unsere Handlungen ausüben; andererseits kann sie es an hinreichender Lenkung unserer Anstrengungen fehlen lassen. Deutschland ist zu weit in die eine Richtung gegangen; China hat sich nahe am anderen Ende der Skala verfangen. Deutschland plant zu genau und zu starr; China neigt dazu, zu warten, bis es mit dem Problem konfrontiert ist, bevor es überhaupt irgendeinen Plan macht. Während es unbestreitbar wahr ist, dass es so etwas gibt wie zu viel Organisation, ist es gleichermaßen wahr, dass maximale Wirksamkeit einen optimalen Grad an Organisation erfordert.

Die zweite Quelle also, aus der wir unsere Kriterien ableiten, ist eine denkbar umfassende Prüfung der Situationen, vor denen wir stehen, eine intelligente Einschätzung des Bedürfnisses nach Organisation und Institution, eine Beurteilung des Ausmaßes, bis zu dem die Elemente der Situation nach einer Organisation verlangen, und eine des Grades, bis zu dem unsere Handlungen einer solchen Organisation unterworfen sein sollen.

Zusammenleben. Da meine Zeit für heute zu Ende ist, will ich nur noch sagen, dass Zusammenleben durch Kooperation charakterisiert und zum wechselseitigen Vorteil von allen ist, die daran teilhaben. Es ist wie Freundschaft. Freunde helfen einander, tauschen Wissen und Einsichten aus, mit dem Ergebnis, dass ihr Leben reicher und bedeutsamer wird. Zusammenleben ist das höchste Ideal gesellschaftlicher Entwicklung, und alle Gesellschaften sollten nach diesem Ideal streben. Unsere Suche zielt auf Kriterien, mit deren Hilfe wir intelligent beurteilen können, ob und bis zu welchem Ausmaß ein gegebener Vorschlag fähig zu sein scheint, es zu fördern. Unsere Aufgabe besteht darin, Mittel zu finden, die einen freien Austausch von Wissen und Einsichten fördern, und die uns in den Stand setzen und dazu anregen, die bestmögliche Entwicklung des Zusammenlebens zu fördern. Dazu mehr in unserer nächsten Vorlesung.

6. Kommunikation und Zusammenleben

In meiner vorigen Vorlesung habe ich die Frage nach dem letztendlichen Kriterium aufgeworfen, nach dem wir Gewohnheiten, Sitten und soziale Institutionen zu beurteilen haben. Ich habe angedeutet, dass dies darin besteht, bis zu welchem Grad die zu beurteilende Angelegenheit zur Entwicklung und qualitativen Verbesserung des Zusammenlebens (*associated living*) beitragen könnte. Ich sagte, dass eine Gewohnheit, eine Sitte oder eine Institution als gut beurteilt werden soll, wenn sie positiv zu einem freien Umgang, ungehindertem Austausch von Ideen, zu wechselseitigem Respekt, Freundschaft und Liebe beiträgt – kurzum, zu jenen Arten des Verhaltens, die das Leben für jeden Betroffenen reicher und lebenswerter machen; und dass umgekehrt jede Sitte oder jede Institution, die den Fortschritt zu diesen Zielen verhindert, als schlecht beurteilt werden soll.

Es gibt Gesellschaften, in denen die Segmente starr voneinander getrennt gehalten werden. Das alte Ägypten und das zeitgenössische Indien sind Beispiele für Gesellschaften, die durch Kastensysteme charakterisiert sind, in denen die Mitglieder der einen Kaste praktisch keinerlei Kommunikation mit Mitgliedern anderer Kasten pflegen. Nicht nur ist eine Heirat zwischen Mitgliedern verschiedener Kasten verboten, auch der Austausch von Erkenntnissen, Gefühlen, Gedanken und Emotionen zwischen verschiedenen Kasten ist nahezu unmöglich. Diese Art Gesellschaft entwickelt nicht nur kein Zusammenleben, sie blockiert sogar dessen Entwicklung.

Obwohl es gewisse technische Unterschiede zwischen den Kastensystemen des alten Ägypten und des modernen Indien und dem Klassensystem gibt, das für europäische Gesellschaften charakteristisch war, sind die praktischen Wirkungen in dem Bereich, von dem wir sprechen, bemerkenswert ähnlich. Die landbesitzende Aristokratie hat nur eine geringe echte Kommunikation mit der unternehmerischen Mittelklasse und so gut wie keine mit den Arbeiterklassen; die Kommunikation zwischen den mittleren Klassen und den Eliten auf der einen Seite und der Arbeiterklasse auf der anderen ist minimal und befasst sich ausschließlich mit praktischen Fragen, während die Arbeiterklassen so gut wie keine Kommunikation welcher Art auch immer mit einer der ihnen in der Sozialstruktur übergeordneten Klassen haben. Nirgends, wo das Klassensystem starr und ein beherrschendes Merkmal einer Gesellschaft ist, kann Zusammenleben ein relevanter Gesichtspunkt für die gesamte Gesellschaft sein, obgleich sich unter Umständen gewisse Annäherungen daran in den gruppeninternen Beziehungen der mehr oder weniger isolierten Gruppen erkennen lassen, die die Gesamtgesellschaft ausmachen.

Dasselbe gilt im Wesentlichen für ein stark paternalistisches Familiensystem, in dem die Kommunikation von Gedanken und Gemeinsamkeit von Gefühlen zwischen dem Familienoberhaupt einerseits und den übrigen Mitgliedern, die ihm Respekt und Gehorsam schulden, andererseits so gut wie unmöglich ist. Der autoritäre Staat ist ein anderes Beispiel – er ist die autoritäre Familie in Großbuchstaben geschrieben. In solchen Situationen ist Zusammenleben kein relevantes Ideal; im autoritären Staat entscheidet die Regierung, was für die Einwohner, die die Entscheidungen zu akzeptieren haben, am besten ist; in der autoritären Familie oder dem autoritären Stamm entscheiden die Ältesten, die anderen fügen sich.

Selbst in der Religion, besonders dann, wenn die Kleriker eine besondere Klasse bilden, wie es in vielen Ländern der Fall ist, können sie mit den Ämtern und Ritualen ihres Berufs derart beschäftigt sein, dass sie einen wirklichen Kontakt mit den Laien verlieren, sich selbst allzu ausschließlich mit spirituellen Fragen befassen, während die Laien säkularen Interessen folgen. In solchen Fällen schwindet die Kommunikation von Denken, Fühlen und Sympathie.

Das allzu verbreitete Phänomen der Entfremdung der ungebildeten Massen von den gebildeten Mitgliedern ihrer eigenen Gesellschaft ist eine weitere einschlägige Illustration desselben Prinzips. Wenn Menschen, die den Vorzug einer Schulbildung genossen haben, Arbeiter und Bauern geringschätzen, sie als Tölpel verspotten, weil sie nicht lesen können, oder sie verlachen, weil sie eine andere Aussprache oder einen anderen Dialekt haben, können die Letzteren sich schweigend in die Unterlegenheit fügen, die ihnen auf diese Weise zugeschrieben wird, und vor jeder Anstrengung zurückscheuen, mit den Eliten zu kommunizieren oder gemeinsame Sache zu machen.

All dies sind Illustrationen der Art und Weise, wie die Entfremdung (die einen Gegensatz zum Zusammenleben bildet) eben den Absichten widerspricht, um derentwillen Institutionen ursprünglich gegründet wurden. Die Funktion der Religion besteht darin, bedeutsame Beziehungen zwischen dem Menschen und seiner Welt zu schaffen; wenn man eine Antinomie zwischen dem Spirituellen und dem Weltlichen postuliert, wird diese Absicht vereitelt. Die Funktion der Erziehung besteht darin, den Bestand der Gesellschaft zu sichern und sie immer wieder neu zu beleben; aber wenn die Gebildeten und die Ungebildeten sich voneinander trennen und ihr Leben in verschiedenen Sphären zubringen, wird diese Absicht ebenfalls vereitelt. In Handel und Industrie ist das Gewinnstreben im Idealfall den sozialen Zwecken des Austauschs von Waren und der Transaktionen von Ideen untergeordnet; wenn die Einrichtungen zu dem Ergebnis führen, dass Manager und Arbeiter in verschiedenen Welten leben, ohne in Kommunikation miteinander zu stehen, sind wiederum grundlegende Zwecke vereitelt. In diesen wie in allen anderen Aspekten wünschen wir uns eine Gesellschaft, in der es maximale Gelegenheit zum freien Austausch und zur Kommunikation gibt. Dies ist das ultimative Kriterium, nach dem wir den Wert jeder Art von institutioneller Ordnung beurteilen.

Im Grunde will ich darauf hinaus, dass freie und offene Kommunikation, uneigennützige und wechselseitige Beziehungen und die Art von Interaktion, die zu wechselseitigem Vorteil beiträgt, die wesentlichen Faktoren im Zusammenleben sind. Um zu verdeutlichen, was wir damit meinen, lassen Sie uns einen Augenblick lang auf eine Lebensweise blicken, in der die Operation dieser Faktoren auf einem Tiefststand ist, nämlich die Beziehung zwischen Herren und Sklaven. Diese Herr-Sklave-Beziehung ist nicht auf Situationen beschränkt, in der eine Person eine andere »besitzt«, wie es in Teilen von Amerika zur Zeit meiner Geburt der Fall war. Sie bezieht sich auf jedes System von Beziehungen, in dem eine Person einer anderen effektiv unterworfen ist – Kinder ihren Eltern, Frauen ihren Ehemännern, Untertanen ihren Herrschern, Arbeiter ihren Arbeitgebern.

Wenn Menschen in Einrichtungen existieren, die darauf beruhen, dass einer herrscht und die anderen beherrscht werden, dass einige kommandieren und die anderen gehorchen, kann die Integration der Gesellschaft nicht gelingen, und die Gesellschaft kann nicht hoffen, stabil zu bleiben, weil diese Disparität des Status und der Funktion Konflikt erzeugt und Unordnung herbeiführt. Gleichzeitig macht dieses Muster von Herrschaft-Knechtschaft die Entwicklung der Persönlichkeit äußerst schwierig, wenn nicht gar unmöglich – und das gilt seltsamerweise ebenso für die Mitglieder der herrschenden wie für jene der dienenden Gruppe.

Einige Leute sind überrascht, wenn ich sage, dass eine Gesellschaft, die nach den von mir eben angedeuteten Grundsätzen organisiert ist, das Potenzial zu ihrer eigenen Auflösung in sich trägt. Sie argumentieren, soziale Schichtung verstoße zwar unvermeidlich bis zu einem gewissen Grad gegen die individuelle Freiheit, die Vorteile einer solchen Anordnung überwögen aber diesen Nachteil. Sie behaupten, Stratifikation trage zu sozialer Stabilität bei, statt sie zu bedrohen; der Preis für Stabilität sei die Opferung eines gewissen Ausmaßes an individueller Freiheit; einige Individuen müssten leiden, damit die gesamte Gesellschaft davon profitieren könne.

Was diese Leute übersehen, ist die Tatsache, dass die Existenz einer stratifizierten Gesellschaft auf Gewalt beruht. In unserem Zeitalter kann keine Gesellschaft, deren Existenz auf schierer Gewalt beruht, stabil bleiben oder zu einem gut integrierten Ganzen werden. Die Ingredienzen einer sozialen Krise sind in ihr vorhanden und werden sich früher oder später in einem offenen Konflikt manifestieren, zum Schaden der Gesellschaft als Struktur wie der Individuen, die sie ausmachen.

Die autoritäre politische Theorie und die demokratische politische Theorie stehen einander diametral gegenüber. Die Essenz einer demokratischen politischen Theorie besteht darin, dass sie soziale Kommunikation, Kooperation und Interaktion zwischen Individuen fördert. Die Stabilität und Entwicklung einer demokratischen Gesellschaft beruht nicht auf Gewalt, sondern auf Konsens. In einer solchen Gesellschaft ist jedes Mitglied berechtigt, seine Fähigkeiten zu entwickeln sowie seine eigenen Interessen und Ziele zu verfolgen. Eine autoritäre Gesellschaft andererseits kann, weil sie Initiative und Kooperation zu verhindern sucht und weil sie zur Gewalt greift, um abweichende Meinungen zu unterdrücken, niemals in irgendeinem wahren und dauerhaften Sinne stabil sein.

Warum muss eine Gesellschaft, die das Zusammenleben nicht schätzt und nicht fördert, bei ihren Bemühungen, Stabilität aufrechtzuerhalten, zu Gewaltmaßnahmen greifen? Es ist einfach deshalb so, weil die Mitglieder einer solchen Gesellschaft nicht wissen, was für sie zu gewinnen ist. Selbst der Anschein von Einheit und Integration beruht auf Gewalt – und auf jede Schwächung dieser Gewalt folgt unmittelbar eine Desorganisation der Gesellschaft. Es ist wie ein Klassenzimmer, in dem die Ordnung durch den Rohrstock aufrechterhalten wird; kaum verlässt der Lehrer den Raum, bricht das Chaos aus. Oder nehmen Sie die Geschichte Chinas: Der Übergang von einer Dynastie zu einer anderen war immer von politischer und sozialer Destruktion begleitet – eine Unordnung, die sich so lange fortsetzte, bis irgendeine Person auf dem Schauplatz erschien, die stark und mächtig genug war, die streitenden Parteien ihrer Kontrolle zu unterwerfen. Bis zum Ende jeder gegebenen Dynastie mag es den Anschein einer vollständigen Stabilität gegeben haben, aber die Tatsache, dass die Inthronisation einer neuen Dynastie unweigerlich von heftiger Unordnung begleitet wurde, ist an sich der Beweis der Wirkungslosigkeit von Gewalt als einem Mittel, irgendeine Art von dauernder Stabilität zu erreichen. Eine konstitutionelle Demokratie auf der anderen Seite verkörpert eben in ihrer Struktur die Garantie, dass ihre Mitglieder die Chance haben, ihre eigenen Interessen zu verfolgen. Und da die Mitglieder einer solchen Gesellschaft erkennen, dass für sie etwas auf dem Spiel steht, besteht die soziale Ordnung bei einem Regierungswechsel relativ unbehindert fort.

In Folge des jüngsten Weltkriegs – des zerstörerischsten Kriegs der Geschichte – sind eine Anzahl von Nationen zugrunde gegangen, während andere, gleichfalls dem Unheil des Kriegs unterworfen, es geschafft haben, ihre Integrität zu bewahren. Worin besteht der Unterschied? Allgemein gesagt: Die Nationen, die die katastrophalste innere Unordnung erlitten haben, sind diejenigen, die autoritäre Regierungen hatten, Russland und Deutschland etwa. Russland, mit seiner längeren autokratischen Geschichte, ist dabei stärkeren Veränderungen unterworfen. In den demokratischen Nationen hingegen herrscht eine vernünftige Ordnung. Aber dies ist eine Ordnung, die nicht durch Gewalt aufrechterhalten wird und wurde. Es ist dies eine Ordnung, die durch die freie Teilhabe der Mitglieder dieser Gesellschaften an sozialen und politischen Aktivitäten errichtet worden ist und die durch ihre Überzeugung aufrechterhalten bleibt, dass ihre Regierung sie eher repräsentiert als kontrolliert. Es ist eine Ordnung, die auf dem allgemeinen Willen basiert, den gemeinsamen Gefühlen und den wechselseitigen Interessen des Volkes. Die wechselseitige Hilfsbereitschaft, die in Gesellschaften entstanden ist, die das Zusammenleben hoch geschätzt und gefördert haben, hat diese Nationen in den Stand gesetzt, dieselben unheilvollen Erfahrungen zu überleben, die zum Zerfall autoritärer Nationen führten.

Autoritäre Regierungen sehen das Zusammenleben weder als ein relevantes Ziel an noch versuchen sie, die Kommunikation von Gefühlen, die Gemeinsamkeit von Interessen oder die freie Interaktion zwischen den Mitgliedern ihrer Gesellschaften zu fördern. Im Unterschied dazu ist ein fundamentaler Glaubensartikel demokratischer politischer Theorie die Regierung durch Zustimmung der Regierten. Diese fühlen sich natürlicherweise als Teil des Landes, wenn ihre Regierung auf ihrer Zustimmung beruht und das Instrument zur Realisierung ihrer Wünsche und Hoffnungen ist. Wenn sie erkennen, dass Rechte auch Pflichten mit sich bringen, sind sie bereit, das zu tun, wozu sie aufgefordert werden. Dieses ist die stabilste Grundlage, auf der eine Nation errichtet werden kann. Es stimmt, dass manche autoritäre Regierungen ein oder zwei Jahrhunderte lang bestanden; angesichts der langen Menschheitsgeschichte überdauerten sie allerdings doch nur kurze Zeit. Es ist weise, auf eine permanent stabile Gesellschaft hinzuarbeiten, die durch Zusammenleben charakterisiert ist, und sich nicht von den Verlockungen der scheinbaren Vorteile einer autoritären Regierung verführen zu lassen, die im besten Falle nur für relativ kurze Zeit effizient operieren kann.

Oberflächlich gesehen, mag eine autoritäre Regierung ein solides Fundament haben und stark erscheinen, aber in Wirklichkeit ist sie immer schwächer als eine Regierung, die auf dem Wert des Zusammenlebens beruht. Dem oberflächlichen Blick mag auch eine demokratische Regierung, die auf dem Willen des Volkes basiert, ineffizient und instabil erscheinen, doch im Ernstfall des Krieges – und selbst angesichts einer schmählichen Niederlage – kann sie ihre Integrität weit effektiver aufrechterhalten als ihr autoritärer Nachbar.

Dasselbe Prinzip wird durch die Wirtschaft illustriert. Jüngste Studien von Effizienzexperten haben gezeigt, dass der durchschnittliche Arbeiter in einer amerikanischen Fabrik mit weniger als 50 Prozent seiner Leistungsfähigkeit arbeitet – das heißt, er produziert weniger als halb so viel, wie er bestenfalls könnte. Das ist ein ziemlich schlüssiger Beweis dafür, dass Arbeiter im Allgemeinen kein Interesse an dem haben, was sie tun, und dass dieser Mangel an Interesse von der Tatsache herrührt, dass sie keinen Anteil daran haben, die Ziele der Fabrik zu bestimmen, in der sie arbeiten. Dies ist eine Illustration des Grades, in dem die Macht des autoritären Managements durch eine inhärente Schwäche beeinträchtigt wird. Arbeiter werden wahrscheinlich nicht ihre Bestleistungen zeigen, wenn sie nur arbeiten, um ihren Lebensunterhalt zu verdienen; wenn sie nicht nur keinen Anteil an den Abläufen der Fabrik haben außer an denen, mit denen sie gerade zufällig beschäftigt sind, sondern häufig nichts darüber wissen; und wenn sie keine Gelegenheit haben, die Bedeutung des Gesamtunternehmens zu würdigen, von der Beschaffung von Rohmaterial, Herstellung, Marketing und Distribution bis zur Disposition des Gewinns, der in diesen Prozessen geschaffen wird. Dieser Mangel an Interesse auf Seiten der Arbeiter zeigt sich in Apathie oder in absichtlicher Verlangsamung, im Mangel an Sorgfalt und der Materialverschwendung oder sogar in direkter Sabotage.

Den Arbeitern in Amerika geht es weitaus besser als denen in China. Ihre Löhne sind höher und steigen weiter an; ihre Arbeitszeiten sind kürzer. Aber weit davon entfernt, mit ihrem Los zufrieden zu sein, verlangen die amerikanischen Arbeiter jetzt politische Mitsprache, nicht nur in den Industriezweigen, in denen sie arbeiten, sondern für die Wirtschaft als ganze. In dem Grade, in dem diese Forderung erfüllt wird, ist es eine Anwendung von Demokratie auf die Industrie. Löhne sind nur ein Teil des Bildes. Arbeiter in einer Demokratie müssen sich an ihrer Arbeit interessiert und beteiligt fühlen. Sie wollen eine Arbeit, die eine Chance für die Entwicklung von Initiative und Fähigkeit bietet, die sie fühlen lässt, dass sie selbst integrale Teile der Prozesse sind, an denen sie beteiligt sind – sie wollen dazugehören. Das Problem geht weit tiefer als bloße Löhne und Arbeitszeiten; es hat mit dem menschlichen Geist zu tun. Der Mensch ist keine Maschine, sondern ein Wesen, das denkt und fühlt. Die Anforderungen, die die moderne Industrie an die physische Energie stellt, sind weit geringer als ihre Anforderungen an Gefühl und Denken. Wenn die soziale Organisation (und die Industrie ist ein Typ sozialer Organisation) Bedingungen schafft, die Menschen ermutigt, sich dem Wohl der Gesellschaft zu widmen, dann haben wir eine Gesellschaft, die weit stabiler ist als eine, die auf Zwang beruht, es jemals sein kann.

Lassen Sie uns jetzt die Auswirkungen auf die menschliche Persönlichkeit ins Auge fassen, die sich in einer Gesellschaft beobachten lassen, der es nicht gelingt, die Werte des Zusammenlebens zu schätzen und zu suchen. Wir müssen die Auswirkungen getrennt betrachten, zuerst jene auf die untergeordneten oder »niederen« Mitglieder einer solchen Gesellschaft und zweitens jene auf die privilegierten oder »höheren« Mitglieder.

Die erste und auffälligste Auswirkung auf die niederen Mitglieder einer Gesellschaft, in der die Werte des Gemeinschaftslebens untergraben werden, ist psychischer Natur – Gefühle von Unzufriedenheit, Abneigung, Hass und Deprivation – und häufig an der Grenze zur Neurose, oft zur Psychose. Die moderne Psychologie sagt uns, dass Neurosen aus der Unterdrückung normaler Wünsche resultieren, aus der Unfähigkeit, normale Bedürfnisse zu befriedigen. Wenn eine Person auf eine permanent untergeordnete Position in einer sozialen Hierarchie verwiesen wird und ihre normalen Bedürfnisse und Wünsche nicht befriedigt, sondern chronisch frustriert werden, muss ihre geistige Gesundheit fast zwangsläufig leiden.

Die zweite üble Wirkung des Versäumnisses, die Werte des Zusammenlebens zu kultivieren, ist die Hemmung individueller Möglichkeiten. Selbst ein Genie – von einem gewöhnlichen Menschen ganz zu schweigen – kann sein Potenzial nur ausschöpfen, wenn es dazu die Gelegenheit hat. Ohne Gelegenheit zur Ausübung und Entwicklung werden wahrscheinlich selbst die Potenziale eines Genies – in der Politik, im Management, in der Wissenschaft oder in den Künsten – verkümmern; durch sozial festgeschriebene Blockaden an ihrer positiven, normalen und wünschenswerten Entwicklung gehindert, können sich Potenziale sogar negativ und mit antisozialen Folgen entwickeln. Unter derartigen Umständen werden Menschen, die zum sozialen Fortschritt hätten beitragen können, stattdessen zu Hemmnissen; Menschen, die fähig und bewunderungswürdig hätten werden können, werden stattdessen gemein und verachtenswert. Eine Kastengesellschaft von Herr und Sklave produziert zwei Arten von Gemeinheit im Sklaven: zunächst Ergebung, Servilität, Willfährigkeit und Schmeichelei; dann Verschlagenheit, Schläue, Arglist und Umgehen der Autorität mit allen nur erdenklichen Mitteln.

Es ist beklagenswert – und absurd –, dass so viele Menschen eine kastenorientierte Gesellschaft auf der Basis genau der üblen Wirkungen verteidigen, die aus der Institution selbst hervorgehen. Sie vertreten die Ansicht, die Niederrangigen seien unfähig zur Teilhabe am Gemeinschaftsleben, weil sie abhängig, verschlagen, servil, unwissend und willfährig sind, und deshalb sei eine Kastengesellschaft der einen oder anderen Art die einzige mögliche soziale Organisation. Sie können – oder wollen – nicht sehen, dass Servilität, Unwissenheit, Verschlagenheit und Willfährigkeit keine angeborenen Qualitäten sind, sondern die Frucht eines Systems, das die Menschen zur Unterwürfigkeit zwingt. Üble Institutionen tragen bittere Früchte, und diese bitteren Früchte dienen dann dazu, genau jene Institutionen zu rechtfertigen, die sie hervorgebracht haben. Diese besondere Konfusion ist eine der schrecklichsten Tragödien auf der Welt.

So bedauernswert in unseren Augen die Auswirkungen auf die Niederrangigen in einer Gesellschaft sein mögen, die die Werte des Zusammenlebens missachtet, so könnten sich die Folgen für das Leben der Höherrangigen auf die Dauer als noch schlimmer erweisen. Das offensichtlichere Übel wirkt sich auf die moralischen Dispositionen aus. »Absolute Macht korrumpiert absolut«; und je mehr Macht ein Mensch hat, umso grausamer, despotischer, arroganter und extravaganter wird er wahrscheinlich werden. Aber Grausamkeit, Arroganz und Extravaganz sind nicht mehr angeboren als Servilität, Ignoranz oder Willfährigkeit – alle sind Früchte derselben üblen Institutionen. Der Schaden für die Höherrangigen freilich ist noch heimtückischer. Ihre Privilegien machen sie bequemer, und sie tendieren dazu, gefühllos gegenüber den Bedürfnissen und Gefühlen von Menschen zu werden, die unter anderen Umständen leben als sie selbst.

Die üblen Auswirkungen auf die moralischen Dispositionen der Höherrangigen entsprechen den hemmenden Auswirkungen einer kastenorientierten Gesellschaft auf ihre intellektuellen Dispositionen. Obgleich sie Zugang zur Bildung haben, ist ihr Wissen wahrscheinlich einseitig und in seinem Umfang begrenzt, weil dessen Quellen weitgehend auf ihresgleichen zurückgehen. Dies kann gleichermaßen für einen Vater, einen Lehrer, einen Aufseher einer Fabrik oder den Vorstand eines Unternehmens gelten, wenn sie alle in einer Gesellschaft leben, die sich nicht besonders um die Werte des Zusammenlebens kümmert, oder wenn sie in Situationen arbeiten, in denen es keine freie Kommunikation zwischen ihnen und ihren Untergebenen gibt.

Was ich gerade gesagt habe, wird durch den Unterschied zwischen der Art von selbstsüchtigem Politiker illustriert, den wir als Demagogen bezeichnen, und dem Politiker, der zum Staatsmann aufsteigen kann. Der erstere lernt um des Machtgewinns oder Machterhalts willen, Menschen zu verführen oder einzuschüchtern, um sie seinen Zielen dienstbar zu machen. Vielleicht erreicht er auf diesem Gebiet eine Art Meisterschaft, aber wir können sie trotzdem als Schläue und nicht als Weisheit erkennen – oder, um bei den vertrauten Begriffen zu bleiben, als eine eng basierte und begrenzte Art von Erkenntnis. Der potentielle Staatsmann freilich zieht – besonders in einer demokratischen Gesellschaft – die Hoffnungen und Bestrebungen aller Mitglieder seiner Gesellschaft in Betracht, da er darauf zielt, ihnen allen gemeinsame Gelegenheiten für die Entwicklung ihrer Möglichkeiten zu sichern. Er sucht Rat und schafft Kanäle für die freie Kommunikation zwischen sich und allen Segmenten seiner Gesellschaft, und auf diese Weise ruht seine Expertise auf breiter Basis, stammt seine Erkenntnis aus vielen Quellen.

Ein weiteres ernsthaftes Übel in einer kastenorientierten Gesellschaft besteht darin, dass Mitglieder der herrschenden Klasse so häufig dekadent werden, ihre Talente wie auch ihre materiellen Ressourcen verschwenden und manchmal sogar einen bemerkenswerten Mangel an ganz gewöhnlichem gesundem Menschenverstand zeigen. In der Geschichte Chinas zum Beispiel bemerken wir, dass der erste Kaiser jeder Dynastie immer eine starke Führungspersönlichkeit war, begabt mit Vorstellungskraft und Initiative, fähig, die benötigten Reformen zu verwirklichen, und interessiert an dem Volk, über das er herrschte. Aber wir bemerken auch, dass in dem Maße, wie die Nachfolger eines Kaisers sich gegen alle Kontakte außer denen mit ihren Höflingen abschotteten, sie eine eigene, isolierte Klasse bildeten, die ihren Wünschen und Launen ohne Rücksicht auf das folgte, was für ihr Land gut war. Und so ging die Geschichte immer weiter, in einer öden Wiederholung – *ihre* Nachfolger endlich waren so vollständig der Bevölkerung entfremdet, so uninteressiert daran, den Bedürfnissen des Volkes Rechnung zu tragen, dass sie schließlich gestürzt wurden und eine neue Dynastie eingesetzt wurde, wiederum unter einem starken Führer, der wusste, was das Land benötigte, und der diese Bedürfnisse befriedigen konnte. Worum es mir geht, ist natürlich dies: Hätten die herrschenden Familien zum Zusammenleben ermutigt und von freier Kommunikation mit allen Sektoren ihrer Gesellschaft profitiert, wären sie nicht so dekadent und so unfähig geworden, ihre Funktionen als Herrscher auszuüben.

Ich habe meine Philosophie der Demokratie illustriert. Welche Art von Gesellschaft würde aber nun resultieren, wenn diese Philosophie allgemein umgesetzt würde? Es wäre eine Gesellschaft, in der es Chancen für individuelle Entwicklung gäbe, Chancen für die freie Kommunikation von Gefühlen, Erkenntnissen und Gedanken. Die Grundlage einer solchen Gesellschaft wäre die freie Teilhabe jedes Mitglieds der Gesellschaft an der Bestimmung ihrer Ziele und Zwecke, ein voller und williger Beitrag jeder Person zur Erfüllung dieser Ziele.

Eine solche Gesellschaft scheint vielleicht nicht immer so einwandfrei zu funktionieren oder so stabil zu sein wie eine autoritäre Gesellschaft; aber die Geschichte hat uns zur Genüge gelehrt, dass sie in Wirklichkeit stabiler und fähiger ist, den Übeln, von denen wir gesprochen haben, entgegenzutreten, als eine Gesellschaft, der es an freier Kommunikation unter ihren Mitgliedern fehlt.

Notizen zur sechsten Vorlesung

Die entscheidende Probe für jede soziale Einrichtung, Sitte, Institution, jedes Gesetz usw. ist ihr Verhältnis zur Förderung des Zusammenlebens (*living together*), der Assoziation, des Umgangs, der Kommunikation – des Austauschs von Gefühlen und Ideen, der Erfahrungen zu etwas Gemeinsamem macht (gemeinsam, Kommunikation, Gemeinschaft). Fördert sie den vollen, freien, vielseitigen Durchfluss, die Übermittlung von sozialen Werten, materiell und ideell? Oder errichtet sie Mauern, wie das Kastensystem, wie Klassen, wie Schichtung, produziert sie Exklusivität, Absonderung, Nicht-Umgang? Macht sie wie das autokratische System in Regierung und Industrie, wie das angestammte patriarchalische Familiensystem, die Bahnen der Kommunikation einseitig, indem sie vom Höherrangigen zum Niederrangigen geht, aber jede Reflexhandlung kontrolliert und verhindert? Hält sie die soziale Einrichtung flexibel, der Modifikation durch Interaktion mit anderen Einrichtungen fähig, oder verhärtet und verknöchert sie sie bis zur Rigidität? Eine Entwicklung der Bedeutung solcher Fragen als soziale Prüfungen, Kriterien, ist das Thema für heute.

1. Wahres soziales oder Gemeinschaftsleben bedeutet *Inter*aktion, gegenseitiger Einfluss, wechselseitige Reaktion auf die Bedürfnisse und Ansprüche der anderen Teile der Partner in dieser Kombination. Die Wichtigkeit dieser Idee lässt sich am besten in ihrer Negation erkennen.

7. Ökonomie und Sozialphilosophie

In dieser Vorlesungsreihe habe ich über Natur, Gegenstandsbereich und Funktion von sozialer und politischer Philosophie gesprochen. Ich habe ein Kriterium für die Kritik solcher Dinge wie Gewohnheiten, Sitten und sozialer Institutionen vorgeschlagen. Aber diese Diskussionen waren in allgemeinen und, wie ich fürchte, etwas vagen Begriffen gehalten. Von heute ab werde ich einige der konkreteren Probleme behandeln, mit denen sich die soziale und politische Philosophie befassen muss.

Wir können diese Probleme bequemlichkeitshalber unter drei Stichworte gruppieren. Unter dem ersten Stichwort, politische Probleme, betrachten wir die Natur der Politik und den Gegenstandsbereich von Gesetz und Regierung. Wir suchen Antworten auf Fragen wie: Was ist eine Regierung? Welches sind die eigentlichen Funktionen einer bestimmten Regierung? Welche Art von Regierung ist am besten? Ist eine autoritäre oder aristokratische Regierung besser als eine Demokratie oder umgekehrt? Was sind Ausmaß und Grenze der Autorität einer Regierung? Welche Aufgaben sollte eine Regierung selber übernehmen und welche sollte sie anderen Akteuren überlassen? Welches sind die Dinge, die eine Regierung für ihr Volk tun kann, und welches sind die Dinge, die man von ihr nicht erwarten kann?

Und es gibt noch mehr Fragen. Autoritäre Regierungen erheben den – scheinbar oft bestätigten – Anspruch, effektiv zu sein, aber wie weit geht diese Wirksamkeit und welche Kosten entstehen dabei, gemessen an dem, was Menschen wertschätzen? Warum sind Gesetze notwendig? Was genau ist ein Gesetz? Warum haben wir ein Strafrecht und wie gebrauchen wir es? Welche Behauptungen von Anarchisten können wir vernünftigerweise akzeptieren? Alle diese und dutzende ähnlicher Fragen werden unter die Rubrik »politische Probleme« gebracht.

Unter dem zweiten Stichwort fassen wir die Probleme des kulturellen und intellektuellen Lebens des Menschen zusammen – an zweiter Stelle der Liste, aber von erstrangiger Bedeutung. Die grundlegenden Probleme des Menschen sind die Probleme seiner Kultur, zu denen wir solche Dinge wie Religion, Literatur und die schönen Künste zählen sowie Lernen und Gelehrsamkeit. Hier stellen wir Fragen wie: Welche Rolle spielen Autorität, Tradition und individuelle Freiheit im Bereich des Glaubens? Welche Rolle wird der Denk-, Meinungs-, Presse- und Versammlungsfreiheit in den verschiedenen Arten von Gesellschaft zugewiesen? (Einer Ansicht von Geschichte zufolge geht es bei ihr um den Kampf des Menschen für seine Freiheit.)

Unter das dritte Stichwort fallen die Probleme der Ökonomie. Hier fragen wir nach der Rolle und dem Status von Kapital und Arbeit. Wir prüfen die umstrittene Frage von Privateigentum gegenüber einer Form von Kollektivismus. Wir befassen uns mit der Frage, ob das ökonomische Leben als primär wettbewerblich oder primär kooperativ aufgefasst werden sollte.

Ich werde Probleme unter allen dreien Stichworten diskutieren: politische Probleme, kulturelle und intellektuelle Probleme sowie ökonomische Probleme, eins nach dem anderen. Aber heute werde ich über den letzten Punkt reden. Wenn Sie sich fragen, warum ich diesen letzten Punkt zuerst behandle: Es geschieht einfach deshalb, weil das Zivilisationsniveau, das ein Volk erreicht, und die Arten von sozialen Institutionen, die der Mensch erschafft, zu einem großen Teil Funktionen der Natur und des Umfangs seiner ökonomischen Einrichtungen sind. Genau wie ein Mensch nicht ohne Nahrung leben kann, kann eine Gesellschaft nicht gedeihen, wenn ihre Grundbedürfnisse nicht befriedigt werden. Ich nehme es als Axiom, dass die Art und Weise, wie ein Volk mit seinen ökonomischen Problemen fertigwird, in starkem Maße bestimmt, wie es sich zu seinen anderen sozialen Problemen verhält.

Wenn wir von ökonomischen Problemen reden, müssen wir auf drei Ebenen denken: (*a*) Anstrengungen, um die grundlegenden Bedürfnisse aller Menschen zu befriedigen – das Bedürfnis nach Nahrung, Trinkwasser und Schutz vor den Elementen; (*b*) die Werkzeuge, die Menschen erfinden, um ihre grundlegenden Bedürfnisse effektiver zu befriedigen – Maschinen, wenn Sie so wollen, vorausgesetzt, Sie erinnern sich, dass der Terminus »Maschine« so disparate Dinge umfasst wie einen als Hebel dienenden Stock und einen Ozeandampfer; und (*c*) die Produktion und Distribution von Waren, die der Befriedigung menschlicher Bedürfnisse dienen.

Der gefährlichste Luxus, den sich soziale und politische Philosophen erlauben können – und einer, den sich eine Anzahl dieser

Philosophen erlaubt hat –, besteht darin, die Ökonomie abzuwerten, zu glauben, ihr Thema sei nicht mehr als das gewöhnliche Geschäft der Produktion und Distribution von Gütern und bedürfe deshalb keinerlei philosophischer Überprüfung. Diese Philosophen ignorieren offensichtlich die Korrelation von Zivilisation und Ökonomie. Tatsächlich ist einer der primären Unterschiede zwischen Wildheit und Zivilisation der ökonomische. Ein Wilder hat nur wenige Wünsche und Bedürfnisse; infolgedessen erfindet er relativ wenige und einfache Werkzeuge und Einrichtungen für die Befriedigung dieser Bedürfnisse. Auf der anderen Seite erfindet ein Mensch, der in einer komplexen Zivilisation lebt und der viele Wünsche und Bedürfnisse hat, eine Vielzahl von Werkzeugen, mit deren Hilfe er seine Bedürfnisse befriedigt. Die Entwicklung der Religion, Literatur und schönen Künste scheint in historischer Perspektive immer mit den Verfeinerungen der ökonomischen Einrichtungen verknüpft zu sein, durch die die Menschen die prosaischen Aspekte ihres Lebens geordnet haben.

Die Philosophiegeschichte kennt zahlreiche Definitionen des Menschen wie etwa das sprechende oder das vernünftige Tier. Sogar die Tatsache, dass der Mensch das einzige Lebewesen ist, das lachen kann, hat die Aufmerksamkeit der Philosophen erregt. Vor kurzem hat der französische Philosoph Henri Bergson die Definition des Menschen als Werkzeug herstellendes Lebewesen vorgeschlagen – meiner Meinung nach eine besonders passende Definition. Bergsons Definition lenkt die Aufmerksamkeit auf die Fähigkeit des Menschen, aus natürlichen Materialien Werkzeuge für die Befriedigung seiner Bedürfnisse zu entwickeln – ein Merkmal, das niedrigere Lebewesen nicht besitzen und das deshalb einzig auf den Menschen zutrifft.

Bis hierher haben wir nicht mehr getan, als die Wichtigkeit ökonomischer Einrichtungen zu behaupten und auf die Vergeblichkeit des Versuchs zu verweisen, politische Probleme und kulturelle und intellektuelle Probleme zu verstehen, ohne zunächst die ökonomische Basis zu erforschen, auf der andere soziale Institutionen errichtet werden. In dem Maße, wie eine Zivilisation komplexer wird, in ihren ökonomischen Einrichtungen wie auch in anderen Hinsichten, bemerken wir die wachsende Wichtigkeit von zwei Phänomenen, die beide ihrer Natur nach primär ökonomischer Art sind: Arbeitsteilung und Kooperation.

Wenn jedes einzelne Mitglied einer Gesellschaft plötzlich vor der Aufgabe stünde, ganz allein all die Werkzeuge zu erfinden, um mit seiner Umwelt fertigzuwerden, würde die Zivilisation sehr bald in den Zustand der Wildheit zurückfallen. Selbst wenn jede einzelne Person imstande wäre, für sich selbst zu sorgen – und es gäbe nur sehr wenige Fälle, in denen das möglich wäre –, wären die Menschen sehr bald wieder Wilde, einfach weil es unter solchen Bedingungen kein kooperatives soziales Leben gäbe, keinen Bedarf an Kooperation außer auf der einfachen Ebene der Zusammenarbeit, die in der Familie durch die natürliche Verbindung von Blutsverwandten praktiziert wird.

Der primäre Vorteil der Arbeitsteilung besteht darin, dass jede Person sich auf etwas spezialisieren, ihre Energien in eine besondere Richtung lenken kann. Selbst in der Landwirtschaft: Heutzutage kultiviert der Landwirt gewöhnlich eine oder wenige Arten von Feldfrüchten, verlässt sich auf andere Leute, um für seine anderen Bedürfnisse zu sorgen, und ist auf diese Weise fähig, auf seine Spezialität die Resultate einer hoch entwickelten Technologie anzuwenden und natürlich Ernteerträge zu erzielen, die über alles hinausgehen, was seine Vorväter für möglich hielten.

In der Industrie sind die Vorteile der Arbeitsteilung noch offensichtlicher. Hufschmiede, Silberschmiede, Maler, Ingenieure – alle befassen sich mit ihren Spezialgebieten. Wenn sie dieses nicht tun könnten – wenn jeder seine Energien in einer Vielzahl von Aufgaben verzetteln müsste –, würden sie ihr Potenzial niemals wirklich ausreizen.

Arbeitsteilung erleichtert nicht nur die Entwicklung von spezialisierten Technologien, sondern fördert auch die Kooperation im gesellschaftlichen Leben. Die Komplexität des sozialen Lebens in einer fortgeschrittenen Zivilisation macht Kooperation unentbehrlich, denn je größer die Komplexität, desto dringlicher die Notwendigkeit immer feinerer Unterscheidungen und desto größer die Zahl der unterschiedlichen Gruppen, die für die Produktion von Gütern und Dienstleistungen des Lebens verantwortlich sind. Der Landwirt produziert Nahrungsmittel und Naturfasern; der Industriearbeiter transformiert diese in Konsumartikel; der Kaufmann kümmert sich um den Austausch der landwirtschaftlichen Produkte und der von der Industrie hergestellten Güter. Jeder ist vom anderen abhängig; alle Segmente der Gesellschaft sind miteinander verknüpft, und die Gesellschaft ist von Natur aus kooperativ. Eine Gesellschaft ohne ziemlich detaillierte Arbeitsteilung bleibt primitiv und relativ isoliert; aber die komplexere Gesellschaft, in der Arbeitsteilung die Regel ist, nimmt eine organische Qualität an, wobei die Aktivität jedes einzelnen Teils sich notwendig auf alle anderen Teile auswirkt, in einer Form, die durchaus mit dem vergleichbar ist, was im einzelnen Organismus geschieht.

Diese Rechtfertigungen der Arbeitsteilung sind Gemeinplätze; etwas, was jeder weiß; Dinge, die selbstverständlich sind. Ich betone diesen Punkt nur, um die Aufmerksamkeit auf den Irrtum zu lenken, der sich aus der gängigen Praxis ergibt, ökonomische Fragen auf eine irgendwie niedere Stufe der Forschung zu verweisen und anzunehmen, sie seien weit entfernt vom geistigen Leben des Menschen. Selbst in Europa hört man noch heute die Klage, die Entwicklung der materiellen Aspekte der Zivilisation werde von Dekadenz in den geistigen Aspekten begleitet – wenn sie sie nicht sogar verursacht. Meine eigene Position ist jener vollkommen entgegengesetzt: Die Dichotomie zwischen den geistigen und den materiellen Aspekten des Lebens muss in die Irre führen. Die Kooperation im sozialen Leben, von der wir gesprochen haben, hat gewiss mit den materiellen Bedingungen des Lebens zu tun, aber in einem sehr wirklichen Sinne ist sie auch eine wichtige Grundlage des geistigen Lebens des Menschen.

Wir haben unseren Meinungsverschiedenheiten mit denjenigen Philosophen Ausdruck verliehen, die die Wichtigkeit ökonomischer Fragen abwerten, da sie sie für unangemessene Themen philosophischer Forschung halten. Wir müssen freilich jetzt ganz kurz auf eine Gruppe von Theoretikern zu sprechen kommen, die zum andern Extrem neigen. Als im späten 18. und frühen 19. Jahrhundert bestimmte britische Gelehrte sich in die Begriffe Arbeitsteilung und ökonomische Kooperation verliebten, setzten sie alles auf diese eine Karte. Sie trugen die Behauptung vor, alle politischen Probleme seien grundsätzlich und wesentlich ökonomischer Natur.

In der zweiten Hälfte des 19. Jahrhunderts war Herbert Spencer ein einflussreicher Befürworter des Sozialdarwinismus; er vertrat die Ansicht, die Evolution sozialer Institutionen und speziell ökonomischer Einrichtungen sei der organischen Evolution, wie Darwin sie beschrieben hat, analog. Er beharrte optimistisch darauf, dass die Arbeitsteilung den Einzelnen Gelegenheiten böte, ihr

Potenzial zu entwickeln, und dass die gestiegene Produktion und der Austausch von Waren, die durch diese Arbeitsteilung möglich geworden waren, ganz natürlich zu einer Kooperation und letztlich zum Ende aller Feindseligkeiten führen würde.

Dies war die Lehre vom Freihandel. Der Freihandel, so behaupteten seine Befürworter, würde den Krieg abschaffen, weil die stärkere ökonomische Entwicklung die Leute dazu veranlassen würde, seine Kostspieligkeit zu erkennen; der Freihandel würde diplomatischen wie politischen internationalen Spannungen vorbeugen und zu einer Ära des Friedens führen. Der Freihandel (heutzutage gewöhnlich als freies Unternehmertum bezeichnet) würde nicht nur internationale Feindseligkeiten zum Verschwinden bringen, sondern er würde auch, so glaubten seine Befürworter, die interne Kooperation innerhalb eines Landes fördern. Dieser Theorie zufolge ist es gleichermaßen zum Vorteil von Verkäufer wie Käufer, den freien Wettbewerb durch Lockerung aller Regierungseingriffe in die natürlichen ökonomischen Prozesse zu fördern.

Diese Theoretiker setzten Selbstsucht als eine universale menschliche Eigenschaft voraus und gestanden zugleich zu, dass diese die Wurzel vieler gesellschaftlicher Übel ist. Aber sie machten einen Unterschied zwischen naiver oder gedankenloser Selbstsucht auf der einen Seite und dem, was sie rationale oder aufgeklärte Selbstsucht nannten, auf der anderen. Sie waren überzeugt, dass die Menschen im Allgemeinen bald erkennen würden, dass die erstere immer schädliche Wirkungen hatte, und dass sie sich infolge dieser Erkenntnis der rationalen oder aufgeklärten Selbstsucht zuwenden würden, die nach der Natur der Dinge die Praxis der Kooperation erfordern würde.

Wir können diese Theorie nicht auf der Basis ihrer praktischen Auswirkungen beurteilen, weil sie niemals einer Überprüfung unterzogen worden ist. Es gibt kein (und gab niemals) ein Land, das sich vollständigen Freihandel, unabhängig von der Regulierung oder der Unterstützung durch die Regierung, leisten konnte. Aber obwohl es keine praktischen Wirkungen gibt, auf deren Basis man ein Urteil fällen kann, hat die Theorie selbst offensichtliche Schwächen. Die fundamentale Schwäche der Theorie liegt in ihrer Annahme einer unmöglichen Bedingung, nämlich der Annahme der Gleichheit der Fähigkeiten unter Individuen oder Nationen, die miteinander konkurrieren. Weder Menschen noch Nationen haben oder hatten jemals gleiche Fähigkeiten, wenn es um ökonomischen Wettbewerb geht. Wenn eine solche Gleichheit existieren könnte, würde die Lehre vom freien Unternehmertum vielleicht haltbar sein, aber es ist eine schlichte Tatsache, dass das nicht der Fall ist. Unterschiede hinsichtlich angeborener Begabung, natürlicher Ressourcen, der Entwicklung der Mittel, diese Ressourcen auszubeuten, des verfügbaren Kapitals und der anderen Faktoren sind allzu offensichtlich, als dass man sie ignorieren könnte. Und es ist auch nicht vernünftig zu erwarten, dass die rationale oder aufgeklärte Selbstsucht automatisch die gedankenlose Selbstsucht ersetzt, ohne die Anleitung, die sich aus einer Bindung an gültige und konsistente moralische Prinzipien ergibt. Würde die Theorie des freien Unternehmertums in die Praxis umgesetzt, dann wäre es – so wie die Dinge liegen – gewiss, dass sowohl unter Individuen als auch unter Nationen diejenigen, die über mehr Ressourcen und Expertenwissen verfügen, ihre weniger glücklichen Nachbarn überwältigen würden; Selbstsucht würde weitere Selbstsucht nach sich ziehen und das Endresultat wäre Ungleichheit, Ungerechtigkeit und Tyrannei.

Diese Theorie war um die Mitte des 19. Jahrhunderts am populärsten. Ihre Schwächen zeigten sich immer deutlicher zwischen 1880 und 1914, der Periode des Imperialismus, als die westlichen Industrienationen die schwächeren Länder beherrschten und ausbeuteten, die über weniger und unterentwickelte ökonomische Ressourcen verfügten. Zusätzlich zu der Ausbeutung kleinerer und schwächerer Nationen durch die größeren und stärkeren gab es Konflikte unter den großen Nationen selbst. Eben weil jede Nation unter dem Deckmantel des freien Unternehmertums den eigenen Vorteil verfolgte, produzierten die Industrienationen des nördlichen Europa mehr, als ihre Bevölkerungen konsumieren konnten, und ihr Wettbewerb um Märkte – namentlich Märkte in den weniger entwickelten Nationen – brachte sie in scharfen Konflikt miteinander. An Stelle der vereinten und friedlichen Welt, die von den Propheten des freien Unternehmertums ins Auge gefasst worden war, sahen wir im Jahre 1914 den Ausbruch eines Krieges, der letztlich die gesamte Welt in Mitleidenschaft zog.

Genau wie die Versuche, die Theorie des freien Unternehmertums auf der internationalen Ebene in die Praxis umzusetzen, zum Debakel des Krieges führten, resultierten Anstrengungen, sie auf der nationalen Ebene zu verwirklichen, in einer Vielzahl von Übeln. Heutzutage gibt es zwar einen gewissen Grad an Kooperation unter Individuen in kommerziellen und industriellen Unternehmen, aber diese Kooperation wird vom Wettbewerb überschattet, und in diesem Wettbewerb verschaffen Unterschiede in Fähigkeit und Ressourcen dem Stärkeren Vorteile und resultieren in Ungleichheit und Ungerechtigkeit.

Mit dem Übergang von der manuellen zur maschinellen Produktion ist die Kontrolle über das Leben der Arbeiter fester als jemals zuvor in den Händen von Kapitalisten konzentriert. Die Akkumulation von Kapital in den Händen der Kapitalisten gibt ihnen Kontrolle über nicht nur die Mittel der Produktion, sondern ebenso der Distribution. Die Disposition fabrikmäßig hergestellter Güter ist eine komplizierte Angelegenheit, die Zeit in Anspruch nimmt. Wer über viel Kapital verfügt, kann es sich leisten, Waren zu lagern, bis sich der Markt zu seinen Gunsten entwickelt hat; wer weniger Kapital hat, muss nehmen, was der Markt gerade hergibt, weil er es sich nicht leisten kann zu warten, bis die Preise steigen. Unter solchen Bedingungen drückt der reichere Wettbewerber den schwächeren an die Wand und ist bald in der Lage, ihn zu herabgesetzten Preisen auszukaufen – und dann größere Profite als jemals zuvor zu machen.

Um die Sache ganz grob auszudrücken: In der Theorie können Kapitalisten und Arbeiter miteinander kooperieren, doch in einem System des freien Unternehmertums und ohne Regierungskontrollen hat der Kapitalist nahezu immer einen Vorteil gegenüber dem Arbeiter. *Eine* Reaktion auf diesen Sachverhalt war die Organisation von Gewerkschaften, deren größtes Interesse darin besteht, die schlimmsten Ungleichheiten und Ungerechtigkeiten, die das freie Unternehmertum verursacht, zu korrigieren, wenn nicht gar zu eliminieren. Die Arbeiterseite sieht jetzt diese Resultate als eine Verweigerung menschlicher Rechte und definiert das Problem als eins, das nach einer radikalen Lösung verlangt. Das Kapital hingegen zitiert zu seiner Rechtfertigung die ökonomischen Theorien, die im 18. und 19. Jahrhundert vorgetragen wurden, und sieht das freie Unternehmen als ein gänzlich natürliches und vollständig unumkehrbares Phänomen. Ohne eine von diesen Positionen in ihrer Gänze zu übernehmen, möchte ich zwei Vorschläge machen:

Erstens hatte die Kooperation im modernen ökonomischen Leben positive wie negative Wirkungen. In früheren Zeiten, als das Leben ein stärker isoliertes war und es nur ein Minimum an Kommunikation gab, gab es auch nur relativ wenig Konflikt. Aber die Kooperation hat die Kommunikation unter den Menschen gefördert und auf diese Weise die Entwicklung der Kultur beschleunigt. Dies ist ihre positive Wirkung. Die negative besteht darin, dass zugleich mit der Förderung von Kommunikation und Entwicklung der Kultur auch die Konflikte unter den Menschen zugenommen haben – und im gegenwärtigen Fall beziehen wir uns auf den Konflikt zwischen den Kapitalisten auf der einen Seite und den Arbeitern auf der anderen. Das gegenwärtige Problem besteht darin, Formen der Kooperation zu entwickeln, die die Wirkungen, die wir uns wünschen, hervorbringen und die zur gleichen Zeit die negativen Effekte, die wir beklagen, hemmen oder eliminieren.

Zweitens müssen wir erkennen, dass Freiheit und Gleichheit nicht Hand in Hand gehen. Das Schlagwort der Französischen Revolution am Ende des 18. Jahrhunderts lautete »Freiheit, Gleichheit, Brüderlichkeit«. Der Theorie nach würde, wenn jedermanns Freiheit garantiert wäre, seine Gleichheit automatisch folgen. Die 125 Jahre seit dieser Revolution waren eine Periode der bis dato unerreichten Freiheit, aber es war auch eine Zeit, in der krasse Ungleichheit so allgemein üblich gewesen ist, dass heutzutage viele Menschen von ihrer Unvermeidlichkeit überzeugt sind. Und Ungleichheit *ist* unvermeidlich, wenn diejenigen, die unbeschränkte Freiheit genießen *können*, das auch tun. Das gegenwärtige Problem besteht darin, angemessene Beschränkungen der individuellen Freiheit zu schaffen, um es jedermann zu ermöglichen, über Freiheit wie Gleichheit in einem ausgewogenen Verhältnis zu verfügen, sodass er das eigene Potenzial voll zu entwickeln vermag.

8. Klassischer Individualismus und freies Unternehmertum

In der vorigen Vorlesung habe ich darauf hingewiesen, dass jedwedes Wirtschaftsleben sowohl Arbeitsteilung wie auch Kooperation umfasst. Ich habe auch die Entstehung einer neuen Art politischer Philosophie diskutiert, die durch die industrielle Revolution in Europa angeregt worden ist – eine Philosophie, die nicht nur als erste die grundlegende Wichtigkeit von ökonomischen Faktoren für alle anderen Aspekte des Lebens anerkannt hat, sondern die so weit ging, die Möglichkeit ins Auge zu fassen, alle nationalen und internationalen Probleme könnten durch die richtige ökonomische Organisation gelöst werden. Fürsprecher dieser Ansicht glaubten, freies Unternehmertum in der Wirtschaft würde Kooperation notwendig machen; ein aufgeklärtes Eigeninteresse hervorbringen, das Menschen dazu veranlassen würde, ihre irrationale Selbstsucht aufzugeben; und den Leuten klarmachen, dass Krieg, weil er für beide Parteien des Konflikts so kostspielig ist, eine unsinnige Art ist, Streitigkeiten beizulegen. Diese ökonomischen Philosophen malten eine utopische Welt, die entstehen würde, sobald ihre Theorien erst einmal in die Tat umgesetzt wären.

Ihr Ideal ist natürlich niemals realisiert worden – kann niemals realisiert werden, einfach weil es auf Annahmen beruht, die dem Sachverhalt widersprechen. Ungeregelter Wettbewerb, die Basis der Theorie des freien Unternehmertums, wäre nur möglich, wenn die Wettbewerber über gleiche Fähigkeiten verfügten. Aber Menschen haben nun einmal keine gleichen Fähigkeiten, und die Ungleichheiten, die bestehen, enden allzu häufig in einem »Wettbewerb«, in dem eine Seite von Anfang an einen Vorteil hat. Versuche, diese Theorie des freien Unternehmertums in die Praxis umzusetzen, resultierten in der Ausbeutung der Arbeitskraft durch die Kapitalisten innerhalb der Nationen und in Kriegen zwischen den Nationen.

Die Frage, vor der wir heutzutage stehen, ist die Frage, bis zu welchem Grad der Wettbewerb frei und gleichzeitig gerecht gegenüber den beteiligten Parteien sein kann. Dies ist eins der schwierigeren Probleme, die die industrielle Revolution zum Vorschein bringt.

Wir wollen einige der Konsequenzen der industriellen Revolution Revue passieren lassen. Wie wir in unserer letzten Vorlesung angemerkt haben, ersetzte die industrielle Revolution Muskelkraft durch mechanische Kraft und Handarbeit durch Maschinen und Massenmanufaktur. Eine der Konsequenzen der Ersetzung menschlicher Muskelkraft durch Dampf, Kohle und Elektrizität war ein neuer Typus von politischer Philosophie – der Individualismus. Dieser betont nicht nur die Freiheit der Berufswahl, sondern in einem viel umfassenderen Sinne das Recht, sein eigenes Schicksal zu bestimmen. Ein zentraler Begriff in der Philosophie des Individualismus ist die Idee des Vertrags, im Unterschied zu der Idee des Status, der die früheren Philosophien durchdrungen hatte. Ein Vertrag wird durch die Zustimmung und auf der Basis der Bereitwilligkeit der beteiligten Individuen oder Gruppen geschlossen. Der berühmte britische Historiker Sir Henry Maine drückt das so aus: »Wenn wir also in Übereinstimmung mit den besten Autoren den Ausdruck *Status* verwenden, um nur diese personalen Verhältnisse zu kennzeichnen, und es vermeiden, ihn auf solche Verhältnisse anzuwenden, die das unmittelbare oder mittelbare Resultat einer Vereinbarung sind, können wir sagen, daß die bisherige Bewegung der progressiven Gesellschaften eine Bewegung vom *Status zum Vertrag* gewesen ist.«[7]

Status bezieht sich also auf die Stellung, die man in der Gesellschaft durch Vererbung oder dank eines verliehenen Titels einnimmt. Wie wir früher und in einem anderen Zusammenhang bemerkt haben, sind die offensichtlichsten Beispiele das Kastensystem im alten Ägypten und das im zeitgenössischen Indien – Systeme, die praktisch keine Gelegenheit zur Kommunikation unter Mitgliedern der verschiedenen Kasten bieten. Dasselbe war vielleicht auf einer etwas weniger starr formalisierten Basis im Feudalsystem des mittelalterlichen Europa der Fall, in dem die Leute zum größten Teil ihr gesamtes Leben in den Klassen verbrachten, in die sie zufälligerweise hineingeboren wurden. Obgleich es solche Statussysteme in westlichen Gesellschaften offiziell nicht länger gibt, sind ihre Spuren in der ungleichen Behandlung von Personen unübersehbar. Erst in (historisch gesehen) vergleichsweise jüngster Zeit

7 Sir Henry Maine, *Ancient Law* (London: George Routledge & Sons o. J.), S. 141.

haben wir die Lehre vom göttlichen Recht der Könige aufgegeben, nach der ein Herrscher, ganz unabhängig von seinen Möglichkeiten und Fähigkeiten, absolute Macht einzig dank seines Status ausübte. Mitglieder der königlichen Familie – und auch zahlreiche weitere Adlige – standen allein aufgrund des ihnen kraft Geburt zustehenden Status über dem Gesetz. Der Begriff des Status durchdrang die gesamte Gesellschaftsstruktur, sodass selbst die Beziehung des Ackerbauers zu seinem Grundherrn streng reglementiert war. Mit geringfügigen Variationen war der Status das Kennzeichen der sozialen Beziehungen in den meisten Ländern der Welt.

Das fundamentale Merkmal einer auf Status beruhenden Gesellschaft ist die Tatsache, dass jede Person in eine besondere soziale Klasse hineingeboren wird und ihr Mitglied bleibt. Typischerweise folgte ein Mann in den Fußstapfen seines Vaters; eine Frau heiratete einen Mann, dessen Arbeit und Lebensstellung der ihres Vaters ähnlich war. Wir haben angemerkt, dass besonders in Industrienationen die Statusorientierung der Gesellschaft eine schnelle Erosion erfährt, aber diese Entwicklung ist auch nicht annähernd so stark das Ergebnis einer politischen Revolution wie die natürliche Folge radikaler Veränderungen der ökonomischen Organisation. Als ein Beispiel: Die Bewegung für Frauenrechte wurde erst zu einer politischen Streitfrage, als die Industrielle Revolution Frauen aus dem Haushalt entließ, um in den Fabriken dieselben Güter zu produzieren (in den Anfangsstadien weitgehend Stoffe), die sie früher mit der Hand in Heimarbeit produziert hatten. Ökonomische Faktoren waren primär für die Veränderung des Status der Frauen verantwortlich; politisches Handeln diente hauptsächlich dazu, das zu ratifizieren, was Ökonomie schon verwirklicht hatte.

Es ist wichtig, den Unterschied zwischen der *Glorious Revolution* in Großbritannien im Jahre 1688 und der Französischen Revolution genau ein Jahrhundert später festzuhalten. Die Erstere war eine politische Revolution; die Letztere eine ebenso soziale wie politische Revolution, die nicht nur die Bourbonen stürzte, sondern auch dem anachronistischen Klassensystem den Todesstoß versetzte, einem Überbleibsel aus feudalen Zeiten. Als Maine über den Übergang vom Zeitalter des Status zum Zeitalter des Vertrages schrieb, meinte er, dass dem natürlichen Entwicklungsgang entsprechend eine Gesellschaft das Statussystem aufgibt, wenn dieses System nicht länger wirkungsvoll funktioniert, und ein Vertragssystem übernehmen wird, unter dem Individuen und Gruppen frei verhandeln und Verträge schließen.

Wie wir schon bemerkt haben, brachten diese sozialen Veränderungen die neue politische Philosophie des Individualismus hervor. Das Zentrum des frühen (klassischen) Individualismus bildete die Vorstellung, jede Person sei vollkommen frei, mit jeder anderen Person oder Gruppe jede Art von Vertrag zu schließen, und die primäre Funktion des Gesetzes bestehe darin, über die Durchsetzung einmal geschlossener Verträge zu wachen. Das Motto dieser klassischen Individualisten lautete: »Die beste Regierung ist die, die am wenigsten regiert.« Sie erwarteten von der Regierung, dass sie die Erfüllung von Vertragsbedingungen überwacht, aber verwarfen die Idee jeder anderen Art von Einmischung durch die Regierung. Diese Bewegung tendierte dazu, politische Philosophie mit ökonomischer Organisation gleichzusetzen und politische Reformen als irrelevant oder als natürliche und unvermeidliche Folge ökonomischer Entwicklungen anzusehen.

Die Ansicht, die Lösungen politischer Probleme beruhten auf ökonomischen Prozessen, steht in diametralem Gegensatz zur Philosophie Platons, die das westliche Denken mehr als zweitausend Jahre lang beherrscht hatte. Platons vollkommener Gesellschaft liegt die Überzeugung zugrunde, dass ein klar definiertes Statussystem der Stabilität und dem Fortbestand des Staates am besten dient. In einer solchen Gesellschaft würde jede Person ihren Beitrag innerhalb der Vorschriften ihrer eigenen Klasse leisten und ihre eigene Bestimmung am besten dadurch erfüllen, dass sie in dem Status dient, der ihr zugewiesen worden war.

Aber Platon war keineswegs ein eingefleischter Reaktionär. Er war durchaus nicht zufrieden mit dem Statussystem, das im Griechenland seiner Tage vorherrschte. Nach seiner Ansicht würde das existierende System die Stabilität der Gesellschaft nicht nur nicht bewahren, sondern ohne radikale Reformen im sozialen Chaos enden. Nach seiner Auffassung sollte die Basis, auf der einer Person ein besonderer Status zugewiesen wird, auf Vernunft und nicht auf den Zufällen der Geburt oder des Schicksals beruhen. Zunächst sollten die Bedürfnisse der Gesellschaft bestimmt werden; dann sollten die Klassen, die bei der Befriedigung dieser Bedürfnisse unentbehrlich seien, konstituiert werden; dann sollte jede Person einer Klasse zugewiesen oder ihr eine Stellung gewährt werden, in der sie ihren wirkungsvollsten Beitrag leisten könnte; und endlich sollte jedes Kind nach seinen Fähigkeit erzogen und jener Klasse zugeordnet werden, für die es seine Natur geeignet erscheinen ließ.

Platons Gesellschaft sollte aus drei Klassen von Menschen bestehen. An der Spitze sollten seine Männer, denen »Gold beigemischt« war, stehen – die Philosophen-Könige, die die Gesetze machen würden. Die große Aufgabe, einen Staat durch Gesetze zu lenken, konnte nicht dem gewöhnlichen Volk überlassen bleiben; vielmehr musste es Menschen geben, die qualifiziert waren, die Fähigkeit der Vernunft anzuwenden, diejenigen, die die Universalien begreifen konnten, denn Gesetze sind diejenigen Universalien, die die Einzelheiten der Erfahrung umfassen. In diesem utopischen Staat würden Könige Philosophen und Philosophen Könige sein; ihr Status würde der höchste sein.

Die zweite Gruppe – Platons Menschen, denen »Silber beigemischt« ist – bestünde aus den Gehilfen oder Wächtern, die die Verantwortung dafür trügen, die von den Philosophenkönigen erlassenen Gesetze durchzusetzen. Diese Wächter würden auch den Staat verteidigen. Sie wären von Natur aus verträglich, lerneifrig und mutig. Sie würden einen Status einnehmen, der nur dem der Gesetzgeber oder der Philosophen-Könige nachstand.

Die dritte Gruppe wäre die der Händler, Kaufleute und Handwerker, Platons Menschen, denen »Erz oder Eisen beigemischt« ist. In einigen Menschen herrschen von Natur aus Begierden vor; diese sollten, sagt er, den Arbeitenden und der Händlerklasse zugewiesen werden, die die Güter für den menschlichen Konsum liefern. Sie nehmen den niedersten Status in der sozialen Hierarchie ein. Platon glaubte, der Staat würde in Frieden existieren, wenn jede dieser drei Klassen ihre eigene Funktion ausübte.

Platons Schema war radikal, wahrscheinlich noch mehr in dem Erziehungssystem, das er vorschlug, als in seinem Plan für die soziale Schichtung. Er vertrat den Standpunkt, die Klasse, der eine Person zugewiesen wird, sollte nicht durch den Zufall ihrer Geburt bestimmt werden, sondern vielmehr durch ihre angeborenen Fähigkeiten und durch eine Erziehung, die diese Fähigkeiten entdecken und zu ihrem vollen Potenzial entfalten sollte. Im *Staat* behandelt Platon die Erziehung in beträchtlichem Detail. Er ist der Meinung, Erziehung, wenn sie nur richtig geplant und durchgeführt wird, sollte imstande sein, die weisesten Personen für den Status von Gesetzgebern und Herrschern auszuwählen und auszubilden, und auch diejenigen Personen zu identifizieren, die mit Mut und der Fähigkeit, das Gesetz zu verstehen, begabt sind, und für die zweite Klasse der Wächter und Krieger auszubilden. Diejenigen, die lernunfähig sind oder hauptsächlich durch Begierden und Wünsche beherrscht werden, würden die »Holzhauer und Wasserträger«[8] sein – die große, gesichtslose Masse der gewöhnlichen Leute. Aber Platon wiederholte ständig, dass Status nicht erblich sein sollte – der Sohn eines Mannes von Gold könnte um nichts mehr diesen Status verdienen als derjenige eines Mannes von Bronze, und auf der anderen Seite war es durchaus denkbar, dass potentielle Männer von Gold unter den Nachkommen von Menschen von Bronze oder Silber entdeckt würden. Es sollte die Aufgabe der Erziehung sein, das Potenzial jedes Kindes zu bestimmen und es für den Lebensweg auszubilden, für den seine Fähigkeiten es geeignet erscheinen ließen.

Platons Ideal ist vollkommen utopisch, aber wir können es zum Ausgangspunkt unserer Diskussion machen, weil in der Philosophiegeschichte Platon einer der wenigen Philosophen ist, die einen vollständigen Plan für den Staat entwickeln. *Der Staat* kann als die typische Aussage über eine Gesellschaft gelten, die fest auf dem Begriff des Status beruht. Er ist natürlich ein Beispiel für einen Staatssozialismus, in dem die Bedürfnisse der Gesamtgesellschaft und jeder ihrer Teile durch eine Oligarchie bestimmt werden. Er ordnet ökonomische Interessen den Interessen des Geistes unter und wertet jede Theorie über die ökonomischen Aspekte des Lebens ab.

Die ökonomische Theorie, die sich in England und Frankreich während des späten 18. und frühen 19. Jahrhunderts entwickelte, bildet selbstverständlich eine direkte Antithese zu Platons Philosophie. Die neue Theorie sah ökonomische Operationen als Basis und wesentliches Element sozialer Entwicklungen. Sie setzte ihre Hoffnung auf einen letztendlichen Frieden auf das freie Unternehmertum, was vollständige Freiheit der Personen, miteinander zu konkurrieren, voraussetzte. Nach dieser Ansicht brauchen Menschen weder Ratschläge noch Unterstützung von klugen, weisen und tugendhaften Menschen, weil aufgeklärtes Eigeninteresse

8 Josua 9,21 (Anm. d. Übers.).

sie ganz natürlich zu der Erkenntnis dessen bringt, was sie wünschen, und sie befähigt zu entscheiden, welche Dinge am besten sind. Freies Unternehmertum, wurde behauptet, könnte die volle und freie individuelle Entwicklung weit besser stimulieren als der Ratschlag von Platons Philosophenkönigen. Wenn jede Person, die weiß, was sie wünscht und braucht, ihren eigenen Vorteil verfolgen kann, wird das Gesamtresultat der gesamten Vorteile, die von allen Personen verfolgt werden, sich zum Vorteil der Gesellschaft als ganzer addieren. Befürworter dieser Auffassung wiesen auf die Tatsache hin, dass die Person, die ihren eigenen ökonomischen Vorteil verfolgt, nicht in einer rein individualistischen und isolierten Art und Weise handelt; ganz im Gegenteil sind ihre Interessen in Wirklichkeit mit denen anderer eng verbunden. Wenn ein Vertrag gemacht wird, so argumentierten sie, müsse er durch eine allgemeine Diskussion erreicht werden und für beide Seiten vorteilhaft sein, andernfalls würde die eine oder die andere Partei sich weigern, ihn zu unterschreiben. Von daher, behaupteten sie, wäre das Resultat nicht lediglich persönliches und individuelles Wohlergehen, sondern ebenso soziale Wohlfahrt im weiteren Sinne und die Förderung von Friede und Harmonie.

Als darauf hingewiesen wurde, dass ein scheinbar freier Vertrag zwischen Personen in Wirklichkeit in der Tat krass ungleichen Wettbewerb beinhalten könnte, war die Antwort, dass man diesen Umstand ertragen müsse, aufgrund der Wirkungen des Gesetzes des Überlebens der Tüchtigsten. Es wurde sogar das Argument vorgetragen, dass die soziale Entwicklung durch Anwendung des Gesetzes der natürlichen Auslese beschleunigt werden würde. Kurzum, die Befürworter des freien Unternehmertums waren vollständig überzeugt, dass die Praxis des freien Vertrags zu individueller Freiheit führen würde, dass die gute Gesellschaft ohne Eingreifen der Regierung errichtet werden könnte und ganz besonders, ohne dass sich die Regierung in irgendeiner Weise in Industrie und Handel einmischt. Nach dieser Ansicht wäre die einzige Rechtfertigung für Regierungshandeln ein andernfalls unversöhnlicher sozialer Konflikt, die Korrektur manifester Korruption beim Schließen von Verträgen oder Bestrafung für die Verletzung eines Vertrages. Diese Theorie wird gewöhnlich als *laissez faire* bezeichnet oder manchmal als die Polizeitheorie der Politik, da die Hauptaufgabe der Regierung darin bestehe, Verträge unter polizeiliche Aufsicht zu stellen.

Diese Theorie ist der Auffassung, dass eine Hände-weg-Politik der Regierung nicht nur für die ökonomische Entwicklung gut ist, sondern gleichermaßen auch für die Kultivierung eines moralischen Charakters. Freies Unternehmertum, so glaubt man, ermutigt Eigeninitiative und Risikobereitschaft; Wettbewerb führt zu Zähigkeit des Charakters, moralischer Stärke und schafft Kampfeseifer. Alles in allem: Was gut für die ökonomische Entwicklung wäre, wäre gleichzeitig und in demselben Grade gut für die geistigen Elemente im gesellschaftlichen Prozess.

Diese Ansicht muss offensichtlich hier in China einen beträchtlichen Reiz ausüben, wo es traditionellerweise so viele Eingriffe sowohl vom Staat wie auch von den Familienältesten gegeben hat. Es scheint heutzutage eine schnell wachsende Tendenz zu bestehen, die Autorität des Stammesoberhaupts in Frage zu stellen, Mitglieder der Familie in höherem Maße unabhängig und verantwortlich arbeiten zu lassen, und dem willkürlichen Eingriff von Staatsbeamten in persönliche Affären Widerstand zu leisten.

Die Ansicht, die wir beschreiben, hat natürlich gewisse Verdienste. Sie ermutigt bis zu einem gewissen Grade die Entwicklung des Charakters der Einzelnen und sie führt sie dazu, einander mehr zu vertrauen als früher unter den älteren Ansichten. Die Theorie hat tatsächlich einen gewissen Nutzen, sowohl in gemeinschaftlichen Geschäftsunternehmungen wie in der allgemeineren Sphäre des Zusammenlebens. Wenn wir die Sache historisch betrachten, können wir sehen, dass die Entwicklung des freien Vertrags im Handel dazu geführt hat, dass Leute fähig und willens sind, einander zu vertrauen. Es ist wahrscheinlich wahr, dass die Tatsache, dass Europäer im Allgemeinen anderen so sehr trauen, wie sie es tun, ein Resultat dieser Entwicklung ist.

Nachdem wir einige der Meriten dieser Theorie betrachtet haben, wollen wir uns jetzt ihren Mängeln zuwenden.

Die erste Schwäche der Theorie besteht darin, dass sie die Tatsache ignoriert, dass die Parteien eines Vertrages über gleiche Fähigkeiten verfügen müssen, wenn der Vertrag wirklich eine Übereinstimmung sein soll, die freiwillig und zwanglos erreicht worden ist. Wenn diese Gleichheit besteht, kann der Vertrag frei geschlossen werden, aber über einen Vertrag zu reden, der von beiden Parteien freiwillig geschlossen wurde, wenn es eine merkliche Ungleichheit der Fähigkeit gibt, heißt, einen bitteren Scherz zu machen. Lassen

Sie uns das illustrieren. Nehmen wir an, ein Kapitalist besäße alles – Gebäude, Maschinerie, Rohmaterial, alles –, nur keine Arbeiter. Es sind jedoch mehr Arbeiter verfügbar, als der Kapitalist überhaupt braucht. Sie alle wollen Arbeit, folglich kann der Kapitalist so viele anheuern, wie er will, und ihnen so wenig bezahlen, wie es ihm gefällt. Wenn die Arbeiter dies nicht wollen, können sie kündigen, und der Kapitalist kann andere für denselben Lohn anheuern. Unter solchen Umständen kann man sagen, dass der Vertrag zwischen dem Kapitalisten und dem Arbeiter das Resultat der Ausübung des freien Willens ist; aber in Wirklichkeit akzeptiert der Arbeiter den Vertrag nur deshalb, weil er und seine Kinder essen müssen, und seine Wahl besteht darin, entweder für das zu arbeiten, was der Kapitalist bezahlen will, oder seine Kinder hungern zu lassen. Weder glaubt auch nur eine der beiden Parteien eines solchen Vertrages im Ernst an eine Gleichheit der Fähigkeiten, noch trägt ein Kontrakt wie dieser zur individuellen Entwicklung des Arbeiters oder zur Verbesserung der Gesellschaft bei.

Verträge wie dieser, wo die Ungleichheit der Fähigkeit zwischen den beiden Vertragsparteien so deutlich ist, haben zwei unvermeidbare und schädliche Resultate. Das erste hat mit den Arbeitszeiten zu tun. Niemand wünscht wirklich, 16 oder 17 Stunden am Tag zu arbeiten, wie es manchmal von dem Kapitalisten verlangt wird. Und wenn der Kapitalist argumentiert, die Arbeiter seien ja bereit dazu, weil sie den Vertrag unterschrieben hätten, ist er nicht ganz ehrlich. In Wirklichkeit unterzeichnen die Arbeiter den Vertrag aufgrund der Umstände und nicht auf Basis einer freien Willensentscheidung.

Der zweite üble Effekt hat mit den Arbeitsbedingungen und der Behandlung der Arbeiter zu tun. Arbeiter, die mit gefährlichen Materialien umgehen, können verkrüppelt, durch Gifteinwirkung krank oder sogar getötet werden. Wenn sie Schadensersatz verlangen, dann argumentiert ihr Arbeitgeber, sie hätten durch Unterzeichnung des Arbeitsvertrags (das heißt, dadurch, dass sie die Arbeit übernommen haben) zugestimmt, unter den bestehenden Bedingungen zu arbeiten. Wiederum kann man dies die Ausübung des freien Willens nennen, aber wiederum heißt das nur, den grausamen Scherz zu wiederholen, auf den wir vor einem Moment hingewiesen haben.

Im frühen 19. Jahrhundert erklärten die meisten Industrienationen Gesetze, die in die individuelle Freiheit eingriffen, für ungültig und setzten ihr Vertrauen auf die behaupteten Tugenden des freien Unternehmertums. Aber gegen Ende des Jahrhunderts begannen diese selben Nationen, Gesetze zu erlassen, die die Arbeitszeiten begrenzten, die Behandlung von Arbeitern regulierten, gewisse Sicherheitsstandards vorschrieben und sogar Mindestlöhne festsetzten. Andere Gesetze beschränkten die Arbeit, die Frauen verrichten durften, und verboten gewisse Arten von Kinderarbeit, wie sie auch die Einstellung von Kindern unter einem gewissen Alter verboten. Das Ende des 19. Jahrhunderts markierte auch den Beginn des Endes der *Laissez-faire*-Theorie in Ökonomie und politischer Philosophie und das Erscheinen einer Theorie, laut der die Regierung eine eigene Rolle bei der Regulierung der Industrie zu spielen hatte, selbst wenn sie sich dabei dem Verdacht aussetzte, sich einzumischen.

Die zweite Schwäche der Lehre des freien Unternehmertums liegt in der Annahme, ein Vertrag sei eine rein persönliche Angelegenheit zwischen den Parteien, die ihn eingehen. Es erscheint uns heute unglaublich, dass vernünftige Menschen jemals auf der Basis einer solch fehlerhaften Annahme haben handeln können. Kein Vertrag ist jemals einfach nur eine Frage einer persönlichen Beziehung, ganz im Gegenteil; alle Verträge haben soziale Konnotationen. Lassen Sie uns zum Beispiel annehmen, eine Gruppe von hundert Männern wäre bereit, sich einer Arbeit zu widmen, die offensichtlich schädlich für ihre Gesundheit sein würde. Ihre Zustimmung, eine derartige Arbeit zu tun, wäre nicht nur eine lediglich persönliche Angelegenheit dieser hundert Männer, sondern würde ihre gesamte Gesellschaft schädigen. Eltern, deren Gesundheit geschädigt ist, können kranke Kinder gebären, die zu einer Last für die Gesellschaft werden oder ihrerseits weitere kranke Kinder zeugen. Kein Mensch lebt für sich allein; sein Wohlergehen ist Teil des Wohlergehens seiner Gesellschaft; sein Leiden geht immer zu Lasten der Gesellschaft.

Ein spezifisches Beispiel wird klarstellen, was ich meine. Einer der Staaten der Vereinigten Staaten von Amerika erließ ein Gesetz, das eine Obergrenze der Anzahl der Stunden pro Tag und Woche setzte, zu denen Frauen angestellt werden konnten. Bestimmte Leute wandten ein, ein derartiges Gesetz sei ein Eingriff in die Rechte von Frauen, die vielleicht den Wunsch hätten, mehr Stunden zu arbeiten und mehr Geld zu verdienen, und es bedeute eine

Einschränkung ihrer Freiheit. Die Gerichte hielten freilich an dem Gesetz fest, mit der Begründung, es sei im öffentlichen Interesse, Frauen nicht dadurch zu schwächen, dass sie zu viele Stunden arbeiteten, was ihre Gesundheit aufs Spiel setzen oder die Wahrscheinlichkeit erhöhen würde, dass sie schwächliche Kinder gebären. Mit anderen Worten: In diesem Falle wurde den Rechten der Gesellschaft der Vorrang vor der Freiheit arbeitender Frauen gegeben, allzu viel Zeit bei der Arbeit zu verbringen, wie auch vor der Freiheit von Arbeitgebern, Vorteil aus deren Bedürfnis nach zusätzlichem Verdienst zu ziehen. Heute wird anerkannt, dass es sich um eine öffentliche und keine private Frage handelt. In Westeuropa ist es zu einer ziemlich allgemeinen Anerkennung des Bedürfnisses nach Arbeitslosenversicherung, Schadensersatzgesetzen für Arbeiter sowie Gesetzen, die die Interessen der Alten und Behinderten schützen, gekommen. Der Umstand, dass Deutschland das umfassendste und fortschrittlichste System der Arbeitsgesetzgebung hatte, blieb nicht ohne Einfluss auf die Stärke und Beharrlichkeit, die es während des jüngsten Weltkrieges zeigte.

Wir haben von der Situation in Europa und Amerika gesprochen, aber die Streitfrage zwischen *laissez faire* und Regierungsregulierung der Industrie sollte auch für China von wirklicher Bedeutung sein, besonders zu einer Zeit, da das Land anfängt, sich derartig schnell zu industrialisieren. Probleme der Begrenzung von Arbeitsstunden, der Regulierung der Bedingungen, unter denen die Arbeiterschaft operiert, der Kontrolle der Anstellung von Frauen und Kindern – diese und verwandte Probleme müssen angegangen werden, bevor die Situation ernst wird. Zu warten, bis diese vorhersehbaren Übel riesige Proportionen angenommen haben, bevor man Gegenmaßnahmen ergreift, wäre kurzsichtig, dumm und auf lange Sicht für die Gesellschaft sehr teuer.

Heute haben wir einige der grundlegenden Streitfragen diskutiert zwischen einerseits dem klassischen Individualismus, der aus der ökonomischen Theorie des *Laissez-faire* erwuchs, und andererseits den Prinzipien der Kontrolle und Regulierung durch die Regierung. Wenn die Regulierung durch die Regierung eine bestimmte Entwicklungsstufe erreicht, nennen wir das manchmal »Sozialismus«. Bislang haben wir unsere Aufmerksamkeit primär auf die Vor- und Nachteile des Individualismus gerichtet; in unserer nächsten Vorlesung werde ich auf ähnliche Weise den Sozialismus prüfen.

9. Sozialismus

In der vorigen Vorlesung habe ich die Verdienste und die Mängel des klassischen Individualismus diskutiert, der seine Entstehung der ökonomische Theorie des *Laissez-faire* verdankt, und auf einige der Probleme hingewiesen, die dieser Theorie anhaften. Obwohl es eine beträchtliche und wachsende Opposition gegen den *Laissez-faire*-Individualismus gibt, hat diese Opposition bislang noch keine kohärente Darstellung ihres Gesichtspunktes gefunden. Im Allgemeinen stimmen all diejenigen, die alternative Theorien fordern, in der Forderung überein, die Regierung müsse irgendeine Art Kontrolle und Lenkung ausüben, um die ökonomische Entwicklung zu planen und zu angebbaren Zielen zu lenken. Sie stimmen darin überein, dass die ökonomische Entwicklung ihr Ziel eher im Wohl der Gesellschaft als in der Befriedigung individueller Wünsche suchen müsse – eine genaue Umkehrung der Position der klassischen Individualisten. Jenseits dieser sehr allgemeinen Prinzipien freilich gibt es eine große Vielzahl von Unterschieden.

In der heutigen Vorlesung werden wir uns mit einigen der sozialen und politischen philosophischen Anschauungen befassen, die sich in Reaktion auf die Mängel und Exzesse des klassischen Individualismus herausbilden. Befürworter der einen oder anderen dieser Positionen greifen praktisch jeden Aspekt der bestehenden Gesellschaftsorganisation an. Die gegenwärtige Organisation des ökonomischen Lebens ist wahrscheinlich die Zielscheibe für die größte und virulenteste Anzahl von Angriffen; spezifischere Attacken richten sich gegen das industrielle System; andere Attacken lehnen die Institution des Kapitalismus ab – einige verlangen eine drastische Reorganisation von Politik und Regierung, während andere so weit gehen, die Abschaffung des Privateigentums zu fordern. Alle stimmen darin überein, dass sie sich gegen einige – oder alle – Teile der existierenden Systeme wenden, aber wenn wir zu den von ihnen vorgeschlagenen Heilmitteln für die Übel kommen, die sie kurieren möchten, finden wir einen so weiten Bereich von Empfehlungen, dass es uns beinahe unmöglich ist, zu sagen, was »Sozialismus« wirklich ist – obgleich jede dieser Lösungen als sozialistisch charakterisiert wird.

Trotz all der Differenzen freilich können wir die verschiedenen Typen von Sozialismus in zwei Paare von generellen Gruppierungen einordnen (jede von ihnen schneidet quer durch die andere hindurch, sodass jedes Element des ersten Paars Repräsentanten von jedem Element des zweiten Paares enthalten kann, und umgekehrt). Die Demarkationslinie zwischen den beiden Denkschulen, die in der ersten Gruppe repräsentiert sind, liegt in Annahmen über die Moral. Englische und französische Sozialisten finden im Großen und Ganzen ihre Axiome in der Moral und kritisieren die Übel des industriellen Kapitalismus und der ungleichen Verteilung von Eigentum wegen der unmoralischen Auswirkungen dieser Institutionen und Bedingungen. Der Marx'sche Sozialismus andererseits scheut die Moral als relevantes Kriterium für die Kritik an sozialen und ökonomischen Institutionen, nennt seinen Gesichtspunkt wissenschaftlich und postuliert einen Determinismus, in dem das Naturgesetz von Ursache und Wirkung automatisch revolutionäre Veränderungen herbeiführt.

Die andere Demarkationslinie, die die Sozialisten in zwei Schulen trennt – sozusagen die vertikale Linie, wenn man sich die im vorangehenden Absatz angezeigte Differenzierung als eine horizontale Trennung vorstellt – ist die Einstellung zum Staat als einer Institution. Eine Gruppe (die, wie schon gesagt, Vertreter von beiden, den moralischen Sozialisten und den wissenschaftlichen Sozialisten, enthalten kann) würde den Staat als Akteur zum Organisieren und Lenken der ökonomischen Aktivität beibehalten und stärken wollen – wobei solch eine Organisation häufig in Richtung einer Art von Kollektivismus neigt. Auf der anderen Seite befürworten extremere Anhänger des Marx'schen Determinismus, zusammen mit einer Minderheit der Moralisten, die durch die Exzesse des klassischen Individualismus desillusioniert sind und dazu neigen, die Regierung mit den bestehenden kapitalistischen Systemen zu identifizieren, eine soziale Organisation, die freiwillig und spontan von den die Gesellschaft ausmachenden Individuen gebildet wird. Logisch zu Ende gedacht, wäre dies ein anarchistischer Kommunismus. Die erstere Gruppe setzt ihr Vertrauen auf die Reform des Staates; die letztere auf seine Abschaffung.

Trotz dieser fundamentalen Unterschiede zwischen den Gruppen sind wir gerechtfertigt, sie alle als Varianten des Sozialismus anzusehen. Trotz ihrer Unterschiede halten sie alle an der Überzeugung fest, dass ökonomische Aktivitäten primär das Gemeinwohl im Auge haben sollten, nicht den individuellen Profit. Alle sind sich darin einig, dass die klassische ökonomische Theorie zu weitgehend auf Abstraktionen beruhe und es versäume, das Allgemeinwohl der Gesellschaft in Rechnung zu stellen. Diese Vernachlässigung des sozialen Wohls und die Überbetonung des Profitmotivs resultiere in einer solchen Vielzahl von Übeln, dass die Sozialisten übereinstimmen, die klassische Theorie fallenzulassen und durch andere Formen der politischen, wirtschaftlichen und Regierungsorganisation zu ersetzen. Sie verweisen auf die Tatsache, dass klassische ökonomische Theoretiker abstrakte Begriffe betont und ihre Augen vor konkreten Problemen verschlossen haben; dass sie Arbeit und Kapital als abstrakte Begriffe gesehen haben statt als Anliegen zweier verschiedener Gruppen, von denen jede aus lebenden, fühlenden Menschen besteht. Im Gegenzug neigen Sozialisten aller Überzeugungen dazu, sich exklusiv auf das zu konzentrieren, was sie als das Wohl der Gesamtgesellschaft begreifen.

Ich kann zum gegenwärtigen Zeitpunkt nicht im Detail behandeln, was wir moralischen und ethischen Sozialismus nennen können, aber ich muss doch ein oder zwei Worte darüber verlieren. Der moralische Sozialismus hatte seinen größten Einfluss im frühen 19. Jahrhundert, und die Revolutionen in verschiedenen europäischen Nationen im Jahre 1848 waren offensichtlich die Resultate seines Einflusses. Der Marx'sche Sozialismus wurde in der zweiten Hälfte des Jahrhunderts einflussreicher und blieb bis zum Ende des Weltkriegs populär. Es gibt jetzt freilich Hinweise, dass die Leute des Marxismus müde werden und sich wieder dem moralischen und ethischen Sozialismus des frühen 19. Jahrhunderts zuwenden.

Marx attackierte den moralischen Sozialismus und verspottete seine Befürworter als sentimental. Er verwarf die Idee, die Mängel des industriellen Systems stünden überhaupt in irgendeinem Sinne mit moralischen Fragen im Zusammenhang. Er war überzeugt, das bestehende System werde unter seinem eigenen Gewicht zusammenbrechen und es werde sich automatisch ein neues System entwickeln – der individualistische Kapitalismus werde verschwinden und nach der Natur der Dinge durch den Sozialismus ersetzt werden.

Marx räumte ein, dass das Privateigentum in der vorindustriellen Periode gerechtfertigt gewesen sei. Als der größte Teil der Bevölkerung in der Landwirtschaft beschäftigt war, beinahe jeder seine eigene Nahrung produzierte und eigenhändig Waren herstellte, die er selbst verkaufen konnte, war es nach Marx' Ansicht richtig, dass jeder Mensch sein Eigentum besaß und sein Einkommen aus dem Verkauf seiner Waren bezog. Aber mit dem Aufkommen des Fabriksystems führten die Menschen ihre Geschäfte nicht länger auf einer individuellen Basis fort; infolge der resultierenden Arbeitsteilung wurden Waren durch die Kooperation vieler Menschen mit Maschinen produziert. Keinem Einzelnen war es noch möglich, am Gesamtprozess von der Produktion des Rohmaterials bis zur Verarbeitung dieses Materials zu fabrikmäßig hergestellten Waren und ihrer Verbreitung beteiligt zu sein. Diese Tatsachen, behauptete Marx, bedeuteten, dass überall da, wo es Fabrikproduktion gab, Produktion und Vertrieb von Waren in Wahrheit schon sozialisiert waren, dass aber, während die Produktion und der Vertrieb schon sozialisiert waren, die Arbeitsweise des ökonomischen Systems so blieb wie in der vorindustriellen Periode. Dies, behauptete er, mache die gegenwärtige ökonomische Organisation anachronistisch und rechtfertige die Forderung, Struktur und Organisation ökonomischer Aktivität einem radikalen Wandel zu unterziehen, wobei das gesamtgesellschaftliche Wohl das zentrale Kriterium für die Reorganisation sein sollte.

Nach der Erfindung der Maschine und der Organisation von Fabriken wurden die Unternehmen größer und größer. In einem System des freien Wettbewerbs wurden kleinere Firmen mit geringeren Ressourcen in der Regel von größeren Unternehmen mit ihren größeren Kapitalressourcen absorbiert. Die großen Firmen wurden immer größer, mit dem Endresultat der Bildung von riesigen Trusts, so wie wir sie heute in den Vereinigten Staaten sehen. Zumindest mit dieser Voraussage scheint Marx Recht gehabt zu haben, nämlich dass das Endergebnis des ungeregelten Wettbewerbs in der Eliminierung des Wettbewerbs bestehen würde, wobei größere Gesellschaften die kleineren absorbieren, bis alle größeren Unternehmen Monopolisten sein würden.

Wir können die springenden Punkte von Marx' Theorie in vier Punkten zusammenfassen:

1. Marx betrachtete das Privateigentum als einen Anachronismus. Mit dem Auftreten der Maschine und der Entwicklung der Fabrik verlor das Privateigentum seine *raison d'être*.

2. Das System des ökonomischen Wettbewerbs war selbstmörderisch, da die Kontrolle natürlicherweise in eine immer kleinere Anzahl von Händen überging.

3. Kapital in privaten Händen erzeugt immer mehr Kapital; die Reichen werden reicher, die Armen werden ärmer, und die Ausbeutung der Arbeitskraft ist eine unvermeidliche Begleiterscheinung dieses Prozesses. Ein natürliches Ergebnis würde das Verschwinden der Mittelklasse sein, sodass nur die sehr Reichen und sehr Armen übrig bleiben; ein solcher Zustand würde schließlich unvermeidlich in einem Klassenkampf enden. Beiläufig können wir darauf hinweisen, dass der Vorwurf, Marx habe den Klassenkampf befürwortet, auf einem Irrtum beruht. Es war nicht so, dass er einen solchen Kampf befürwortete; er sagte lediglich voraus, dass er natürlicherweise eintreten würde, als unvermeidliche Konsequenz von Kräften, die schon jetzt wirksam seien.

4. Marx sah – wie schon andere Theoretiker vor ihm – in der Arbeit die einzige Quelle des ökonomischen Wertes. Wenn sich aller ökonomische Wert von der Arbeit herleitet, dann muss der Profit, den der Kapitalist macht, einfach als eine Reduktion der Löhne der Arbeiter angesehen werden. Wenn zum Beispiel ein Arbeiter Güter herstellt, die einen Dollar wert sind, kann der Kapitalist zehn Cent als seinen Anteil zurückbehalten und dem Arbeiter die anderen 90 Cent für den Unterhalt seiner Familie auszahlen. In diesem Prozess wird der Kapitalist reicher und reicher und in seiner Gier nach noch mehr Profit kann er die Produktion so sehr steigern, dass er eine ökonomische Krise herbeiführt. An diesem Punkt würde, so sagte Marx voraus, die soziale Desorganisation einen Klassenkampf einleiten und dieser Kampf würde die Regierung zwingen, alle ökonomischen Unternehmen zu übernehmen, da es für das private Unternehmertum nicht länger möglich wäre, effektiv zu funktionieren oder die Profite, die seine Dynamik ausmachen, zu erzeugen.

Dies ist eine sehr kurze, aber, wie ich glaube, faire Zusammenfassung von Marx' Position. Als er sie vorbrachte – und selbst viele Jahrzehnte später –, schien sie plausibel und gewann viele Anhänger. Seit dem Weltkrieg freilich schwindet ihre Popularität und sie wird zunehmend Zweifel und Kritik unterworfen. Zwei Faktoren haben zu diesem Umstand hauptsächlich beigetragen. Der erste von ihnen ist die Tatsache, dass sich die meisten von Marx' Voraussagen als nicht zutreffend erwiesen haben. Es stimmt, wie wir eben gesagt haben, dass seine Voraussage, das Kapital werde sich konzentrieren, wahr geworden ist; aber entgegen seiner Voraussage sind die Reichen keineswegs immer reicher und die Armen immer ärmer geworden. Seit dem Ende des Krieges ist der Lebensstandard der Arbeiter in Europa und Amerika höher gestiegen als jemals zuvor. Die Löhne sind höher als jemals zuvor; die Arbeiter leben besser als jemals zuvor.

Ein zweiter Faktor ist, dass viele von Marx' Berechnungen auf falschen Annahmen beruhten. Er sagte voraus, der Sozialismus werde zuerst von den am stärksten industrialisierten Nationen übernommen werden, da die soziale Desorganisation und der Klassenkampf, der die Revolution beschleunigen würde, das Ergebnis der Industrialisierung sein würde. Die historischen Entwicklungen haben gezeigt, dass er sich in dieser Hinsicht völlig geirrt hat. Er sagte voraus, dass Deutschland und die Vereinigten Staaten, die beiden fortschrittlichsten Industrienationen der Welt, als erste sozialistisch werden würden. Tatsächlich aber übernahm Russland, die am wenigsten industrialisierte Nation Europas, als erstes Land eine sozialistische Regierungsform. Hätte Marx recht gehabt, wäre der Sozialismus in Russland unmöglich gewesen; die Tatsache, dass die Geschichte eine von Marx unmissverständlichsten Voraussagen so schnell und so gründlich widerlegt hat, hat das Vertrauen der Menschen in ihn erschüttert. Die Menschen fragen sich, ob er sich nicht gleichermaßen in anderen Hinsichten geirrt hat, wenn er sich so vollständig in diesem Punkt hat irren können. Es ist nicht verwunderlich, dass sozialistisch gesonnene Menschen nun wieder den moralischen und ethischen Sozialismus, der dem Sozialismus von Marx voranging, in Betracht ziehen.

Wiederum kann ich mir jetzt nicht die Zeit nehmen, im Detail einige der Argumente zu behandeln, die vom Kapitalismus angeführt werden, um die Theorie von Marx zu diskreditieren, aber ich muss doch eines von ihnen erwähnen. Ein äußerst erfolgreicher amerikanischer Geschäftsmann, Herbert Clark Hoover, wurde von den Alliierten damit beauftragt, die Nahrungsmittelversorgung während des Weltkriegs sicherzustellen, und wir müssen zugeben, dass Mr Hoover den Verpflichtungen seines Amtes eifrig und wirkungsvoll nachgekommen ist. Nach einiger Zeit in Europa kehrte Mr Hoover nach Amerika zurück, wo er vor Publikum erklärte, der europäische Sozialismus sei bankrott. Er sagte, die Nationen, die den Sozialismus übernommen hätten, hätten einen Niedergang ihrer Produktion erlitten und könnten nicht genügend Nahrung produzieren, um ihre Bevölkerungen zu ernähren. Hoover erklärte das damit, dass der Sozialismus jeden Wettbewerb vernichtet habe; dass sich dieses dann in der verminderten Produktion und in zunehmenden Problemen bei der gesamtwirtschaftlichen Entwicklung niederschlage. Er lenkte die Aufmerksamkeit auf die Tatsache, dass sich diese Situation am offensichtlichsten in Osteuropa zeige, und brachte dies als überzeugenden Beweis für das Scheitern des Sozialismus vor.

Dieses war eine fehlerhafte Schlussfolgerung auf Seiten von Mr Hoover. Zunächst einmal können ein paar Monate Beobachtungszeit keine adäquate Basis für eine solche pauschale Schlussfolgerung bieten. An zweiter Stelle versäumte er es, andere Faktoren in Betracht zu ziehen, die zu dem Leid und der Verzweiflung beigetragen haben könnten – und zweifellos beitrugen –, die ihn so sehr beschäftigten. Aber trotz allem weist seine Argumentation auf einen wichtigen Punkt hin, den wir nicht vernachlässigen sollten. Selbst einige Sozialisten haben Marx' Konzept eines nationalen Sozialismus angegriffen und sich gegen die Beharrlichkeit gewandt, mit der er darauf bestand, ökonomische Aktivitäten unter die Kontrolle der Regierung zu bringen. Tatsächlich haben sogar einige, die Marx' grundlegende Lehre akzeptiert haben, Zweifel an gewissen Aspekten seiner Theorie geäußert. Unter den Gründen dafür können wir an erster Stelle bemerken, dass in einigen Fällen, wo nach Marx' Empfehlung eine Regierungskontrolle aller ökonomischen Aktivitäten verwirklicht wurde, es offenbar tatsächlich zu einer Minderung der individuellen Initiative, einer Reduktion an Spontaneität, einer Verringerung der Anreize und so zu einer Regression auf feudale Einrichtungen gekommen ist. An zweiter Stelle: Selbst wenn das gesamte ökonomische Leben verstaatlicht wird, können begabte Kapitalisten, die ihre Erfahrung und ihre über die Jahre gewonnene Expertise nutzen, oft die effektive Kontrolle über Staatsunternehmen ausüben und diese zu ihrem eigenen Vorteil manipulieren. Wenn dies geschieht, wird die große Mehrheit der weniger talentierten Menschen relativ benachteiligt. Dergleichen geschieht, gleichgültig, wie wasserdicht die Theorie ist. Es scheint kein Weg daran vorbeizugehen.

An diesem Punkt müssen wir auf eine andere Schule des Sozialismus blicken, die wir in zwei Unterabteilungen einordnen können, den Gildensozialismus und den Syndikalismus. Russlands neue Verfassung scheint sich in großem Ausmaß auf diese beiden Typen von Sozialismus zu stützen. Ein fundamentales Charakteristikum ist hier das Widerstreben, sich auf einer wahrhaft nationalen Ebene zu organisieren, und ein generelles Misstrauen gegen die Effizienz einer zentralisierten Regierung. Sowohl der Gildensozialismus wie der Syndikalismus scheuen vor einer zu großen Abhängigkeit von der Regierung als solcher zurück; so sind zum Beispiel sowohl Gewerkschaften in den Vereinigten Staaten wie Syndikate in Europa so organisiert, dass sie Gruppen bilden, die sich auf gemeinsame Vorteile und Interessen gründen, und weniger von der Regierung als von den Gruppenmitgliedern abhängen. Dies ist der traditionellere Syndikalismus. Der Gildensozialismus, ein jüngeres Phänomen, beruht auf den gemeinsamen Interessen einer Anzahl von Leuten, die im selben Gewerbe beschäftigt sind. Diese Leute bilden freiwillige Assoziationen, die ihre eigenen ökonomischen Aktivitäten lenken. Jede Assoziation ist so etwas wie eine kleine Gesellschaft. Eine Anzahl solcher Gruppen mit verwandten Interessen können eine assoziierte Gesellschaft bilden, wobei jede gesonderte Gruppe ihren eigenen Plan und Organisationsstandard verfolgt und ihre eigenen inneren Angelegenheiten verwaltet, ohne von der Regierung abhängig zu sein.

In Europa hatte vom Mittelalter bis zur industriellen Revolution jedes Gewerbe seine eigene Zunft oder Gilde, die die Verantwortung für die wirtschaftlichen Praktiken und Angelegenheiten aller übernahm, die in diesem Gewerbe beschäftigt waren. Die meisten dieser Zünfte arbeiteten über einen Zeitraum von mehreren Jahrhunderten hinweg relativ erfolgreich. Sie sorgten ebenso für die Ausbildung der Lehrlinge, wie sie ihnen Löhne und Arbeitsbedingungen vorschrieben. Im vorindustriellen Europa genossen viele der Zünfte einen hohen Status, gründeten und finanzierten Schulen und übten direkt und indirekt Einfluss auf die Regierungen der Nationen aus, in denen sie beheimatet waren – bis zur Entwicklung des Individualismus, der die industrielle Revolution begleitete. Mit der Zeit wurden die Zünfte als Hindernis für die freie Entwicklung der Individuen betrachtet, und zur Zeit der Französischen Revolution kamen sie aus der Mode. Aber jetzt befürworten zeitgenössische Sozialisten eine Rückkehr zum Zunftsystem; sie sind der Ansicht, dass es dann, wenn man jedes Gewerbe als eine Einheit auffasst, möglich sein sollte, Gruppen zu bilden, um in einem demokratischen Geist die gemeinsamen Unternehmungen zu verwalten, statt so sehr von Regierungen abhängig zu sein. Mit dieser Idee vor Augen kann man das Zunftsystem durchaus als eine Art industrieller Demokratie ansehen.

Es gibt heute in China kommerzielle Zünfte, die, wie mir scheint, während dieser Periode, da China den Übergang von einer Heimindustrie zu einer ausgewachsenen industriellen Produktion erlebt, äußerst nützlich sein könnten. Es ist für uns wichtig, zu bestimmen, welche Aspekte des Gildensystems erhalten bleiben sollten, und Wege zu entdecken, auf denen wir eine professionelle Selbstachtung kultivieren können, indem wir eine effektivere Kommunikation unter Leuten fördern, die in demselben oder ähnlichen Gewerben tätig sind. Schließlich sind es die Gewerbetreibenden selbst, die die intimste Kenntnis dessen besitzen, was nötig ist und wo ihr eigenes Interesse und das ihrer Kollegen liegt. Chinesische Wissenschaftler sollten sich mit der Erforschung des Gildensystems befassen, mit dem Ziel, die Aspekte, die wirkungsvoll zum Fortschritt beitragen, zu bewahren.

Schon ganz zu Beginn dieser Reihe von Vorlesungen habe ich behauptet, dass die eigentliche Funktion der sozialen oder politischen Philosophie darin besteht, sich mit konkreten Problemen zu befassen und nicht lediglich mit Hilfe pauschaler Verallgemeinerungen einerseits bestehende Institutionen anzugreifen oder andererseits doktrinäre Lösungen für Probleme im Allgemeinen anzubieten. Meine Absicht ist es, die Aufmerksamkeit auf anscheinend getrennte Probleme zu lenken und Methoden vorzuschlagen, damit umzugehen. Heute schließe ich meine Vorlesung damit, Ihre Aufmerksamkeit auf zwei Probleme zu lenken, die von direktem und unmittelbarem Interesse für eine Zuhörerschaft sein sollten, die aus chinesischen Gelehrten und Studierenden besteht.

Zuerst das Problem, auf welche Weise China seine bedeutenden ökonomischen Ressourcen – seine Eisenbahnen, seine Straßen, seine Bodenschätze, seine Forsten und seine Handelswege – so entwickeln kann, dass sie nicht unter die Kontrolle einer Minderheit geraten, die der Versuchung erliegen könnte, sie zu ihrem eigenen Vorteil zu entwickeln. Diese Ressourcen sind eng verbunden mit dem öffentlichen Wohl und spielen, besonders in einer Zeit, da

China eine Transformation von einer Handwerks- zu einer industriellen Ökonomie erfährt, eine strategische Rolle bei der Gesamtentwicklung der Nation.

Zweitens das Problem der Mittel, durch die China die wünschenswerten Aspekte des Zunftsystems beibehalten kann, und der Wege, auf denen es diese durch gemeinsame Interessen verbundenen Gruppen zu den zentralen Einheiten der politischen Organisation machen kann. Wenn es das schafft und zufriedenstellende Maßnahmen trifft, damit solche Gruppen, direkt, als Gruppen, an den Wahlen teilnehmen können, dann besteht die viel größere Hoffnung, dass die Volksregierung umso schneller zu der Gesamtentwicklung der Nation beitragen wird. Weil die chinesische Version des Gildensystems einzigartig und charakteristisch ist, kann nur China die Antwort auf dieses Problem finden – aber wenn es sie findet, kann das Ergebnis auch anderen sich entwickelnden Nationen der Welt zum Vorteil gereichen.

Um alles, was wir heute gesagt haben, in einem Satz zusammenzufassen: Der Sozialismus, gleichgültig welcher Schattierung, ist um das eine Konzept des Wohls der Gesamtgesellschaft zentriert, und dieses Konzept – statt individueller Profit – sollte das Kriterium sein, anhand dessen die ökonomische Organisation und die ökonomischen Unternehmungen beurteilt werden. Genau dieses Konzept sollte unser Kriterium sein, wenn es um die konkreten Probleme geht, vor denen China heute steht.

10. Der Staat

In meiner Einleitung zu dieser Vorlesungsreihe habe ich die Probleme der sozialen und politischen Philosophie aufgezählt und sie unter drei Stichworte subsumiert – ökonomische Probleme, politische Probleme und die Probleme von Wissen und Denken, das, was wir manchmal als die geistige Seite des Lebens bezeichnen. Die Ökonomie haben wir schon abgehandelt; heute beginnen wir damit, unseren Blick auf die zweite Gruppe von Problemen zu werfen, diejenigen, welche unter die Rubrik der Politik fallen.

Allgemein gesagt, lassen sich die Probleme der Politik in vier Abteilungen unterbringen: (a) das Problem des Staates, seine Natur, sein Zuständigkeitsbereich usw.; (b) das Problem der Regierung, ihre Natur, ihre Funktion, ihr Zuständigkeitsbereich, zusammen mit Fragen nach der Rolle aristokratischer oder demokratischer Regierungen, direkte und indirekte Demokratie, und eigentlich sogar, ob es überhaupt eine Regierung geben muss; (c) das Problem des Gesetzes (*law*), seine Natur und seine Funktion; und (d) das Problem der Rechte und Verpflichtungen von Personen, einschließlich Fragen des Schutzes dieser Rechte und der Durchsetzung dieser Verpflichtungen durch das Gesetz.

Es brächte keinen besonderen Gewinn, wollte man versuchen, diese Probleme der Reihe nach abzuhandeln, wie ich sie gerade aufgezählt habe. Eine solche Diskussion wäre sowohl künstlich als auch irreführend und zudem unnötig komplex. Besser ist es, eine umfassendere Idee zu wählen, die alle vier Begriffe in eine Beziehung setzt: den Staat, die Regierung, das Gesetz und Rechte und Verpflichtungen. Von diesen Ausdrücken ist das Gesetz am ehesten zentral, denn Menschen müssen notwendig nach einem Gesetz der einen oder anderen Art handeln. Die einzigartige Bedeutsamkeit des Gesetzes liegt in seiner effektiven Durchsetzung durch den Staat. Wenn der Staat das Gesetz effektiv durchsetzt, werden politische Probleme in der Hauptsache zu juristischen Problemen. In der Politik fragen wir, ob irgendetwas legal oder illegal ist, das heißt, ob es mit dem Gesetz übereinstimmt oder gegen es verstößt; wir befassen uns mit der Bestrafung von Gesetzesbrechern, dem Problem des Strafrechts; und wir befassen uns auch mit den Prozessen, durch die Gesetze erlassen und durchgesetzt werden; wenn wir also durch alle Unterabteilungen unserer zweiten Hauptgruppe von Problemen, die politischen Probleme, hindurchgehen, finden wir, dass das Gesetz der zentrale Begriff ist.

Lassen Sie uns nun einen kurzen Blick auf das Problem des Staates werfen. Eine präzise Definition des Ausdrucks ist kaum möglich, und selbst, wenn sie möglich wäre, würde sie unseren Zwecken nicht besonders gut dienen. Es wird für uns viel nützlicher sein, über den Staat zu reden, als den Versuch zu machen, ihn in einem einzigen Satz zu definieren.

Ein Staat muss Menschen haben, und er muss ein Staatsgebiet haben – aber eine Fläche Land allein, auf dem Menschen leben, macht nicht notwendig einen Staat aus. Schauen Sie sich etwa Indien an – ein so riesiges Gebiet, dass man es als Subkontinent bezeichnet, eine Bevölkerung von Hunderten von Millionen von Menschen, die ihre eigenen Traditionen und Sitten haben, aber gleichwohl ist Indien kein Staat, sondern lediglich eine Kolonie Großbritanniens. Damit es einen Staat gibt, muss es zusätzlich zu Gebiet und Bevölkerung eine politische Organisation oder eine Regierung geben. Aber die Regierung ist nicht der Staat; sie ist nur eine Organisation oder ein Instrument des Staates.

Manchmal sagt man, dass der Staat eine soziale Organisation ist, die die Macht hat, das Verhalten seines Volkes zu kontrollieren. Aber der Historiker weiß sehr gut, dass es viele nichtstaatliche Kontrollen gibt. Der *pater familias*, das Oberhaupt eines *Klans*, der Stammeshäuptling – all dieses sind Beispiele für Akteure einer sozialen Kontrolle, die dem Staat, wie wir ihn kennen, vorangingen. Selbst in der heutigen Welt wird das Verhalten durch alle Arten von Organisationen kontrolliert – freiwillige Zusammenschlüsse, Kirchen, geschäftliche und industrielle Korporationen usw. Der Staat ist in einem gewissen Sinne mehr oder weniger diesen Organisationen analog. Vielleicht gewinnen wir ein besseres Verständnis von der Natur des Staates, wenn wir, statt ihn direkt zu prüfen, den indirekten Ansatz wählen.

Wenn wir das tun, bietet sich folgendes Bild: Wann immer Leute zu irgendeiner Art von Zusammenleben zusammenkommen, stehen sie vor der Notwendigkeit des Organisierens, und sie formulieren Regulierungen und Richtlinien, um das Verhalten der Gruppenmitglieder zu lenken. Irgendeine Form von Restriktion ist unvermeidlich – nicht nur in einem Staat, sondern sogar in einer Anarchie. Obgleich Anarchisten dem Staat die Autorität absprechen, zu herrschen oder dem Verhalten der Individuen irgendwelche Restriktionen aufzuerlegen, erkennen sie an, dass es notwendig irgendeine Art von Regulierung des menschlichen Verhaltens geben muss. Die anarchistische Bewegung in Amerika verlangt von Anwärtern auf Mitgliedschaft eine schriftliche Erklärung ihrer Bereitschaft, Regulierungen zu beachten, die es Mitgliedern verbieten, Angestellte des Staates zu sein, zu wählen, für politische oder öffentliche Ämter zu kandidieren oder irgendeine andere Verbindung zu der formalen institutionalisierten Regierung zu haben. Diese Restriktion ist qualitativ nicht von den Restriktionen verschieden, die der Staat in Form von Gesetzen auferlegt, die ein bestimmtes Verhalten verbieten.

Anarchisten wenden sich gegen die Existenz des Staates an sich. Da sie eine Gesellschaft befürworten, die auf der freien Zustimmung von Individuen in freiwilligen Assoziationen beruht, erkennen sie die Autorität des Staates nicht an. In ihren Augen ist die Durchsetzung von Gesetzen durch den Staat, besonders, wenn dabei Gewalt oder Zwang (*force*) angewendet wird, ein ungerechtfertigter Eingriff in die individuelle Freiheit.

Das Problem der Gewaltanwendung durch den Staat, um das Verhalten seiner Bevölkerung zu kontrollieren, ist freilich auch für Nichtanarchisten von Bedeutung. Graf Leo Tolstoi aus Russland zum Beispiel war überzeugt, die Anwendung von Gewalt für irgendeinen Zweck zu irgendeiner Zeit sei niemals gerechtfertigt. Aber wenn der Staat weder Polizei noch Truppen einsetzen könnte, würde er seinen Daseinszweck verlieren. Also müssen wir, bevor wir andere Aspekte des Problems behandeln können, die Streitfrage klären, ob Gewaltanwendung jemals gerechtfertigt ist.

Selbst diejenigen, die sich unzweideutig gegen die Anwendung von physischer oder legaler Gewalt wenden, räumen die Unausweichlichkeit moralischer oder psychologischer Kräfte wie etwa Überredung, Belehrung oder Maßregelung ein. Aber dies wirft die Frage auf, ob es eine gültige Unterscheidung zwischen psychischer und physischer Gewalt gibt. Wie ich es sehe, kann eine solche klare Unterscheidung nicht getroffen werden. Selbst der despotischste Tyrann könnte nicht alle seine Leute mittels physischer Gewalt beherrschen. Weder könnte er die gesamte Bevölkerung einsperren noch ihr Handschellen anlegen noch ihr befehlen, gegen ihren Willen dies zu tun und jenes zu lassen. Er kann erfolgreich nur dann regieren, wenn er irgendeine Art psychologischer Kontrolle über seine Untertanen ausübt. Er kann dafür sorgen, dass die Leute physische Bestrafung und Einkerkerung befürchten, oder er kann sie davon überzeugen, dass es wirklich in ihrem eigenen Interesse ist, seinen Diktaten zu folgen, sodass sie es tun wollen – aber dies ist psychologische Kontrolle, keine Anwendung von physischer Gewalt. Trotzdem hängt diese psychologische Kontrolle mit der Möglichkeit zusammen, dass physische Gewalt angewendet werden wird. Sie können sehen, dass es nicht einfach ist zu sagen, wo das eine aufhört und das andere beginnt.

Die Geschichte bietet uns unzählige Beispiele für die üblen Konsequenzen, die die staatliche Gewaltanwendung hatte. Aber wenn wir das genauer analysieren, entdecken wir, dass das wirkliche Problem nicht darin besteht, dass Gewalt ein Übel *per se* ist, noch darin, ob Gewalt überhaupt angewendet werden sollte oder nicht, sondern dass es eher das Problem ist zu bestimmen, wann und wie Gewalt angemessen und weise angewendet werden kann – nicht *ob*, sondern *wie*. Wir wenden uns nicht gegen Bestrafungen wie Massenverhaftungen oder -fesselungen, gegen das Verprügeln oder Erschießen von Menschen, weil wir den Gebrauch von Gewalt an sich verwerfen, sondern weil es schlechte Folgen hat, diese Art von Gewalt in dieser Form anzuwenden. Dieses Übel ist zweifacher Art: auf der einen Seite trägt es zur Gefühllosigkeit und Grausamkeit auf Seiten derer bei, von denen es ausgeht, und auf der anderen Seite hat es zur Folge, dass die, die der Strafe ausgesetzt sind, verzweifelt versuchen, der Bestrafung zu entgehen. Je grausamer und ungerechter das Gesetz ist, umso geschickter und entschlossener vermeidet der Gesetzesbrecher seine Bestrafung. Wenn wir also bestimmte Gewaltmaßnahmen wegen ihrer unerwünschten Konsequenzen ablehnen, lehnen wir keineswegs die Verwendung von irgendeiner Form von Gewalt insgesamt ab.

Mentale oder psychische Gewalt kann nur durch physische Gewalt zum Ausdruck gebracht werden. Der Gedanke in unserem Geist zum Beispiel kann nur durch den physischen Akt des Sprechens oder Schreibens, des Gestikulierens, des Grimassierens usw. ausgedrückt werden. Wie viel wäre ein Gedanke wert, wenn er auf ewig im Geist behalten würde und nicht durch die Ausübung der

Muskeln der Kehle oder des Gesichtes oder der Hände anderen bekannt gemacht würde? Wenn ich in die Stadt gehen will, muss ich meinen Wunsch dadurch zum Ausdruck bringen, dass ich den Raum verlasse, in den Wagen steige, dem Fahrer sage, wohin er mich bringen soll usw. – aber all dies sind physische Handlungen. Ich will damit nur sagen, dass das Problem nicht darin besteht, *ob* man mentale oder physische Gewalt anwenden soll, sondern eher darin, *wann* und *wie* man Gewalt anwenden soll – zu erkennen, dass in allen Beispielen sowohl psychische wie physische Faktoren im Spiel sind.

Gewalt sollte weise und ökonomisch angewendet werden, nicht verschwenderisch oder rücksichtslos. Es ist zum Beispiel für zwei wohlmeinende Personen sehr wohl möglich, miteinander im Clinch zu liegen, einfach weil sie ihre Kräfte in der gemeinsamen Unternehmung ungeschickt einsetzen. Die Funktion von Recht und Politik besteht darin, die Anwendung von Kraft oder Gewalt so zu kanalisieren, dass bei ihrer Übersetzung in physische Manifestationen die Möglichkeit des Konflikts reduziert und die Gefahr von verschwendeter Energie vermieden wird.

Als ich in der ersten Vorlesung dieser Reihe die Funktion der politischen und sozialen Philosophie diskutierte, habe ich auf die Vergeblichkeit hingewiesen, bestehende Institutionen durch pauschale Verallgemeinerungen zu verteidigen oder anzugreifen, und darauf bestanden, dass man jeden individuellen Fall als ein konkretes Problem prüfen und beurteilen sollte. Wir müssen uns dies vor Augen halten, wenn wir über Gewalt sprechen – wir müssen bestimmen, welche Methoden, Gewalt anzuwenden, gut und human und welche übel und inhuman sind –, statt an unserer Meinung festzuhalten und eine Entweder-oder-Haltung zu der Frage einzunehmen, ob Gewalt angewendet werden sollte oder nicht.

Welches sind die Kriterien, nach denen wir eine solche Prüfung vornehmen und ein solches Urteil fällen können? Ich glaube, für unsere gegenwärtigen Zwecke werden zwei Kriterien genügen.

Das erste Kriterium ist das öffentliche Wohl – wenn die Anwendung von Gewalt zum öffentlichen Wohl beiträgt, ist sie gut; geschieht sie zu eigennützigen Zwecken, ist sie übel. Wir können zum Beispiel sagen: Als William der Eroberer seine militärische Macht benutzte, um in England einzufallen und die Angelsachsen zu unterjochen und auszubeuten, griff er auf eine Art von Gewaltanwendung zurück, die nach diesem Kriterium übel war. Dasselbe Prinzip gilt gleichermaßen für die internen Angelegenheiten einer Nation wie für internationale Beziehungen.

Das zweite Kriterium ist der Grad, zu dem die Anwendung von Gewalt zur maximalen Entwicklung von Wissen und Denken führen kann. Wenn Gewalt zur Zerstörung oder Unterdrückung von Wissen führt oder wenn sie Menschen weniger willens und fähig macht zu denken, ist sie von Übel; genauso wie Gewalt, die die Entwicklung von Wissen fördert und zur Fähigkeit zu denken beiträgt, gut ist – und dies ist besonders wichtig, weil die Qualität der Erkenntnisse und des Denkens des Volkes bestimmt, ob die weitere Anwendung von Gewalt klug und für menschliche Zwecke hilfreich sein wird.

Wenn wir diese Kriterien anwenden, müssen wir uns erinnern, dass Gewalt oder Kraft auf drei Ebenen angewendet werden kann. Die erste von ihnen ist einfach der Aufwand an physischer Energie – die Art von Energie, die bei jeder menschlichen Aktivität unentbehrlich ist. Ein Schreiner etwa, der einen Tisch herstellt, muss eine Säge verwenden, eine Drehbank, einen Hammer, einen Hobel, Sandpapier und so weiter – und bei der Verwendung jedes dieser Werkzeuge wendet er Energie auf. Wir verbrauchen Energie, wenn wir unsere Nahrung kauen oder wenn wir reden. Tatsächlich wenden wir bei allem, was wir tun, Energie auf.

Die zweite Ebene, an der wir interessiert sind, ist die von Zwang und Widerstand. Wenn irgendjemand in die Handlungsfreiheit eines anderen eingreift, muss der Letztere irgendeine Art von Kraft aufwenden, um dem Ersteren Widerstand zu leisten. Das Problem an dieser Stelle ist, wann, wie und wie viel Gewalt anzuwenden ist. Wann ist eine Nation gerechtfertigt, militärische Gewalt gegen eine andere einzusetzen? Wann ist eine Regierung gerechtfertigt, Polizeigewalt anzuwenden, um das Volk an bestimmten Aktivitäten zu hindern? Es gibt natürlich Zeiten, zu denen eine solche Gewalt angewendet werden muss. Aber deren Art und Grad muss durch die Natur und Strenge der Gewalt bestimmt werden, der man sich gegenübersieht. Je heftiger und grausamer die Natur der verletzenden Gewalt ist, desto eher ist die Zuflucht zu Zwangsmaßnahmen gerechtfertigt, um ihr zu widerstehen.

Die dritte Ebene der Gewalt, mit der wir uns befassen, ist Gewalttätigkeit – eine vollständig negative, destruktive Kraft, die beinahe immer verschwenderisch ist. Energie ist Kraft, angewendet, um einen bestimmten Zweck zu erreichen; Widerstand ist Kraft, die angewendet wird, um der Gewalttätigkeit zu begegnen; Gewalttätigkeit ist Kraft, die aufgewendet wird, um gar nichts zu erreichen – oder im besten Falle irgendetwas Destruktives und nichts, was der Mühe wert ist. Das alte Strafrecht trug in Wahrheit zu den verdorbenen Begierden der Autoritäten selber bei, wenn es auf grausame Bestrafungen wie etwa Enthauptung oder Verstümmelung – auf die *lex talionis* – zurückgriff. Die Resultate waren für die Autoritäten sowohl negativ als auch reine Verschwendung, da Familienmitglieder des Opfers auf Rache sannen oder sich in ihrer Entschlossenheit, einer Strafe zu entgehen, bestätigt fühlten. Gewalttätigkeit ist sowohl bei den inneren Angelegenheiten einer Nation wie in internationalen Beziehungen sinnlos. Soweit es Gewalt betrifft, besteht unser Problem also darin, Wege zu finden, sie auf der ersten Ebene anzuwenden – Energie oder die bewusste Verwendung von Kraft, um einen Zweck zu erreichen. Je konstruktiver und ökonomischer die Anwendung von Kraft ist, umso besser für alle Betroffenen. Wir müssen herausfinden, wie man die dritte Ebene – Gewalttätigkeit – vermeiden kann, um der Notwendigkeit zu entgehen, zu der zweiten Ebene unsere Zuflucht zu nehmen – Widerstand. Nur wenn wir diese Dinge im Auge behalten, können wir intelligente Urteile über die Verwendung von Gewalt fällen.

Wir haben eben gesagt, dass sich bessere Resultate ergeben, wenn Gewalt konstruktiv und ökonomisch angewendet wird; schlechtere Resultate, wenn sie destruktiv und verschwenderisch angewendet wird. Diese Kriterien der Wirtschaftlichkeit und Konstruktivität sind anwendbar in der Familie und in Geschäftssituationen wie auch in nationalen Angelegenheiten – aber heute diskutieren wir den Staat. Es ist gut für den Staat, Energie für die Entwicklung der Erziehung aufzuwenden, für die Ausbeutung seiner Bodenschätze, für den Bau von Eisenbahnen, Schnellstraßen und Häusern für die Bevölkerung; aber es ist schlecht, wenn der Staat Gewalt anwendet, um Menschen zu töten.

Warum wird der Staat zu einer Organisation, die die höchste Macht hat? Einfach deshalb, weil Menschen Gerechtigkeit verlangen. Wenn zwei Menschen in Konflikt geraten, müssen sie eine dritte Person finden, die entscheidet, wer von ihnen recht hat. Wenn sie nicht übereinstimmen oder wenn einer findet, dass seine

Interessen in Opposition zu denen seines Nachbarn stehen, müssen sie sich auf jemand anders verlassen, um in dieser Angelegenheit zu vermitteln und eine Lösung für ihr Problem zu finden, denn es ist schwierig für Menschen, in ihren Urteilen gerecht zu sein, wenn sie selbst in den Streit verwickelt sind. Aber nicht jede beliebige dritte Partei kann ein Urteil fällen, das beide Diskutanten akzeptieren werden. Menschen haben eine natürliche Neigung, sich an eine Macht zu wenden, die größer ist als sie selbst, eine Macht, die Entscheidungen treffen kann, zu deren Gerechtigkeit sie Vertrauen haben – und aus dieser Tendenz heraus haben sie die Institution des Staates entwickelt und ihn so eingerichtet, dass seine Macht die höchste ist.

Sie können fragen, warum die dritte Partei, die nötig ist, um Urteile zu fällen und eine gerechte Konfliktlösung herbeizuführen, nicht etwa die Familie, die Kirche, die Firma oder die freiwillige Organisation ist. Diese Institutionen tun dieselbe Sache – aber die Reichweite ihrer Macht und Autorität ist begrenzt, und sie können es deshalb nur in geringerem Umfang leisten. Obendrein kann eine Streitpartei manchmal Mitglied einer dieser kleineren Gruppierungen sein und ihr Gegner würde sehr wahrscheinlich eine Entscheidung, die in einem solchen Fall zustande kommt, nicht als gerecht akzeptieren. Diese Art von Situation schafft die Notwendigkeit einer umfassenderen Organisation. Je komplexer eine Kultur ist, desto enger sind alle sie ausmachenden Organisationen miteinander verknüpft, und umso größer ist das Bedürfnis nach einer vermittelnden Macht, die größer ist als jeder Einzelne von ihnen – daher die Notwendigkeit für den Staat mit seiner obersten Gewalt.

Anarchisten, die die Idee des Staates verwerfen, sind der Meinung, dass Menschen die Freiheit haben müssen, ihre eigenen Urteile zu fällen. Einige von ihnen wenden sich besonders gegen das Eingreifen in persönliche Angelegenheiten wie Liebe und Ehe, weil sie der Meinung sind, dies seien Angelegenheiten für ein individuelles Urteil. Nun stimmen die meisten von uns zwar gewiss zu, dass junge Leute einen großen Freiraum haben sollten, ihre Gefährten auszuwählen und selbst die Personen zu bestimmen, die sie heiraten wollen. Aber die Ehe ist ebenso eine soziale Institution wie eine persönliche. Wir könnten sicherlich solche Dinge wie Scheidung und Sorgerecht nicht dem unabhängigen Urteil der Beteiligten überlassen. Dieses ist nur eins der Probleme, die auf eine systematische Weise gehandhabt werden müssen; es gibt ungezählte andere. Je fortschrittlicher eine Gesellschaft wird, desto mehr Dispute und Interessenkonflikte müssen durch eine dritte Partei geschlichtet werden. Schließlich gelangen wir zu dem Punkt, an dem diese dritte Partei die allumfassende und permanente Institution ist, die wir als den Staat kennen.

Nachdem wir gesehen haben, wie der Staat entsteht und zu der permanenten Organisation der höchsten Gewalt der Gesellschaft wird, können wir zu dem Problem zurückkehren, das wir uns am Anfang dieser Vorlesung gestellt haben, nämlich dem Kriterium, nach dem wir den Staat bewerten. Der Grund, weshalb ein Staat die höchste Gewalt ausüben kann, ist, wie wir gesehen haben, dass er das effektivste Mittel für das Wohl der gesamten Öffentlichkeit ist. Eine kleinere Organisation kann weder die höchste Gewalt ausüben noch kann man sich an sie für ein endgültiges Urteil wenden, weil jede solche Organisation nur ein Segment der gesamten Öffentlichkeit repräsentiert.

Um zusammenzufassen, was wir gesagt haben: Der Staat wird als gut beurteilt, wenn er das allgemeine öffentliche Wohl repräsentiert; aber er ist nicht gut, gleichgültig, ob er Demokratie oder anders genannt wird, wenn er die Interessen einer Minderheit seines Volkes oder eines Monarchen und seiner Verwandten oder einer einzelnen politischen Partei oder einer einzelnen ökonomischen Klasse vertritt. Das fundamentale Problem in der Politik besteht darin, einen Staat aufzubauen, der durchweg dem Wohle aller seiner Angehörigen dient.

Notizen zur zehnten Vorlesung

Wir kommen jetzt zu einer Diskussion des spezifisch politischen Aspekts des sozialen Lebens. Er lässt sich durch die Natur der Probleme, mit denen er zu tun hat, genauer bestimmen. Das sind Fragen wie I) Natur und Zweck des Staates oder das Problem der politischen *Autorität*; II) Natur und Verfassung der Regierung, oder die *Instanzen der Ausübung der Autorität*, der Wert verschiedener Formen der Regierung, wie Monarchie, Imperium, Aristokratie, Demokratie, reine *versus* repräsentative Demokratie, die legitimen Gewalten der Regierung, Legislative, Exekutive, Judikative und die

Beziehungen zwischen ihnen etc.; III) Natur und Reichweite des Rechts, seine Beziehung zur Regierung einerseits und zum Bürger andererseits; IV) das System der legalen Rechte und Pflichten oder Verpflichtungen, in denen das Rechtssystem konkret und wirksam wird. Wenn wir versuchen, den Begriff des Politischen zu *definieren*, statt die verschiedenen Probleme, die in der Diskussion angesprochen werden, einzeln aufzuzählen, ist es vielleicht hilfreich, wenn wir zwei Dinge beachten. Erstens: Der Begriff des Rechts zieht sich durch alle erwähnten Probleme hindurch. Zweitens: der Begriff, dass Recht eine *Autorität* besitzt, die nicht einfach *moralischer* Natur ist – das heißt, die nicht lediglich auf ihrer Anerkennung durch das individuelle Gewissen beruht, sondern die sogar gegen persönliche Wünsche von einer allgemeinen Behörde *durchgesetzt* wird. Sobald wir näher ins Auge fassen, was ein Einzelner *legal* tun kann und was er nur illegal tun kann, und welche Behörden und Ämter vorschreiben, was legal ist und was nicht, und ihn innerhalb der Sphäre seiner *legalen* Aktivitäten schützen und ihm in seinen *illegalen* Aktivitäten Schranken setzen, ihn zügeln und bestrafen, bewegen wir uns in der Sphäre politischer Diskussion.

Wir beginnen die Diskussion mit einer Erwägung der Bedeutung des *Staates* als höchster politischer Autorität. Wir müssen freilich bemerken, dass Gesetz und Autorität nicht koextensiv mit dem Staat sind, wie wir ihn heute kennen, und dass die gegenwärtige Identifikation des Problems der Natur des Staates mit der Natur der politischen Autorität, der Macht, Gesetze zu erlassen und durchzusetzen, das Produkt einer historischen Entwicklung ist, die nicht überall im selben Ausmaß vor sich gegangen ist – dass zum Beispiel viele der gegenwärtigen Probleme Chinas eng mit der Tatsache verknüpft sind, dass China sich Völkern und Ländern gegenübersieht, die die Bildung und Konsolidierung des Staates als Zentrum sozialer Regulierung weiter getrieben haben als es selbst. Wie schon oben bemerkt, war die Familien- und Stammesorganisation, die auf wirklichen oder zugeschriebenen Blutsbanden basiert, zweifellos die erste Organisation, die Macht ausübte, die bestimmte, was ihre Mitglieder tun und nicht tun konnten, und die sie belohnte und bestrafte. Ihr entstammte auch die paternalistische oder selbst patriarchalische Auffassung vom Staat, als Letzterer entstand, und sie wurde, im Zusammenhang mit bestimmten religiösen und moralischen Bekenntnissen, zum Rückgrat des absolutistischen Staates, des Staates, der seinen mystischen Mittelpunkt in einer einzigen Familie oder einem bestimmten Individuum von halbgöttlichem oder übermenschlichem Charakter hat – ein Imperator, Caesar, Mikado. Selbst die extremste Form des politischen Anarchismus – diejenige, die die Abschaffung des Staates fordert – muss immer noch die Existenz irgendeiner sozialen Gruppe anerkennen, die, als Gruppe, einige Kontrolle und Disziplinargewalt über ihre Mitglieder ausübt – Vereinigungen, Gesellschaften, Korporationen, Partnerschaften, Schulen, Kollektive[9] und so fort. Es wirft Licht auf die Probleme der Politik, wenn man bemerkt, dass jede solche Organisation niedergeschriebene oder auch ungeschriebene Regeln und Regulierungen kennt. Obwohl der Anarchist das Recht jedes Einzelnen betont, nach Lust und Laune einer solchen Organisation beizutreten oder sie zu verlassen, so muss er trotzdem zugeben, dass Kinder zum Beispiel nicht in der Lage sind, eine solche Wahl zu treffen, und dass der Beitritt zu einer dauerhaften Organisation dauerhafte Verpflichtungen zur Folge hat – das heißt, dass man sich einer Autorität unterordnet. Ich kannte zum Beispiel eine anarchistische Gesellschaft in den Vereinigten Staaten, wo jedes Mitglied sich verpflichtete, niemals wählen zu gehen oder ein Amt zu bekleiden und so wenig wie möglich mit der Regierung und Amtspersonen zu tun zu haben. Die *Verpflichtung* auf diese Organisation glich vollkommen der Akzeptanz einer politischen Autorität. In der Praxis wird man finden, dass der Anarchismus, oder die Leugnung des Wertes und der Gültigkeit aller *politischen* Ideen und Aktivitäten, seinen Mittelpunkt in zwei Dingen hat: dem Misstrauen gegenüber dem Staat in seiner jetzigen Form als einer nützlichen politischen *Instanz* – nicht so sehr eine Leugnung der Politik als vielmehr eines bestimmten *Organs* als des besten *Instruments* sozialer Regulierung, und zweitens in dem Glauben, Ausübung *physischer Gewalt* im Dienste von Zwang oder Unterdrückung sei niemals zu rechtfertigen. Der erstgenannte Punkt ist, obgleich wichtig, offensichtlich sekundär. Nun gilt aber die Anwendung von Gewalt gewöhnlich als Abgrenzung des Bereichs des Legalen und Politischen von dem rein Moralischen. Infolgedessen ist dieses Problem zentral. Was, wenn überhaupt etwas, ist die Rechtfertigung für die Anwendung von Gewalt im Zusammenhang mit der Beachtung des Gesetzes,

9 Gelesen: *collectives* statt *collectively* (Anm. d. Übers.).

der Regeln,[10] und mit der Bestrafung der Abweichung von den Regeln, die jeder dauerhaften sozialen Organisation inhärent sind? Soll es den Einzelnen überlassen bleiben, die einzigen Richter zu sein? Soll die einzige Strafe in sozialer Missbilligung bestehen, die in rein moralischer Form und ohne reguläre Mittel zum Ausdruck gebracht wird – das heißt eine Übereinkunft auf Seiten aller Mitglieder der Gemeinschaft, sich zu weigern, mit jemandem zu reden, der eine bestimmte Sache getan hat, würde ganz gewiss politische Organisationen voraussetzen und könnte physische Konsequenzen haben, Krankheit und Tod. Ist es falsch, Gewalt anzuwenden oder Gewalt anzudrohen, um Dinge durchzusetzen, die ein Individuum nicht zu tun wünscht, oder sie anzuwenden, um seine Handlungsfreiheit einzuschränken – ihm Eigentum wegnehmen, ihn ins Gefängnis stecken oder zu Tode bringen?

Man sollte dabei Folgendes berücksichtigen:

1. Es ist nicht möglich, absolut scharf zwischen dem Moralischen und dem Physischen zu trennen. Der Streitfrage dreht sich nicht um physische Gewalt auf der einen und moralische Gewalt auf der anderen Seite. Sie dreht sich um eine intelligente und konstruktive und eine negative, verschwenderische, destruktive Anwendung physischer Gewalt. Physische Gewalt muss auf jeden Fall angewendet werden. Das Problem besteht darin, ihre Anwendung zu regulieren, um die besten Resultate zu erzielen; die moralische Frage hat mit ihrer Anwendung zu tun, soweit sie anhand ihrer Konsequenzen gemessen oder beurteilt wird. Physische Gewalt, selbst eine von einem despotischen Staat ausgeübte, operiert in den meisten Fällen geistig vermittelt – durch die Androhung von Strafe. Sie appelliert an ein Motiv, und von daher kommt ein moralischer Faktor ins Spiel. Das Problem ist, dass das Motiv weitgehend negativ ist, Furcht, Scheu, der Wunsch, sich aus Problemen herauszuhalten, Motive, die die menschliche Energie unterdrücken und vereiteln, statt sie bei denjenigen,[11] gegen die sich die Androhung von Strafgewalt richtet, zweckmäßig einzusetzen, während sie bei denen, die sie ausüben, nur die rudimentärsten geistigen Energien stimuliert. Der Besitz von Gewalt ist eine derart bequeme Ressource, dass er weder zu Voraussicht noch Klugheit oder der Erwägung komplexer Faktoren anregt. Indem er nur die roheren menschli-

10 Gelesen: *of rules [of notion]* (Anm. d. Übers.).

11 Gelesen: *those* [upon] *when* (Anm. d. Übers.).

chen Kräfte weckt, ermutigt er auch zu ihrer irregulären, unkoordinierten Anwendung – was wir Willkürhandeln nennen. Selbst dort, wo die Gewaltanwendung von Seiten der Beamten an sich durch das Gesetz reguliert wird, wird ein Großteil der Gewalt doch wohl töricht angewendet – etwa in den gewöhnlichen Gefängnissen und Zuchthäusern. Gewalt wird weise angewendet, wenn sie dazu dient, Aufmerksamkeit zu wecken, Menschen zu veranlassen, nachzudenken, ihre Handlungen zu überdenken, Pläne zu machen, die besser geeignet sind, die Ordnung aufrechtzuerhalten. Sie wird unklug verwendet, wenn sie nur emotionale Reaktionen erzeugt, Furcht, Empörung, Hass, Widerspenstigkeit, oder wenn sie die Beobachtungs- und Denkfähigkeit einschläfert und unterdrückt.

Andererseits ist moralische Gewalt ohne einen physischen Ausdruck eine Unmöglichkeit. Jeder Akt erfordert physische Energie zu seiner Ausführung und ändert auf irgendeine Weise die Umwelt. Die Verwendung von Urteil, Überredung, Begründung, Appell an das Gewissen, Darlegung des Falles sind entschieden moralisch, aber sie können nur durch physische Mittel zum Ausdruck kommen. Sarkasmus kann ebenso schmerzhaft sein wie ein Peitschenhieb, Tadel kann schwerer zu ertragen sein als eine Ohrfeige. Obendrein muss der Sprachgebrauch kein adäquater Beweis für einen echten Glauben oder eine echte Überzeugung sein. Ob hier mehr im Spiel ist als nur große Reden, erweist sich nur in dem, was eine Person zu tun bereit ist. Worte sind Schall und Rauch. Ist die Person willens, ihren Worten Taten folgen zu lassen? Die Bereitschaft, aufgrund einer Überzeugung zu handeln, auch wenn es ein Risiko in sich birgt, ist der universale Beweis, dass eine Idee wirklich ist. Ideen und Ideale, an deren *Durchsetzung* den Personen nicht das Geringste liegt, für deren Ausführung sie keinen Finger krumm machen wollen, sind irreal.

Wenn moralische Gewalt nicht von physischer getrennt werden kann, was ist dann damit gemeint? Zwei Elemente in der moralischen Gewalt; sie setzt *Gemeinsamkeit des Interesses*, nicht Feindseligkeit voraus. Sie nimmt an, dass beide Parteien ein gleiches Interesse daran haben, Verständigung und Beilegung des Streites zu erreichen, und dass die jeweils andere Partei willens ist, sich gütlich zu einigen. Oftmals nimmt die Anwendung von Gewalt – selbst zugunsten von Gerechtigkeit und Recht – Feindseligkeit, Antagonismus und eine mangelnde Bereitschaft der anderen Seite an, zu einer vernünftigen und richtigen Lösung zu gelangen. So kommt es zu Reibungen und wechselseitigen Vorwürfen. Die andere Seite nimmt an, dass sie ihren Anspruch nur durchsetzen kann, indem sie Zuflucht zur Gewalttätigkeit nimmt. Die Erregung von Empörung und Böswilligkeit produziert mehr neue Streitigkeiten, als alte beigelegt wurden. Der Einsatz von Überredung, Diskussion, setzt Vernunft und zumindest moderate Freundlichkeit auf Seiten der anderen Partei voraus. Freundlichkeit ist manchmal entwaffnend. Deshalb sollte selbst dann, wenn diese Methode der Überredung durch ein Argument wegen mangelnder Bereitschaft der anderen Partei nicht weiterverwendet werden kann, Gewalt statt als Selbstzweck so eingesetzt werden, dass sie Aufmerksamkeit und Nachdenken fördert. Es kommt darauf an, welche Art von Gewaltanwendung am ehesten zu einer vernünftigen Haltung führt. Passiver oder aktiver Widerstand, Bestrafung oder Isolierung, Abbrechen der Beziehungen?

Wir können drei Grade der Gewalt unterscheiden. (1) Erstens Macht, Energie bei der Durchführung von Zielen, was nicht nur ein Beweis für guten und aufrichtigen Glauben ist, sondern auch die einzige Möglichkeit, wie diese moralischen Ideen irgendwie mehr sein können als unproduktive innere Gefühle. Der zweite Grad ist eine Verwendung von Energie, die andere beunruhigt oder ihnen Schmerz, Leid oder Verlust zufügt. Nun rechtfertigt die Tatsache, dass dies durch den Staat statt durch ein Individuum geschieht, dies noch nicht von selbst. Die Frage ist, ob sie so verwendet wird, dass der Verlust die andere Seite zur Vernunft bringt und den Umgang mit ihr unter Bedingungen möglich macht, die für beide von Nutzen sind. Dann, an dritter Stelle, gibt es Gewalttätigkeit – Gewalt, die destruktiv, schädlich, ohne jede erzieherische oder wiedergutmachende Wirkung überhaupt ist – eine, die ganz im Dienst der Zerstörung steht. Es muss zugegeben werden, dass viele Handlungen von Staaten wie auch von privaten Individuen, und zwar im Frieden wie im Krieg, nach diesen Kriterien als Gewalttätigkeit beurteilt und deshalb moralisch verurteilt werden müssen. Der Bau von Schulen allerdings ist beinah vollständig eine konstruktive Tat. Schulen brauchen Geld. Wenn eine Gruppe von Personen sich weigert, dazu beizutragen, kann unter Umständen Gewalt angewendet werden, um sie eines Besseren zu belehren (Steuern zu zahlen) wie auch die konstruktive Arbeit weiter fortzuführen. Fälle von legitimem Zwang und Druck fallen in diese Klasse.

Wir wollen eine weitere Erwägung hinzufügen, um damit die theoretische Rechtfertigung einer gewissen Form von Gewaltanwendung durch den Staat als Organisation zu vervollständigen. Es ist gesagt worden, dass jedes soziale Ideal auf Tatsachen beruhen muss, auf den Notwendigkeiten der menschlichen Natur und der Welt. Nun gehören Gefühle von Ungerechtigkeit, Empörung und Wiedergutmachung zur menschlichen Natur. Wenn es keine öffentliche Justiz gibt, werden Privatpersonen Bestrafung und Vergeltung in die eigenen Hände nehmen. Am Ende gibt es mehr irreguläre, verschwenderische, destruktive Gewalt, mehr Übergriffe auf die Freiheit anderer, als wenn es ein öffentliches Gewaltreservoir gäbe. Staatliches Handeln ist ein ökonomisches Anzapfen dieses Reservoirs, ein Umleiten des privaten Handelns. Der Fall lässt sich im Krieg zwischen Nationen beobachten. Was gebraucht wird, ist ein höherer Richter und Administrator. Ohne einen solchen bewaffnet sich jede individuelle Nation selbst und nimmt Zuflucht zur Gewalt, wenn sie glaubt oder sich einbildet, dass ihr Unrecht geschehen ist. So herrschte vor der Institution von mit Gewalt ausgestatteten öffentlichen Behörden die ganze Zeit über mehr oder weniger eine Fehde, ein Privatkrieg. Darüber hinaus kommen sich Personen auch ohne alle bösen Absichten in die Quere und fügen einander Leid zu, während jede ihre eigenen Pläne ausführt. Irgendeine Art von unparteiischem Schiedsrichter mit Entscheidungsgewalt ist nötig.

Diese Argumente begründen nicht endgültig, dass der Staat Schiedsrichter und gleichzeitig Vollstrecker sein soll. Sie weisen nur auf die Notwendigkeit irgendeiner außenstehenden Partei jenseits der unmittelbar betroffenen Individuen hin. Wenn freilich soziale Beziehungen immer komplizierter werden und ein immer größerer Bereich von Interessen betroffen ist, wenn die Konsequenzen von Handlungen sich über das Individuum hinaus auf dritte Parteien erstrecken, dann muss das Handeln der eingesetzten Behörde immer dauerhafter und umfassender werden. Zum Beispiel ist der offensichtliche Einwand gegen die anarchistische Theorie der vollkommen freien ehelichen Beziehungen, ohne öffentliche Überwachung oder überhaupt eine Kontrolle, der, dass die Ehebeziehung sich nicht auf die direkt betroffenen Personen beschränkt. Die natürliche Konsequenz einer Ehe sind Kinder, und deren Interessen müssen gewahrt werden. Wenn die Intelligenz und Zuneigung der Eltern nicht ausreicht, dann muss es eine äußere *Macht* geben, irgendjemanden, der autorisiert ist zu *handeln*, wenn nötig auch mit Zwang und Überwachung. Nun verbinden sich aber die verschiedenen Teile der modernen Gesellschaft in immer höherem Maße. Es wird immer unmöglicher zu sagen, dass die Auswirkung irgendeiner Handlung auf die direkt betroffenen Parteien beschränkt bleibt. Die Auswirkung auf das Interesse und Glück und die positive Freiheit anderer ist derart, dass es eine Instanz geben muss, die mindestens ebenso extensiv und dauerhaft ist wie die betroffenen Interessen. Daher die Entwicklung des modernen Staates. Es lässt sich unschwer voraussagen, dass das anarchistische Experiment, falls es in gutem Glauben und mit Intelligenz unter all den komplexen Bedingungen der Zivilisation und auf einem größeren Territorium ausgeführt wird, bald zur Errichtung einer Behörde für die Regulierung und für die Beilegung von Disputen und Konflikten führen würde. Die Bevölkerung in ihrem Verhältnis zu dieser Behörde würde vielleicht nicht Staat genannt werden, aber sie würde *wie* ein Staat sein. Bestenfalls spräche für sie, dass sie die Funktionen des gegenwärtigen Staates effektiver und mit weniger Missständen ausüben könnte.

Obgleich sich diese Diskussion um den Vorwurf dreht, jeder Gebrauch von Gewalt in Recht und Verwaltung sei unmoralisch, erstreckt sie sich viel weiter. Dadurch, dass wir zeigen, wie Gewalt angewendet werden sollte, indem wir die Ziele nennen, für die sie angewendet werden sollte, erhalten wir ein moralisches Kriterium für die Beurteilung des Staates und werfen obendrein ein Licht auf die Probleme, die mit seiner historischen Evolution verknüpft sind. Geschichtlich gesehen nahm der Staat seinen Ursprung zugegebenermaßen in Gewalt und Unterdrückung, gewöhnlich in der Unterwerfung eines Volkes durch ein anderes und in dem Wunsch des siegreichen Volkes, die Unterworfenen im Zustand der Unterdrückung zu halten, um sie ausbeuten zu können. Es muss zugegeben werden, dass der historische Staat weitgehend im Interesse einer ausbeutenden herrschenden Minderheit gelenkt wurde, einem regierenden Haus oder einer Dynastie oder einer ökonomischen Klasse, die politische Gewalt anwenden konnte, um ihre eigenen Interessen zu fördern. Aber es muss auch zugegeben werden, dass gegen diese Bedingungen politische Kämpfe geführt worden sind und dass der politische Kampf für eine demokratische Regierung in der Hauptsache ein Versuch war, dafür zu sorgen, dass der Staat im öffentlichen Interesse funktionierte – dass er im Interesse des Volkes insgesamt Gesetze erlässt und durchsetzt.

Das andere Element des Kriteriums ist, dass die Operationen des Staates so konstruktiv wie möglich sein sollen – dass sie sich auf die menschliche Natur fördernd und kultivierend und nicht einengend und erstickend auswirken, dass er seine Macht gebraucht, um Aufmerksamkeit und Denken statt bloßer blinder Emotion zu fördern, und dass er Öffentlichkeit, Kommunikation, Ausbreitung von Ideen und Aufklärung anregt, statt [unlesbar] zu ermutigen und Wissen und Können vorzuenthalten.

Lange Zeit drehte sich die politische Kontroverse im modernen Denken um den Wert des Staates; sie wurde in England von denen geführt, die der Meinung waren, das Wichtigste sei eine Beschränkung der willkürlichen Macht des Staates, und auf dem Kontinent von denen, die vom Wert des Staates als einer Bedingung für sozialen Frieden und Ordnung beeindruckt waren – die Parteigänger des liberalen und konstitutionellen Staates auf der einen Seite und die des absoluten Staates auf der anderen. Während Erstere mit ihrem Versuch, eine Regierung zu entwickeln, die repräsentativ für das öffentliche Interesse und dem Volk verantwortlich war, im Großen und Ganzen erfolgreich waren, verbreiteten Letztere weitgehend erfolgreich ihre Ansicht, der Staat selbst sei souverän und stehe an höchster Stelle, ohne eine Autorität über sich und niemandem gegenüber verantwortlich. Mit anderen Worten, der nationalistische Staat hat an Macht und Würde gewonnen, während das Handeln von Gesetzgebern und Verwaltern durch immer mehr öffentliche Kontrollen beschränkt wurde. Bevor wir den scheinbaren Widerspruch erwägen, den ein Staat präsentiert, der absolut ist, während seine Handlungsorgane – die Regierung – beschränkt sind, werden wir die beiden Lehren der beiden Schulen des politischen Denkens einer Betrachtung unterziehen.

11. Regierung

In meiner vorigen Vorlesung habe ich die Natur des Staates diskutiert und darauf hingewiesen, dass das Problem des Staates leicht mit dem Problem der Regierung verwechselt werden kann. Historisch müssen die Probleme des Staates und der Regierung zusammen erwogen werden, denn obgleich es sich um verschiedene Begriffe handelt, muss jeder Staat *per definitionem* eine politische Organisation haben, das heißt eine Regierung, die seine Angelegenheiten regelt.

Gleichzeitig habe ich einen Unterschied zwischen Staat und Territorium gemacht. Letzteres kann aus Land und Leuten bestehen, aber ein Staat muss, wie gesagt, zusätzlich zu einem Gebiet und einer Bevölkerung eine Organisation haben, die politische Macht besitzt. Diese organisierte Macht verteidigt sich gegen eine Invasion von außen und setzt das Recht innerhalb des Staates durch. Der Staat muss auch unterschieden werden von der Idee der Nation. Unter einer Nation verstehen wir eine Gruppe von Menschen, die eine gemeinsame Sprache sprechen, dieselben Schriftzeichen verwenden, dieselbe Literatur schätzen, sich nach ähnlichen Sitten und Gewohnheiten richten und in denselben allgemeinen Strukturen denken. Aber eine Nation ist nicht notwendig ein Staat; viele europäische Nationen – ein bemerkenswertes Beispiel ist die slawische Nation Polens – haben sich erfolglos bemüht, Staaten zu werden. Eine Nation kann zwar auch ein Staat sein, aber Tatsache ist, dass viele Nationen keine Staaten sind. Erst wenn eine Nation die Macht erlangt, ihre Grenzen gegen eine Invasion zu schützen und ihre eigenen Gesetze innerhalb ihrer Grenzen durchzusetzen, kann sie als ein Staat angesehen werden.

Nachdem wir dies jetzt klargestellt haben, wollen wir uns dem Problem der Regierung zuwenden. Ein Faktor, der die Regierung zu einem verwirrenden Problem macht, ist die Tatsache, dass zwischen den Zielen, für welche die Regierung eingesetzt wird, und den Mitteln, die zur Realisierung dieser Ziele gewählt werden, häufig eine Inkonsistenz besteht. Das Ziel der Regierung besteht darin, diejenigen Zwecke zu erreichen, um derentwillen der Staat existiert, dafür zu sorgen, dass jeder Teil des Staates mit Bezug und

Blick auf alle anderen Teile operiert, und das zu tun, was die Bestandteile des Staates allein nicht tun können. Wir dürfen nicht vergessen, dass eine Regierung aus Personen besteht – Männern und Frauen, die Ambitionen und Wünsche haben und manchmal selbstsüchtig sind. Es besteht daher immer das Problem, die Regierung zu einem wirkungsvollen Mittel zu machen, um die legitimen Ziele des Staates zu erreichen, und der Neigung vorzubeugen, ihn den Ambitionen, Begierden und selbstsüchtigen Zielen der Individuen zu opfern, aus denen sie besteht. Das grundlegende Problem besteht darin, die Macht der Regierung so zu kanalisieren, dass sie das öffentliche Wohl fördert, statt es zu beeinträchtigen. Ein griechischer Philosoph verglich die Regierung einmal mit einem Schäfer und das Volk mit Schafen. Die Arbeit des Schäfers besteht darin, Angriffe von Wölfen abzuwehren und darauf zu achten, dass die Schafe genug zu essen und zu trinken haben – für die Schafe zu sorgen und sie zu beschützen. Diese Analogie führt einen allerdings sehr schnell zu der Schlussfolgerung, dass die Regierung vielleicht nur für die Schafe sorgt, weil sie sich über deren Wolle und Fleisch hermachen will, wenn die Schafe erst einmal ausgewachsen sind.

Das Problem der Regierung ist verzwickt. Die Verwirklichung der Ziele der Regierung erfordert den Rückgriff auf Gewalt – andernfalls könnte die Regierung unter Umständen nicht imstande sein, eine Invasion von außen zurückzuschlagen oder ihre Gesetze im Innern durchzusetzen. Aber die Macht ruht in den Händen der Beamten, die die Regierung ausmachen, und ein wichtiges Problem besteht darin, sicherzustellen, dass diese Beamten die Macht der Regierung im Interesse des öffentlichen Wohls und nicht zu ihrem eigenen selbstsüchtigen Vorteil nutzen. Dies ist kein bloß hypothetisches, sondern ein praktisches Problem. Regierungstheoretiker der letzten drei Jahrhunderte empfehlen als das effektivste Mittel gegen jenen Machtmissbrauch und gegen das öffentliche Wohl gerichtete Tätigkeiten eine verantwortliche, repräsentative konstitutionelle Regierung.

Im Westen muss das Problem der Regierung im Lichte sowohl der Geschichte wie der menschlichen Natur untersucht werden. Die Kontrolle der Regierung durch eine kleine Gruppe, die auf der Basis von Erbrechten geherrscht hat, war bis in die vergleichsweise jüngste Zeit sowohl für den Orient wie den Okzident charakteristisch. Die Menschen nahmen es einfach als gegeben hin, dass ihr

Monarch auf der Grundlage göttlichen Rechts herrschte, und die Frage, ob er die Macht verdiene, die ihm der Himmel verliehen hatte, wurde nicht gestellt. Der Monarch nahm die höchste Position ein, genoss die größte Würde und übte absolute Macht aus. Er war allein Gott und seinem eigenen Gewissen verantwortlich, aber nicht seinen Untertanen. Es war genau diese Tatsache, dass solche Regierungen buchstäblich unverantwortlich waren, die die Forderung nach einer repräsentativen Regierung entstehen ließ, die den Wählern verantwortlich sein sollte. Es ist interessant zu bemerken, dass diese Bewegung sich zuerst in Großbritannien durchsetzte, weil dort der König weniger mächtig war als in anderen Ländern Europas und das Feudalsystem als Institution weniger tief verwurzelt war. Das britische Volk war im Großen und Ganzen weniger geneigt, der Idee des göttlichen Rechts der Könige zuzustimmen. Infolgedessen kam es in Britannien zum frühesten Auftreten einer konstitutionellen Regierung. Auf dem europäischen Festland war die Monarchie tiefer verwurzelt, und konstitutionelle Regierungen traten langsamer in Erscheinung.

Wir haben über die historischen Tatsachen gesprochen; wenden wir uns nun einer Diskussion der menschlichen Natur zu. Wenn einem Menschen unbeschränkte Macht gewährt wird, besteht immer die Gefahr, dass er die Macht für seine eigenen selbstsüchtigen Ziele missbraucht – und diese Gefahr besteht, gleichgültig, wie gut dieser Mensch sein mag. Lord Acton drückte es folgendermaßen aus, als er die Regierung durch Zustimmung der Regierten diskutierte: »Macht korrumpiert, absolute Macht korrumpiert absolut.« Er meinte damit einfach, dass, gleichgültig, wie gut ein Mensch auch immer erscheinen mag, er immer Gefahr läuft, Böses zu tun, wenn er die Macht ausübt, ohne dass ihm irgendeine Restriktion auferlegt worden ist.

In einem Buch, das ich vor wenigen Tagen las, vertritt der Verfasser die These, das westliche politische System erlege Regierungen Restriktionen aufgrund der Annahme auf, die menschliche Natur sei inhärent böse, während das ältere politische System Chinas auf der Annahme beruhe, die menschliche Natur sei inhärent gut. Unter dieser Annahme war es leicht, zuzugestehen, ein Kaiser könne tugendhaft regieren, und es gebe keine Notwendigkeit für eine legislative Körperschaft, um seine Macht zu beschränken. Der Autor mag etwas Richtiges vor Augen haben, aber er geht zu weit.

In Wirklichkeit beruhen die westlichen politischen Institutionen keineswegs auf der Annahme einer inhärent bösen Natur des Menschen, sondern lediglich auf der Anerkennung der Tatsache, dass ein Mensch, wann immer ihm unbeschränkte Macht gewährt wird, über den gerechtfertigten Gebrauch dieser Macht hinausgeht – dass tatsächlich selbst gute Menschen böse werden, wenn sie über zu viel Macht ohne jede Beschränkung verfügen. Dies ist nicht dasselbe wie die Annahme, die menschliche Natur sei inhärent böse; es ist lediglich die Anerkennung der Notwendigkeit von Einschränkungen, um gute Menschen daran zu hindern, böse zu werden.

Es ist nicht wahr, dass alle westlichen politischen Theoretiker ein starkes System von Restriktionen der Regierung befürworten. Es gibt in dieser Frage im Westen zwei Denkschulen: Die eine Schule will absolute Macht für die Regierung, die andere spricht sich für Restriktionen aus. Die erste Schule herrscht in Deutschland vor, wo Theoretiker die absolute Macht der Regierung befürworten; die zweite zeigt sich beispielsweise in Britannien, wo Politikwissenschaftler im Interesse der Erhaltung größerer individueller Freiheit für die Bürger zahlreiche Restriktionen der Regierung befürworten.

Heute werden wir die erste dieser Schulen diskutieren – diejenige, die sich für eine unbeschränkte Macht der Regierung ausspricht. Um diese Position zu verstehen, müssen wir erst etwas über die Zeit wissen, in der sie entstand. Das 16. und 17. Jahrhundert war ein Zeitalter großer Veränderungen; vorher sorgten das Heilige Römische Reich und die römisch-katholische Kirche für eine Art politischer Einheit für den größten Teil Europas. Im 17. und 18. Jahrhundert führte ein schneller ökonomischer Wandel zur Entstehung einer Anzahl von kleinen unabhängigen Nationen im nördlichen Teil Europas; der zunehmende Handel schuf eine vom Erbadel verschiedene besitzende Klasse; und obwohl die Dampfmaschine erst noch erfunden werden musste, gab es Anfänge des Fabriksystems der industriellen Produktion. Der Einfluss der römisch-katholischen Kirche schwand und der Protestantismus wurde zu einem Merkmal des nordeuropäischen Lebens. Die Kombination dieser Faktoren – religiöse, politische, kommerzielle und industrielle – beendete die politische Einheit Europas und führte zu einer Unordnung, die in dem einen oder anderen Grad bis zur Gegenwart fortbesteht. Während dieser Übergang sich vollzog, blickten viele mit nostalgischer Sehnsucht auf die Einheit zurück, die in früheren Zeiten bestanden hatte, und in dem Bemühen, die Sicherheit des Mittelalters wiederzugewinnen, formulierten einige von ihnen absolutistische politische Theorien.

In Zeiten der Verwirrung sehnen sich die Menschen nach Frieden, und weil sie dies tun, sind viele von ihnen bereit, jede Theorie zu akzeptieren, die Frieden verspricht. Wenn also eine Regierung mit absoluter Macht Frieden und Sicherheit garantieren kann, wären viele Leute bereit, den Preis zu bezahlen, zu dem man eine solche Regierung haben kann. Der italienische Theoretiker Niccolò Machiavelli war der erste Mensch der Moderne, der eine kohärente politische Theorie auf dieser Basis konstruierte. In seiner Schrift *Der Fürst* entwickelte er die Theorie, ein Monarch solle mit absoluter Autorität herrschen. Solange ein Monarch sein Volk und seinen Staat vor einem Angriff von außen und einer Rebellion von innen schützen konnte, war er nach Machiavellis Ansicht berechtigt, zu jedem Mittel zu greifen, das diese Ziele möglich machte – selbst Gewalt und Täuschung seien ehrenwert und die gewöhnlichen Regeln der Moral konnten und sollten für Herrscher keine Geltung haben. Alle Entscheidungen und Taten eines Monarchen dienen, so Machiavelli, dem Ziel, dass das Volk in Frieden leben könne; und solange der Herrscher dieses Ziel erreicht, soll er keinen Einschränkungen unterliegen.

Auf Machiavelli in Italien folgte Thomas Hobbes in England. Der in revolutionären Zeiten lebende Hobbes war ein noch stärkerer Befürworter höchster Machtbefugnisse für die Regierung als Machiavelli, und er führte seine Theorien in größerem Detail aus als dieser. Hobbes zufolge lebten die Menschen seit Anbeginn der Zeit in einer Art Kriegszustand, und das vor allem aufgrund von drei angeborenen Merkmalen:

1. Erwerbssinn und Habsucht. Der normale Mensch wünscht sich materiellen Reichtum, und je mehr er bekommt, desto mehr will er haben; er hat einen natürlichen Wunsch, seine Mitmenschen an Besitztümern zu übertrumpfen.

2. Misstrauen und Verdacht. Menschen misstrauen einander von Natur aus und hegen beständig den Verdacht, andere versuchten, sie zu übervorteilen.

3. Ruhmsucht. Der Mensch strebt von Natur aus nach Ruhm und wird alles dafür tun, diesen zu erlangen.

So weit Hobbes sehen konnte, mussten diese drei Faktoren zu einem bestimmten Ergebnis führen, nämlich beständigem Konflikt. Seine Lösung bestand darin, den Staat so zu organisieren, dass einzig eine sehr kleine Anzahl von Menschen die Macht haben sollte, zu herrschen und die Ordnung aufrechtzuerhalten; und der Staat, einmal auf diese Weise mit höchster Macht organisiert, sollte unter allen Umständen absoluten und fraglosen Gehorsam von allen seinen Untertanen verlangen. Hobbes war der erste bedeutende Philosoph, der eine systematische politische Philosophie vertrat, die dem Staat die höchste Macht zugestand. Für Hobbes stand fraglos fest: Das Volk musste dem Staat absolute und uneingeschränkte Macht gewähren; das war der einzige Ausweg aus der Verwirrung, die er während Cromwells *Commonwealth* in den beiden Dekaden beobachtete, die auf die Hinrichtung von Charles I. folgten.

Einige Anhänger von Hobbes führten seine Theorien noch weiter als dieser. Einige von ihnen interpretierten Hobbes' Lehre in dem Sinne, dass der Staat seinen Bürgern weniger erlaube, so und so zu handeln, als vielmehr in Wirklichkeit jede ihrer Handlung befehle. Wenn wir die Straße entlangspazieren, gestattet uns der Staat nicht etwa, dies zu tun, sondern befiehlt es uns vielmehr. Für sie wurde der Staat zu etwas, das das gesamte Leben des Volkes durchdringt und über dem Gesetz steht. Nach ihrer Ansicht war es absurd zu sagen, das Gesetz stehe über dem Staat, da das Gesetz vom Staat geschaffen worden sei, und wie ein Strom sich nicht über seine Quelle erheben könne, so könne das Gesetz nicht über dem Staat stehen, dessen Geschöpf es sei.

Hobbes' Einfluss in seinem eigenen Land war nur gering und kurzlebig; seine Doktrinen waren beinahe schon obsolet, bevor sie formuliert wurden. Knapp ein Jahrzehnt nach seinem Tod kamen William und Mary im Gefolge der *Glorious Revolution* auf den Thron, unter einer konstitutionellen Regierungsform, die mit relativ geringen Veränderungen bis in die Gegenwart fortdauert. Aber auf dem Festland von Europa verlief die Geschichte anders, und Hobbes' Theorie der absoluten Macht des Staates gewann Anhänger und wurde sehr einflussreich.

Die nächste wichtige Gestalt in der Tradition von Machiavelli und Hobbes war Baruch Spinoza. Spinoza übernahm die wesentlichen Elemente der politischen Theorien seiner Vorgänger und benutzte sie als Grundlage, um auf ihr eine eigene, edlere und gemäßigtere politische Theorie zu errichten. Er glaubte, die Menschen hätten sich, bevor sie sich in Gesellschaften organisierten, nicht wesentlich von anderen Tieren unterschieden. Aber die menschliche Vernunft, argumentierte er, machte den Menschen die Notwendigkeit einer sozialen Organisation als eines Mittels bewusst, ihre tierischen Neigungen zu überwinden und das Bedürfnis zu verwirklichen, Rücksicht auf andere zu nehmen. Dieses Bewusstsein führte zur Bildung einfacher Gesellschaften – eine erste Stufe in der sozialen Evolution des Menschen.

Spinoza sah den Staat als den nächsten Schritt in diesem evolutionären Prozess an – eine komplexere Form der Gesellschaft, in der eher das Gesetz als das ungebildete Begehren den Rahmen der menschlichen Aktivität abgab und ein Mittel bereitstellte, durch welches sich das rationale Leben des Menschen entwickeln konnte. Die am weitesten fortgeschrittene Stufe der sozialen Evolution des Menschen wird nach Spinoza die Republik sein; aber dieser Stufe müssen die einfachen Gesellschaften vorausgehen, die vom primitiven Menschen spontan geschaffen worden sind, und dann der Staat, der die zweite Stufe seiner Evolution darstellt. Eine Republik kann erst entstehen, wenn alle Menschen sich gesetzmäßig verhalten; und bis die Zeit kommt, zu der eine Republik möglich ist, ist eine autoritäre Regierung die einzige Wahl, da eine solche intermediäre Entwicklung den Leuten die Wichtigkeit des öffentlichen Wohls und die Notwendigkeit, im Interesse des öffentlichen Wohls auf persönliche Vorteile zu verzichten, zum Bewusstsein bringen kann.

Spinoza glaubte, die Macht des Staates sei die höchste, sodass die Leute nur gehorchen können; Rebellion oder Revolte sind undenkbar – sicherlich eine sehr strenge politische Lehre. Er wollte freilich der Macht des Staates eine Einschränkung auferlegen, nämlich dass er nicht in die individuelle Freiheit des Denkens und Glaubens eingreifen dürfe. Diese Beschränkung wohne der primären Funktion des Staates inne, insofern er die Organisation sei, durch welche die Menschen Rationalität erlangen; jedes Eingreifen in die individuelle Freiheit des Denkens und Glaubens würde genau diesem Daseinszweck des Staates zuwiderlaufen.

Spinozas politische Theorie hatte zu seinen Lebzeiten nur einen geringen Einfluss und auch nach seinem Tod änderte sich das kaum. Dieses mag darauf beruhen, dass er Jude war; bei den Europäern standen Juden allgemein nur in geringem Ansehen. Aber der indirekte Einfluss seiner Theorie war recht ausgeprägt, besonders als nachfolgende deutsche Denker Spinozas Ansichten mit dem Aristotelismus und Platonismus verbanden, wodurch sie eine neue politische Theorie schufen, die auf dem europäischen Festland großen Einfluss hatte.

Diese neue politische Theorie erschien im frühen 19. Jahrhundert. Die Französische Revolution gegen Ende des 18. Jahrhunderts wurde besonders von deutschen Denkern als tragisches Resultat des extremen individualistischen Liberalismus angesehen; und das Resultat dieser Einschätzung war das Entstehen einer neuen politischen Theorie, die aus einer Vereinigung von Spinozas Ideen mit denen von Aristoteles und Platon hervorging. Georg Wilhelm Friedrich Hegel, der wichtigste Wortführer der neuen Position, interpretierte den Staat als Repräsentanten des göttlichen Willens. Er glaubte, die Zeiten schüfen den Menschen, in dem Sinne, dass, wenn die Gelegenheit es verlangte, der göttliche Wille eine bestimmte Person dazu bestimmen würde, die *Kultur* [im Original deutsch] weiterzuentwickeln. Nach dieser Ansicht ist der Krieg Ausdruck des göttlichen Willens, wobei der Sieg derjenigen Seite sicher ist, die von diesem göttliche Willen begünstigt wird, und die Niederlage der Seite sicher ist, die er nicht begünstigt. Hegel führte historische Beispiele für seine Behauptung an, der göttliche Wille sei vorherbestimmt, und da das deutsche Volk die Aufgabe habe, die höchste *Kultur* zu entwickeln, habe es einen Anspruch auf eine permanente Vorrangstellung.

Hegel, der als offizieller Philosoph des deutschen Staates angesehen wurde, übte einen weitreichenden Einfluss aus. Seine Betrachtungen der Geschichte veranlassten ihn, den Staat als eine Organisation anzusehen, durch die sich der göttliche Wille ausdrückt; infolgedessen, so schloss er, muss das Individuum dem Staat gänzlich unterworfen sein. Die politische Theorie Hegels hatte gute wie schlechte Wirkungen. Auf der negativen Seite bildete sie die Grundlage für die politische Diktatur Preußens, die schließlich in einem Staatsmilitarismus endete. Sie führte das deutsche Volk zu einer übertriebenen Achtung vor seiner eigenen Kultur, die es als die einzige ansah, die wahren Wert habe, die einzige, die Ausdruck des göttlichen Willens sei.

Den positiven Beitrag von Hegels politischem Denken werden

wir deutlicher erkennen, wenn wir in unserer nächsten Vorlesung den individualistischen Liberalismus diskutieren. Wir werden sehen, dass der Hauptmangel dieses individualistischen Liberalismus darin besteht, dass er Regierungen allzu vielen Einschränkungen zu unterwerfen sucht, in der Meinung, die primäre Funktion der Regierung bestehe darin, das materielle Wohlergehen ihrer Bürger sicherzustellen – die klassische Konzeption, der zufolge diejenige Regierung die beste ist, die am wenigsten regiert. Die hegelsche Theorie nimmt den entgegengesetzten Standpunkt ein – und wir stimmen dem, zumindest in gewissen Ausmaß, zu –, dem zufolge der Staat als Organisation nicht nur das materielle Wohlergehen des Volkes sicherstellen sollte, sondern auch sein Geistesleben, wobei die Förderung von Kultur und Erziehung wichtige Regierungsaufgaben darstellen.

Der soeben beendete Weltkrieg wurde als Kampf zwischen antithetischen politischen Denkschulen charakterisiert – Schulen, die voneinander so verschieden sein sollen, dass ein Kompromiss zwischen ihnen unmöglich ist – der Liberalismus auf der einen Seite, der Autoritarismus auf der anderen. Wir wissen, dass dieses Mal der Autoritarismus geschlagen worden ist – und wir glauben, dass sich dasselbe Resultat ergeben wird, wenn diese Streitfrage in der Zukunft noch einmal wieder neu beantwortet werden muss. Es gibt freilich einen Aspekt der politischen Doktrin Hegels, der sich behauptet hat und sich auch in Zukunft behaupten wird: Das ist das Argument, die Verantwortung des Staates dürfe sich nicht auf den Schutz des privaten Eigentums und die Durchsetzung von Verträgen beschränken, sondern er müsse auch für die Entwicklung geistiger Werte verantwortlich sein. Ich wünschte, die Theoretiker des Liberalismus würden ihre politischen Theorien verbessern, indem sie diesen Beitrag der hegelschen Theorie aufnehmen.

Notizen zur elften Vorlesung

Wie schon dargelegt, ist der Staat mehr als nur ein Volk mit einem gemeinsamen Territorium; ja sogar mehr als ein Volk, eine Gesellschaft mit einem Land und einer gemeinsamen Sprache, Geschichte, Tradition und moralischen Anschauung. Er impliziert auch eine politische Organisation, eine Organisation des Volkes zum Zwecke der Ausübung von Autorität nach innen und außen, das heißt im Hinblick auf andere Völker und Länder ebenso wie im Hinblick auf seine eigenen Einwohner. Das Organ, die Instanz, das Instrument zur Ausübung dieser Autorität ist die Regierung. Die Wichtigkeit des Ausdrucks des Staates durch die Regierung ist so groß, dass es eine Tendenz gibt, die beiden miteinander zu verwechseln. Es gibt insoweit gute Gründe für diese Verwechslung, als die *Probleme* der Politik oder des Staates akut werden, wenn sie sich auf das Problem der Regierung konzentrieren. Der Unterschied lässt sich deutlich in einer Tatsache wie folgender erkennen: Die Souveränität des Staates ist ein Gemeinplatz des modernen politischen Denkens; das wichtigste Ziel der politischen Kämpfe der letzten zwei oder drei Jahrhunderte bestand darin, die Macht der Regierung zu *beschränken* und zu definieren.

Kurz gesagt ist das fundamentale Problem folgendes. Die Regierung sollte ein Organ des Allgemeininteresses sein, Ausdruck des öffentlichen Willens – das heißt, sie sollte für das weitverbreitete Interesse einstehen und durchsetzen, das die gesamte Gesellschaft an den Akten spezieller Gruppen oder Klassen nimmt, weil die Konsequenzen dieser besonderen Akte sich verzweigen und andere beeinflussen, die nicht direkt betroffen sind – Beispiele aus Familienleben, Geschäftsunternehmungen, Verträgen. Folglich bedarf es einer Instanz, um das weitere Interesse zu formulieren, zum Ausdruck zu bringen und auszuführen; um die Aktivitäten der verschiedenen Faktoren des Ganzen auszubalancieren und im Rahmen zu halten – eine heikle und komplexe Aufgabe, denn sie handelt von der Regulierung der indirekten und entfernten Konsequenzen von Handlungen – das öffentliche Interesse ist nicht so unmittelbar und so auffällig wie das private. Ist die menschliche Weisheit dieser Aufgabe gewachsen? Aber abgesehen von dieser Schwierigkeit besteht die Regierung selbst aus Menschen mit eigenen Interessen und eigener Liebe zu Macht und Reichtum. Die Regierung ist keine abstrakte Idee, unpersönlich und transparent, sondern besteht aus einer Ansammlung von Menschen mit denselben Bedürfnissen und Leidenschaften wie die ihrer Mitmenschen. Ist es denn dann sicher, ihnen Macht zu verleihen? Wird nicht die Tatsache, dass ihre Macht eine soziale und moralische Billigung hat, nur zu der Leichtigkeit und Gründlichkeit beitragen, mit der sie diese Macht für ihre eigenen Zwecke einspannen können, oder wird nicht die Aufgabe, die öffentliche Ordnung und Sicherheit zu gewährleisten, angesichts der Mehrung ihrer Macht, ihres Ruhms und ihres Genusses zur Nebensache werden? In einer etwas weniger extremen Form ausgedrückt, stehen wir vor dem Problem, das die politischen Theorien und die politischen Kämpfe der westlichen Welt dreihundert Jahre lang beherrscht hat: Wie muss die Regierung verfasst sein, um ihre legitime Funktion adäquat auszuüben, das heißt im öffentlichen Interesse zu handeln, zugunsten des ganzen Landes, und nicht die Inhaber der Autorität ermutigen, sie für ihre eigenen Sonderinteressen einzuspannen? Wie kann man genug Macht verleihen, um die erste Aufgabe zu erfüllen, und diese Macht gleichzeitig in ihrer konkreten Ausübung beschränken?

Das Problem bestand aus zwei Faktoren. Einer war historisch. Es gab die Regierung durch Dynastien – das heißt durch Familien, die höhere Geburt und höheren Rang beanspruchten und das Land als ihren ererbten Besitz ansahen, die durch göttliche oder irgendeine andere fraglose Autorität regierten und deshalb nicht dem Volk, sondern nur Gott verantwortlich waren – der theoretische absolutistische Staat, ob nun so praktiziert oder nicht. Dies war der besondere historische Hintergrund. Der andere Faktor ist der beständige – ein Problem der menschlichen Natur. Unverantwortliche Macht tendiert zu willkürlicher und selbstsüchtiger Handlung. Wie Lincoln es ausgedrückt hat: »Kein Mensch ist weise oder gut genug, um andere Menschen ohne deren Zustimmung zu regieren.« Etwas erweitert: »Gleichgültig, wie weise und gut am Anfang, Weisheit und Güte verschlechtern sich, wenn sie mit dem Besitz unverantwortlicher Macht über andere kombiniert werden.« Ein chinesischer Gelehrter hat scharfsinnig bemerkt, dass die europäische Theorie der verantwortlichen Regierung auf einem Glauben an die inhärente Schlechtigkeit der Menschen beruht und demzufolge auf der Notwendigkeit von Kontrollen selbst der Herrscher, während die alte chinesische Theorie auf dem Glauben an die intrinsische Güte der menschlichen Natur, an die Ordnung und Loyalität der Untertanen, an die Weisheit und das Wohlwollen der Herrscher beruhte. Deshalb hat die konfuzianische politische Philosophie tatsächlich den Supremat moralischer Kräfte angenommen, während die europäischen Philosophien – zumindest der liberalen Schule – von der Notwendigkeit physischer Kontrollen ausgingen, um die unmoralischen

Kräfte daran zu hindern, die Herrschaft zu übernehmen. Dies wirft ein großes Problem auf, aber es wäre zutreffender, festzustellen, dass die europäische Theorie nicht auf dem Glauben an die inhärente Schlechtigkeit der menschlichen Natur basiert, sondern auf der Überzeugung, dass der Besitz unkontrollierter Macht unvermeidlich die menschliche Natur korrumpiert – sie wird unter solchen Bedingungen böse und töricht. Eine andere Bemerkung, die gemacht werden mag, lautet, dass die anwachsende Komplexität und Mobilität des modernen Lebens den Bereich von Fragen und Angelegenheiten, an denen ein öffentliches Interesse besteht, ungeheuer ausgedehnt hat. Die große Verbindung von Arbeit und Kapital, das Anwachsen von Außen- und Binnenhandel, der Fernhandel, Reise, Transport, Telegrafen, Geschäftsabschlüsse über große Entfernungen, Migration und Mobilität von Bevölkerungen haben die Macht derjenigen lokalen moralischen Einflüsse verringert, die von der Unterwerfung des Einzelnen unter die ständige Kontrolle und Beurteilung durch seine eigene und definierte permanente Gruppe herrühren, während sie ebenso das Betätigungsfeld und die Indirektheit der Konsequenzen vergrößerte. Deshalb wird mehr an öffentlicher oder politischer Aktion verlangt als in einer Gesellschaft, die in alten Bahnen weiterläuft. Der Verfall der traditionellen Kontrolle bedeutet ein Anwachsen von Legislative und administrativer Kontrolle. Die Kanäle, durch die moralische Kräfte wirken, wandeln sich. Daher die Absurdität des Appells, den man manchmal hört – zumindest von Fremden –, dass zwar neue Methoden von Industrie, Handel, Finanzen usw. nach China eingeführt werden sollten, Eisenbahnen und Fabriken etc., jedoch die alte moralische Basis der Sozialorganisation und der Regierung intakt bleiben sollte. Dies ist unmöglich und daher hat es keinen Sinn, seine Wünschbarkeit zu diskutieren. Die bloße Auswirkung schneller und leichter Kommunikation auf die Mobilisierung einer Bevölkerung bedeutet unvermeidlich eine Abschwächung der alten Familien- und Nachbarschaftskontrolle und die Notwendigkeit neuer Organe. Die politischen Probleme des heutigen China ähneln deshalb in vielen Hinsichten den Problemen Europas in der Periode des aktivsten Wandels im 17. Jahrhundert – obgleich eine Komplikation hinzukommt; die Veränderungen und Experimente Europas im 17. Jahrhundert konnten sich ohne das Risiko eines Eingreifens von anderen Nationen vollziehen, die schon durch das

Stadium des Übergangs der politischen Organisation in einen integrierten Staat hindurchgegangen waren.

Wir kehren nun zu einer Diskussion der verschiedenen Theorien zurück, die sich in Europa in Verbindung mit diesem Problem der Entwicklung einer Regierung entwickelt haben, die hinreichend machtvoll ist, um nationale Sicherheit, Frieden und Ordnung aufrechtzuerhalten – eingedenk der Tatsache, dass jede Theorie einer starken praktischen Handlung korrespondiert. Der erste Typ von Theorie entstand in der Unordnung, dem Zwist und der Gesetzlosigkeit, die auf den Zusammenbruch der Autorität der römischen Kirche und des Heiligen Römischen Reichs folgten – das Entstehen unabhängiger Staaten, die Entwicklung des Handels, der Übergang vom Ackerbau zur Industrie. Sie besagte im Endeffekt, dass die Wichtigkeit einer starken einzelnen Zentralgewalt so groß ist, um den Menschen ihr Überleben zu garantieren und Frieden nach innen und außen durchzusetzen, dass kein Preis dafür zu hoch ist – nicht einmal die Übertragung aller Gewalten an die Herrscher des Staates. Machiavelli, Hobbes und Spinoza waren die großen theoretischen Namen auf diesem Lösungsweg. Staatliche Moralität ist von anderer Art als die private. Die Staatsbeamten sind berechtigt, sofern sie zugunsten des Staates agieren, auf einer anderen moralischen Basis zu handeln als ein Individuum. Ohne eine zentrale Autorität würde die Gesellschaft zerfallen – würde sich in Anarchie und Chaos auflösen, und es wäre überhaupt keine Moral möglich, selbst wenn sie von den Individuen angestrebt würde. Ohne machtvolle Regierung kein Staat, ohne Staat keine Gesellschaft, ohne Gesellschaft keine stabile Moral überhaupt. Daher steht so viel auf dem Spiel, dass die Herrscher bei der Verteidigung der Einheit und Macht des Staates sogar gerechtfertigt sind, zu Betrug und Gewalt Zuflucht zu nehmen, zu Akten, die in der privaten Moralität nicht zu verteidigen sind. Dieser Punkt wurde besonders von Machiavelli [unlesbar], der Regeln der Staatsführung entwickelte – politische Maximen, die auf dem Grundsatz beruhen, dass das Ziel die Mittel rechtfertigt – und da das Ziel das höchste ist, rechtfertigt es im Falle eines Notfalles alle und jedes Mittel – Zweckdienlichkeit ist die einzige Regel. Der Engländer Hobbes arbeitete ein detailliertes Schema aus. Nach ihm stehen sich selbst überlassene Individuen notwendig in einem solchen Konflikt miteinander, dass das Leben unsicher ist, Eigentum unsicher ist – der Naturzustand ist ein Krieg aller gegen alle, aus Angst vor einem Angriff von anderen, aus Liebe zum Gewinn und aus dem Wunsch nach Ruhm und Ehre – natürlicher Ausdruck des fundamentalen psychologischen Gesetzes der Selbstliebe. Aber es gibt auch ein natürliches Gesetz, das die Menschen zur Selbsterhaltung drängt. Dies führt sie dazu, den Schritt zu tun, der allein ihr Leben sicher macht – sie stimmen alle zu, ihre gesamte Macht in die Hände einer Autorität zu legen. Sie geben all ihre natürliche Macht und ihre natürlichen Rechte ab. Sie stimmen zu, sich den Regulierungen der höchsten Macht – der so geschaffenen Souveränität – rückhaltlos zu unterwerfen. Auf diese Weise ist die Macht, weil sie souverän ist, nichts auf der Erde gegenüber verantwortlich, nur dem Gewissen und Gott. Sie mag ihrer Form nach republikanisch, oligarchisch oder monarchisch sein. Aber ihre Autorität ist durch das Gesetz oder das legale Recht nicht beschränkt. Die Klugheit wird den Herrschern raten, ihre Macht nicht aufs Äußerste auszudehnen. Die Weisheit wird ihnen raten, sie für das Glück des gesamten Volkes zu verwenden. Aber es kann keine legalen oder politischen Garantien einer solchen Verwendung der Macht geben. Denn die Regierung ist die Quelle von Gesetz und Politik, und deshalb kann sie nicht unter ihren eigenen Geschöpfen stehen. Die einzige finale Kontrolle ist moralisch-praktisch – die Angst vor einer Revolution, die Angst, dass das Volk den ursprünglichen Vertrag, den es geschlossen hat, zurückweist. Spinoza entwickelte unter Bedingungen der Unordnung und Unsicherheit auf dem Kontinent (ähnlich denen in England in der ersten Hälfte des 17. Jahrhunderts) die ursprünglichen Ideen von Machiavelli und Hobbes weiter. Er betonte freilich mehr als beide die moralische Notwendigkeit des Staates als einer Bedingung gesellschaftlicher Beziehungen unter Menschen und ebenfalls die Notwendigkeit von sozialen Beziehungen für das Individuum im Interesse einer Entwicklung seiner rationalen und deshalb moralischen Persönlichkeit. Nur unter dem Einfluss sozialer Beziehungen und des gesellschaftlichen Umgangs hört das Individuum auf, ein Geschöpf von Begierde und Impuls zu sein, das die private Lust zum Maßstab von Gut und Böse macht, und wird zu einem Geschöpf, das Vernunft hat, das heißt einen universalen Maßstab von Gut und Böse. Aber nur durch die Anerkennung des Gesetzes, eines Produktes politischer Autorität, erreicht der Mensch einen rationalen und moralischen Zustand. Spinoza war freilich auch der Meinung, dass zwar jede Form von Regierung besser ist als gar keine (und deshalb eine Revolution niemals zu rechtfertigen ist), gleichwohl aber die republikanische Regierungsform das Ideal ist, und dass in dem Grade, in dem die Menschheit unter dem Einfluss des Gesetzes rational werden sollte, sie das Ziel sein würde, zu dem die zukünftigen Entwicklungen von Staaten gewiss tendieren würden. In der Zwischenzeit waren willkürlichere Arten der Regierung zumindest gute Lehrmeister, um die Herrschaft von Begierde und Leidenschaft der Massen einzuschränken und die Bedingungen für die Erziehung zur Rationalität zu schaffen. In diesem Sinne ist jeder Staat, selbst der schlimmste, ein Ausdruck göttlicher Vernunft. Anstelle der Kirche ist vielmehr der Staat der Repräsentant Gottes, des Absoluten auf der Erde. Es gibt nur eine notwendige moralische Grenze für das Handeln des Staates. Da er besteht, um die Evolution von einem Status der Begierde zu einem Status der Vernunft und des Gesetzes möglich zu machen, kann er nicht in die Freiheit des Denkens und die Freiheit der Vernunft eingreifen, ohne sich selbst zu widersprechen.

In der einen oder anderen Form wurde die Theorie von der Notwendigkeit einer politischen Organisation für die Existenz der Gesellschaft, das heißt für einen friedlichen, ordentlichen und wechselseitig hilfreichen menschlichen Verkehr, ein Axiom alles kontinentalen Denkens. Infolgedessen ist die Macht des Staates die Grundlage von Moral, entweder aktiv oder negativ eine Bedingung, ohne die die Einzelnen nicht wahrhaft moralisch sein könnten. Seine Wichtigkeit ist derart, dass er absolut und unverantwortlich sein muss. Frankreich war zur Zeit der Revolution von der liberalen Theorie Englands beeinflusst – die noch zu besprechen ist – und verwarf sie. Aber sie blieb Europa erhalten, besonders Deutschland, in der Form, in die sie von deutschen Philosophen gebracht wurde, die eine Synthese von Spinoza und der politischen Philosophie von Platon und Aristoteles schufen, nach der der Staat die Kulmination einer Manifestation der göttlichen Vernunft und des göttlichen Willens auf Erden ist. Er ist überindividuell und übermenschlich – eine Objektivation ewiger Zwecke, Absichten, Ideen Gottes in zeitlicher Gestalt. Die liberale Philosophie, wurde behauptet, sei bankrott, sie habe in den Exzessen der Französischen Revolution, die das Prinzip der individuellen Freiheit und Rechte proklamiert hatte, Selbstmord begangen. Im Gegensatz dazu behauptete die deutsche

Theorie des Staates den Primat des Wertes und der Würde des Staates, der, menschlich gesprochen, im Wesentlichen im Hinblick auf seine Untertanen kein Unrecht begehen könne, während in seinen Kämpfen mit anderen Staaten der Sieg ein gottgegebenes Zeichen dafür sei, wer das Recht auf seiner Seite habe. Wenn ein Staat sein Mandat des göttlichen Willens erschöpft habe, wie sich in seiner Niederlage zeige, dann gehe die geistige und moralische wie auch die politische Herrschaft auf eine andere Nation über.

(Siehe *Deutsche Philosophie und Deutsche Politik.*) Die politische Geschichte Europas kann nicht verstanden werden ohne die Kenntnis des Ausmaßes, in dem diese Ansicht vom Staat als Grundlage nicht nur eines sicheren materiellen Lebens, sondern eines sicheren moralischen Lebens das Denken der Menschen beeinflusst hat. Unter dem Deckmantel idealistischer Philosophie und einer progressiven Entwicklung von absoluten Zwecken erneuerte Hegel in einer modernisierten Form die längst überlebte Lehre vom göttlichen Recht der Könige, und die Herrscher Preußens machten diese Konzeption zur Basis eines aufgeklärten und in vieler Hinsicht wohlwollenden Despotismus. Der Effekt der Theorie war ein doppelter. Auf der einen Seite lieferte sie eine philosophische Basis der Autokratie, unterstützte die praktische Forderung nach einer starken Armee als dem eigentlichen verlängerten Arm des zentralisierten Staates und förderte auf diese Weise den Militarismus, und ließ auch die Überzeugung unter den Deutschen aufleben, dass ihre Kultur höher stehe als die anderer Völker, da sie allein die ethische Funktion und übermenschliche Basis des Staates realisierten. Sie verlieh den Aktivitäten des Staates eine mystische Qualität, die [unlesbar] vor der Prüfung und Kritik durch den gewöhnlichen Bürger schützte und eine Identifikation von moralischer Pflicht mit Unterwerfung unter die Lenkung des Staates förderte. Aber da im Endeffekt der Staat durch eine Regierung verwaltet wird, hielt diese mystische Lehre in Wirklichkeit den Primat einer gewissen Klasse aufrecht. Es gereicht dieser Philosophie freilich zur Ehre, dass sie die Konzeption des Staates als eines kulturellen Akteurs statt eines bloßen Werkzeugs der polizeilichen Ordnung angeregt hat. Ihr zufolge sind isolierte Individuen unfähig, mit Unwissenheit, Not, Armut, Mangel und Elend fertigzuwerden. Der Staat muss durch die Regierung Kunst und Wissenschaft pflegen wie auch die Erziehung fördern. Er muss nicht nur das Eigentum der Individuen schützen, sondern es ihnen ermöglichen, überhaupt Eigentum zu besitzen und zu behalten. Infolgedessen ein allgemeines System der Versicherung gegen Krankheit, Unfall, Alter, Arbeitslosigkeit und so fort. Diese Dinge mögen von jedem modernen Staat auf der Basis einer anderen politischen Philosophie fortgeführt werden, aber es kann kein Zweifel bestehen, dass die Auffassung vom Staat als höher und tiefer als die Gesellschaft und als Hauptakteur moralischer Existenz die Übernahme und Ausführung dieser Aktivitäten erleichterte und dass die Staaten, die am meisten durch die liberalistische Philosophie – die wir jetzt diskutieren werden – beeinflusst wurden, in ihren Maßnahmen sozialer Wohlfahrt unter politischer Autorität [unlesbar] waren und dass freiwillige Mittel, Philanthropie etc. diesen Mangel bislang nicht ausgeglichen haben.

12. Politischer Liberalismus

Das zentrale Problem der Politik besteht darin, den moralischen Gesichtspunkt mit der Ausübung der Amtsgewalt durch den Staat zu versöhnen. Mit anderen Worten, das Problem lautet: Welche moralische Grenze besteht für die Ausübung der Autorität durch das Staatsorgan – die Regierung – in Gesetzgebung, Verwaltung und Rechtsprechung? Auf dieses Problem gibt es zwei Antworten.

Erstens die Antwort, die von deutschen Denkern gegeben wurde, wie ich in meiner letzten Vorlesung ausgeführt habe. Sie lautet: Das Problem ist in Wirklichkeit gar kein Problem, insofern Moralität ihre Quelle im Staat hat und der Staat die Kriterien liefert, nach denen moralische Fragen beurteilt werden. Da es nach ihrer Auffassung kein soziales Leben ohne den Staat geben kann und da das Problem von Recht und Unrecht, von Gut und Böse, von Moralität und Immoralität nur in einem sozialen Kontext entstehen kann, braucht der Staat als Quelle des moralischen Lebens keinerlei moralische Grenzen.

Die zweite Antwort, die des britischen Liberalismus, lautet, dass die Autorität des Staates auf dem Grad an individueller Freiheit beruht, zu dem sie beiträgt, denn der Zweck, um dessentwillen der Staat existiert, besteht darin, eine Vermittlerrolle zu spielen, wenn die individuellen Freiheiten einander in die Quere kommen. Mit dieser Antwort auf unsere Frage werden wir uns heute beschäftigen.

Der politische Liberalismus ist aufs engste mit dem Namen des englischen Philosophen John Locke verbunden. Lockes politische Schriften entstanden nach der *Glorious Revolution* in England im Jahre 1688, die die despotische Regierung der Stuarts stürzte und an ihrer Stelle eine konstitutionelle Monarchie einsetzte. Diese konstitutionell stark eingeschränkte Regierung ersetzte den Autoritarismus von Monarchen, die behauptet hatten, auf der Grundlage göttlichen Rechts zu herrschen, und zwar so vollständig, dass es von jenem Tag an bis heute kaum auch nur den Schatten eines drohenden Wiederauflebens irgendeiner Form von Absolutismus gegeben hat. Lockes politische Schriften formulierten das Grundprinzip für die neue konstitutionelle Monarchie und rechtfertigten die Revolution, aus der sie hervorgegangen war.

Zu Beginn postulierte Locke zwei Stufen der menschlichen Sozialentwicklung, nämlich das Leben im Naturzustand und das Leben im Zustand politischer Gemeinschaften. Weil Menschen rationale Geschöpfe sind, nahm Locke an, dass soziales Leben schon existierte, bevor die politische Gemeinschaft entstand, und dass dieses soziale Leben zudem keineswegs ein Leben unter Bedingungen von Aufruhr und Krieg war, wie Hobbes angenommen hatte. Locke nannte freilich drei Mängel im primitiven Sozialleben, die politische Gemeinschaften ins Leben riefen: (1) die primitive soziale Gemeinschaft verfügte über keinerlei Organisation, um Gesetze und Regulierungen mit dem Ziel zu erlassen, der Gemeinschaft eine Lenkung zu geben oder Beziehungen zwischen verschiedenen Gemeinschaften zu regeln; (2) mangels Gesetz und Regulierung konnte es keine dritte Partei geben, die als unparteiischer Richter fungierte, sobald Streitigkeiten aufkamen; jeder Mensch war Richter in eigener Sache und jeder neigte dazu, sich selbst zu verteidigen; es konnte kein objektives Urteil, richtig oder falsch, geben; und (3) es bestand keinerlei Vorkehrung für die Einschaltung einer unparteiischen dritten Partei, um das Gesetz durchzusetzen; mangels richterlicher Anordnungen nahm entweder die Partei, die glaubte, geschädigt worden zu sein, oder ihre Nachfahren Rache, wobei sich derartige Fehden manchmal über Generationen hinweg fortsetzten.

Diese Erwägungen brachten die Menschen dazu, die Notwendigkeit einer sozialen Organisation anzuerkennen, um die Funktionen der Gesetzgebung, Verwaltung und Rechtsprechung auszuüben, und so entstanden politische Gemeinschaften. Wie Locke es sah, opferten Individuen, welche die durch das Fehlen einer Regierung bedingten Unannehmlichkeiten erkannten, freiwillig einige ihrer individuellen Freiheiten, um eine politische Gemeinschaft zu schaffen und auf diese Weise bestimmte Rechte sicherzustellen, die sie als Individuen nicht garantieren konnten. Mit anderen Worten: Sie setzten Regierungen mit legislativen, exekutiven und judikativen Funktionen ein, um eine größere Sicherheit des Lebens und volleren Schutz und Genuss ihres Eigentums zu erhalten, als es in dem früheren Naturzustand möglich war, obgleich solche Institutionen den Verzicht auf einige der Freiheiten mit sich brachten, die sie auf der früheren naiven Stufe der sozialen Entwicklung genossen hatten.

In Folge von Verhandlungen und Abmachungen dieser Art wurde einigen wenigen Personen das Recht zugestanden, eine Regierung zu organisieren. Es war, als ob ein Vertrag zwischen dem Volk insgesamt und den wenigen aufgesetzt worden wäre, die die regierende Körperschaft bildeten. Dies ist in der Tat die sogenannte Theorie des Gesellschaftsvertrags der Regierung. Die Leute übertragen der Regierung die Macht der Gesetzgebung, Gesetzesvollstreckung und Rechtsprechung, sodass sie in größerem Ausmaß Leben und Freiheit genießen können; das heißt, sie schließen einen Vertrag.

Locke hoffte, seine Theorie würde zwei Zwecken dienen. Der erste Zweck war es, eine logische Begründung für die konstitutionelle Monarchie zu bieten, die nach der *Glorious Revolution* eingesetzt worden war, und zu zeigen, dass sowohl die Verfassung wie die Regierung, die unter ihr eingesetzt worden waren, zum Schutz der Rechte der Bevölkerung da waren. Seine Theorie sollte als Grundlage einer Regierung mit Zustimmung der Regierten dienen. Die zweite Absicht war, die Revolution zu rechtfertigen und zu zeigen, dass die Entmachtung der Stuarts eine legitime Revolution und kein Akt der Rebellion gewesen war. Wenn eine Regierung, die Treuhänder des Volkes ist, dessen Vertrauen missbraucht, dann ist das Volk gerechtfertigt, sie zu stürzen – daher war die Entmachtung von James II. eine moralische, vernünftige und legitime Revolution.

Einige Leute verwerfen diese Theorie der Regierung aus dem Grund, dass es keine historischen Berichte von auch nur einem einzigen Beispiel dafür gibt, dass eine Regierung durch einen wirklichen, buchstäblichen Gesellschaftsvertrag eingesetzt worden ist. Dieser Einwand ist allerdings nicht wirklich zwingend. Locke schrieb nicht über Geschichte und appellierte nicht an die Geschichte als Rechtfertigung für seine Lehre. Er wollte einfach nur zeigen, dass eine Regierung nicht spontan und ohne Grund entsteht, und dass der Zweck oder die Funktion einer Regierung mit der Erfüllung eines Vertrags verglichen werden kann. Wenn die Regierung in dieser Hinsicht scheitert, sind die Menschen immer gerechtfertigt, sie zu stürzen und durch eine andere Regierung zu ersetzen. Er wollte auch die Grundlage aufzeigen, auf der die Bevölkerung der Regierung durch die ständige Drohung der Absetzung Restriktionen auferlegen und Druck ausüben sollte. Diese beiden

Aspekte der Theorie des Gesellschaftsvertrags können für sich allein stehen, ob die Geschichte nun wirkliche Beispiele für einen solchen geschlossenen Vertrag bietet oder nicht.

Lockes politische Theorie verlangte eher nach einer konstitutionellen Monarchie als nach einer direkten Demokratie. Er sprach sich nicht dafür aus, dass das Volk politische Rechte behalten sollte, sondern eher dafür, dass es diese Rechte delegieren und die Regierung ermächtigen sollte, sie auszuüben. Das Volk sollte der Macht der Regierung bestimmte Restriktionen auferlegen und sich das Recht vorbehalten, die Regierung zu wechseln, wenn sie die ihr übertragene Gewalt nicht im öffentlichen Interesse ausübt. Lockes Vorliebe kann durch die Tatsache erklärt werden, dass er ein Whig war, also Mitglied einer politischen Partei, die die konstitutionelle Monarchie favorisierte.

Die fast genau ein Jahrhundert nach der *Glorious Revolution* stattfindende Französische Revolution war eine durch und durch demokratische Bewegung. Wir können Jean-Jacques Rousseau als das philosophische Sprachrohr der Französischen Revolution betrachten, genau wie Locke das Sprachrohr der *Glorious Revolution* ein Jahrhundert früher gewesen ist. Rousseaus fundamentale Behauptung war, dass alle Regierungen, sowohl die zu seiner Zeit bestehenden wie die in allen vorangegangenen Zeiten, von Übel gewesen seien; eine gute Regierung als solche habe niemals bestanden. Er behauptete, alle Regierungen bis zu seiner Zeit hätten auf der bloßen Ausübung von Macht beruht. Eine gute Regierung konnte, wie Rousseau die Angelegenheit sah, zumindest theoretisch auf der Basis des allgemeinen Willens eingerichtet werden und das Wohl der Gesellschaft als ganzer repräsentieren, obwohl dieses bedeuten konnte, den Willen einiger Individuen zeitweilig außer Kraft zu setzen. Eine richtige Regierung würde eine sein, die den allgemeinen Willen durch alle Operationen der Gesellschaft hindurch in Kraft setzen würde.

Da das Recht am direktesten diesen allgemeinen Willen repräsentiert, sollte nach Rousseaus Auffassung die legislative Gewalt dem Volk vorbehalten sein. Locke hatte argumentiert, die drei Gewalten der Regierung – die Legislative, die Exekutive und die Föderative [Lockes Ausdrücke] – müssten im Gleichgewicht gehalten werden, da andernfalls ein Diktator die Macht an sich reißen könne. Diese Ansicht ist tief in der angelsächsischen Tradition verwurzelt. Aber Rousseau, für den die legislative Gewalt das zentrale Element der Regierung bildete, sah Gesetzgebung nicht als eine Funktion an, die einer repräsentativen Körperschaft übertragen werden konnte. Er behauptete, die legislative Gewalt gehöre wesentlich dem ganzen Volk. Er gab zu, dass die exekutiven und judikativen Funktionen, die er als von sekundärer Wichtigkeit ansah, weil sie nur die Mittel waren, um das Gesetz in Kraft zu setzen, delegiert und repräsentativ werden konnten – und dass der Personenkreis, dem sie so übertragen worden waren, ausgewechselt werden sollte, wann immer er seine Aufgabe nicht erfüllte. Rousseaus Insistenz, die legislative Gewalt müsse dem gesamten Volk gehören, macht ihn zu einem Fürsprecher der extremsten Art von direkter Demokratie.

Genau wie Lockes Theorie die logische Begründung für die Revolution in Großbritannien lieferte, bot Rousseaus Theorie eine philosophische Basis für die Französische Revolution. Die Briten fanden Rousseaus Lehre ungenießbar; sie behandelten sie wie heutige Konservative die Theorien der Bolschewiken. Ein großer Teil der bolschewistischen Theorie ist tatsächlich ein Erbe Rousseaus, mit dem relativ geringen Unterschied, dass Rousseau sich auf den allgemeinen Willen des gesamten Volkes bezog, während die Bolschewiken sich nur um den allgemeinen Willen des Proletariats scheren.

Lassen Sie uns nun einen Blick auf die historische Entwicklung der liberalen politischen Theorie werfen. Lockes Theorie erfuhr zwischen dem Zeitpunkt, zu dem er sie vortrug, und 1832 eine Anzahl von Änderungen. Während des 18. Jahrhunderts sah sich das britische Volk zunehmender politischer Korruption und einem zunehmenden Missbrauch der Regierungsgewalt gegenüber. Da Lockes politische Theorie eher die einer konstitutionellen Monarchie als die einer kompromisslosen Demokratie war, erwiesen sich die Einschränkungen, die der Regierung auferlegt waren, als ungenügend, um dem Missbrauch und der Korruption vorzubeugen. Lockes Theorien wurden unter dem Einfluss der rousseauschen Lehre in Zweifel gezogen. Das Endresultat war eine merkliche Modifikation im frühen 19. Jahrhundert durch die so genannten Utilitaristen. Nach Ansicht der Utilitaristen ist die Regierung ein Instrument, das benutzt werden sollte, um das größte Glück für die größte Zahl von Menschen zu bewirken. Sie predigten die Gleichheit aller Menschen und behandelten jedes Individuum als eine Einheit. Dieses Konzept hat drei Konsequenzen für die politische Theorie:

1. Jede Person kennt ihre eigenen Bedürfnisse besser, als jeder andere sie kennen kann. Diese Idee ist sehr wichtig, weil der Begriff der allgemeinen Wahl sich von da herleitet. Jede Person drückt durch ihre Stimme ihren individuellen Willen aus. Der aktuelle Trend zu allgemeinen Wahlen ist eine natürliche Weiterentwicklung dieser Theorie des Individualismus. Die Utilitarier, die sich durchaus der Tatsache bewusst waren, dass Menschen nicht gleich an Wissen oder Fähigkeit sind, befürworteten ein parlamentarisches repräsentatives System, in dem die Menschen ihre Repräsentanten durch allgemeine Wahlen bestimmen. Aber wie sollte man den Repräsentanten Restriktionen auferlegen und dem Machtmissbrauch vorbeugen? Daraus ergibt sich die zweite Konsequenz:

2. Gewählte Repräsentanten müssen dem Volk verantwortlich sein. Die Wähler wählen die Personen, die sie favorisieren, aber sie legen auch ihre Amtszeit fest. Wenn die Amtszeiten der Repräsentanten auslaufen, hängt ihre Wiederwahl vom Volk ab, und diese Tatsache dient dazu, Beamte vor der Öffentlichkeit rechenschaftspflichtig zu machen.

3. Gesetzgeber sind ebenfalls den Restriktionen unterworfen, die im Gesetz festgelegt sind. Auf den ersten Blick scheint dies ein oberflächlicher Punkt zu sein, aber tatsächlich ist er extrem wichtig. Er bedeutet, dass alle Teile der Regierung, einschließlich der Gesetzgeber, den Restriktionen unterworfen sind, die in der Verfassung niedergelegt sind, dem Grundgesetz des Landes, dem alle anderen Gesetze entsprechen müssen.

Diese drei Punkte illustrieren die ultimative Entwicklung der Theorie des politischen Liberalismus. Nach einer Vielzahl von Wechselfällen ist diese Theorie in England in die Praxis umgesetzt worden. Die Vereinigten Staaten haben die Theorie von Anfang an ihrer Verfassung und der politischen Praxis einverleibt – eine Tatsache, die, wie ich glaube, hilft, den hohen Stellenwert zu erklären, den sie unter den Nationen genoss. Im 19. Jahrhundert wurden diese Punkte von vielen anderen Ländern übernommen, in so weitem Ausmaß, dass man das Jahrhundert als das Zeitalter charakterisieren könnte, in dem der Liberalismus zu einem beherrschenden Zug der globalen politischen Szene geworden ist.

Wie wir gesehen haben, ist der Grundbegriff des Liberalismus, je nach Zeit und Situation, einer Vielzahl von Interpretationen unterworfen worden. Ich werde jetzt versuchen, Ihnen einen allgemeinen Überblick zu geben, der die von mir umrissenen Ansichten darstellt: die von Locke, von Rousseau und den englischen Utilitaristen:

1. Die Autorität der Regierung leitet sich von der Zustimmung der Regierten her und nicht von einem göttlichen Willen oder irgendeiner anderen Macht, die die menschliche Erfahrung überschreitet. Und da die Regierung auf der Zustimmung des Volkes basiert, hat das Volk das Recht, der Regierung Beschränkungen aufzuerlegen oder sie auszutauschen. Diese Idee ist der Grundpfeiler demokratischer politischer Philosophie.

2. Der Staat existiert um des Volkes willen und nicht umgekehrt, wie einige deutsche Theoretiker glauben; und dies ist deshalb der Fall, weil der Staat eine Organisation ist, die dazu dient, die Kommunikation von Gefühl, Emotion und Wille in einer Bevölkerung zu fördern, die aus verschiedenen sozialen Gemeinschaften besteht.

3. Der Staat sollte sich vor dem Volk verantworten und nicht umgekehrt. Das bedeutet, dass die Regierung dem Volk für ihre Handlungen Rechenschaft ablegen muss; und wenn das Volk sie missbilligt, hat es das Recht, die Regierung zu beschränken oder zu ändern. Viele Verfahrensprobleme drehen sich um diesen wichtigen Punkt. Das Problem ist das der praktischen Mittel, durch die das Volk sicherstellen kann, dass die Regierung ihm tatsächlich verantwortlich ist.

Der politische Liberalismus stellt eine Menge ganz nüchterner Probleme – allgemeine Wahlen, direkte Wahl, Amtszeiten, Revision von Wahlverfahren und viele andere –, und die Lösungen dieser Probleme variieren von Zeit zu Zeit und von Ort zu Ort. Die Behandlung solcher Probleme beruht allerdings fundamental auf der Theorie, die wir diskutiert haben. Auch wenn Lösungen in unserer alltäglichen Erfahrung und auf der Basis des politischen Common Sense gesucht werden müssen, sind sie immer noch wichtige Probleme. Wir dürfen unter keinen Umständen vergessen, dass sowohl der Begriff eines Staates, der dem Volk verantwortlich ist, wie die Methoden, durch die das Volk die Regierung effektiv kontrollieren kann, die Früchte vieler Jahre angestrengten Kampfes sind. Selbst die alltäglichen praktischen Dinge, die wir manchmal als selbstverständlich ansehen, repräsentieren die konkretisierte und akkumulierte politische Erfahrung vieler Generationen.

Notizen zur zwölften Vorlesung

Das Problem, das wir diskutieren, ist die Natur der *Macht*ausübung durch den Staat. Wie erwirbt Macht moralische Geltung, Autorität, wodurch wird sie *rechtens*? Die Antwort der Schule, deren Theorie in der letzten Stunde diskutiert wurde, besteht im Endeffekt darin, dass die Frage bedeutungslos ist; dass es ohne die Organisation des sozialen Lebens, die als Staat bezeichnet wird, überhaupt kein wirkliches Richtig und Falsch unter Menschen gibt – der Staat ist die Basis der Möglichkeit einer genuinen Gerechtigkeit unter den Menschen; ohne ihn leben sie das Leben von Begierde und Leidenschaft, das heißt das von wilden Tieren, sei es auch von veredelten wilden Tieren –; dass die unterdrückende und disziplinierende Seite des Staates, seine politische Seite, Bestandteil und Folge seines höheren Wertes ist, rationales Handeln und Eintracht zu ermöglichen. Wir kommen nun zu der Theorie, die die Auffassung vertritt, dass Individuen zuerst in einer Gesellschaft leben, bereits moralisch leben, bevor politische Autorität auf den Plan tritt, und dass die Existenz einer Macht, die die individuelle Wahl und Handlung, das heißt die Freiheit, beschränkt, ein wirkliches Problem darstellt – dass der Staat eine Rechtfertigung braucht und dass es nur eine Art gibt, ihn zu rechtfertigen. Eine Regierung ist nur dann legitim, hat nur dann Autorität anstelle brutaler Macht, wenn sie Rechte schützt und sichert, die unabhängig von ihr existieren, begrifflich oder sogar zeitlich vor ihrer Entstehung. John Locke war der erste große Wortführer dieser politischen Philosophie des Liberalismus. Er schrieb faktisch mit dem Ziel, die politische Revolution von 1688 zu rechtfertigen, durch die die Dynastie der Stuarts abgesetzt und eine neue Dynastie unter verfassungsmäßigen Restriktionen eingesetzt wurde: die sogenannte beschränkte Monarchie, oder genauer gesagt, eine Regierung, die bei der Ausübung ihrer Macht genau definierte Verantwortlichkeiten gegenüber dem Volk hat. Locke glaubte, wie auch Hobbes, die politische Gesellschaft habe ihren Ursprung in einem Vertrag und ihre Macht leite sich von diesem Vertrag her. Aber anders als Hobbes glaubte er nicht, dass der Mensch in dem natürlichen (vorpolitischen) Zustand gänzlich selbstsüchtig und egoistisch und nichtmoralisch gewesen sei. Er glaubte, er sei ein rationales und soziales Geschöpf gewesen, das seine Verpflichtungen gegenüber den Mitmenschen anerkenne und in der Hauptsache dazu neige, in dieser Weise vernünftig und richtig zu handeln. Aber der Naturzustand hatte einige große Unannehmlichkeiten. Es gab keinen, der autorisiert war, das Gesetz des richtigen gesellschaftlichen Umgangs mit seinen Mitmenschen zu erlassen und zu verkünden; es herrschte Ungewissheit und Unklarheit hinsichtlich der Verpflichtungen. Darüber hinaus gab es im Falle von Streit oder Konflikt keinen unparteiischen Richter, keinen unparteiischen Vollstrecker des Rechts, keinen unparteiischen Wiedergutmacher von Unrecht. Höchstwahrscheinlich ist jedes Individuum bei der Beurteilung seines eigenen Falles voreingenommen und bei der Sicherung seiner Rechte und bei der Wiedergutmachung seines Unrechts leidenschaftlich und unklug. Angesichts dieser Unbequemlichkeiten, das heißt der schlechten Konsequenzen dieser Lage, taten sich die Menschen zusammen und kamen überein, ihr Recht auf Urteil und Ausführung, auf Schutz und Wiedergutmachung ihrer eigenen Rechte durch Gewalt aufzugeben. Dies übergaben sie der politischen Autorität, der Regierung, die dadurch als eine in gemeinsamen Interesse begründete Macht entstand. Aber ihre Kräfte waren durch die Bedingungen oder Übereinkünfte, die ihr zur Existenz verholfen hatten, strikt begrenzt. Ihre einzige Funktion besteht darin, das Gesetz zu verkündigen, Streitigkeiten zwischen Bürgern zu schlichten und die Durchsetzung ihrer Entscheidungen zu gewährleisten. Für diese Zwecke / die Gesamtsumme / steht ihr die Macht aller Bürger zur Verfügung. Und die Bürger stimmen zu und kommen überein, zu gehorchen. Aber diese Macht ist darauf beschränkt, bestimmte Ziele zu sichern – die Sicherheit des Lebens und Eigentums der Bürger. Die Menschen gaben nicht alle ihre Freiheiten dafür auf; sie gaben einige Freiheiten auf, um den Rest ihrer Rechte zu sichern und zu garantieren. Wenn die politische Autorität (wie die der Stuarts) diese Grenzen überschreitet und Leben und Eigentum durch willkürliches Handeln unsicher macht, ist sie ein Usurpator. Sie bricht die Bestimmungen des Vertrags, auf denen ihre Macht beruht. Unter solchen Umständen ist eine Revolution keine illegale Rebellion. Sie ist lediglich die Anerkennung des Volkes, dass die Regierung ihre Funktionen niedergelegt hat und nicht länger eine legitime Autorität ist. So behält sich das Volk das Recht vor zu entscheiden, ob die Regierung die Zwecke des ursprünglichen Vertrages verfolgt.

Viele Personen haben geglaubt, die Theorie sei über den Haufen geworfen worden, als gezeigt wurde, dass solche Verträge nicht der historische Ursprung von Regierungen gewesen sind, dass sie, historisch gesprochen, rein mythologisch sind. Aber die grundlegende Idee ist dadurch nicht berührt. Locke hatte nicht den Versuch gemacht, den wirklichen Ursprung von Regierungen zu erklären. Er versuchte, die Quelle der *rechtmäßigen* Macht der Regierung oder politischen Autorität zu erklären. Und er fand sie in dem Gebrauch dieser Macht, um die Rechte der Individuen durch Verkündigung von Gesetzen klar und explizit zu machen und Individuen in der sichereren und beständigeren Ausübung ihrer Rechte zu schützen. Die Regierung existiert um der Wahrung von Rechten willen, die, wenn nicht historisch, so doch begrifflich früher existieren. Die Theorie proklamierte die Verantwortlichkeit jeder Regierung für bestimmte *Ziele*, um derentwillen sie existiert, und das Recht der Bürger, zu bestimmen, ob die Regierung diesen Zielen dient oder sie zerstört. Sie brachte die Diskussion von Staatsangelegenheiten in den Bereich der Erfahrung, heraus aus dem vagen und mysteriösen Bereich göttlicher Rechte und des Übermenschen, in die Region von Urteil und Überprüfung durch Nützlichkeitserwägungen des gesunden Menschenverstandes. Sie war in keinem Sinne eine revolutionäre Theorie, außer in Krisenzeiten eines extremen Regierungsversagens. Sie war nur gegen mögliche exzessive Willkürhandlungen gerichtet. Sie vertrat nicht die Ansicht, dass in [unlesbar] einer legitimen Regierung das Volk der wirkliche Inhaber politischer Macht und Autorität sei. Locke war Monarchist, kein Republikaner, aber ein konstitutioneller Monarchist. Der radikale Schritt wurde von Rousseau getan, der der Philosoph der Französischen Revolution von 1789 war, so wie Locke der Philosoph der Revolution von 1688 in Großbritannien war. Rousseau glaubte, es gebe noch gar keine legitimen Regierungen, dass aber eine gerechte

Regierung entstehen könnte, wenn alle Leute einen Vertrag miteinander – nicht mit der Regierung – schlössen, um ihren privaten Willen zugunsten eines Allgemeinwillens aufzugeben, der die Macht aller Individuen, die Rechte und Freiheiten jedes einzelnen Mitglieds der Gesellschaft unterstützen würde. Die Regierung sei nur ein Bediensteter, der nach dem Willen des gesamten Volkes eingestellt und entlassen werden könne, um dessen erklärte Absicht zu vollstrecken, zu verwirklichen. Auf diese Weise sei das organisierte Volk der alleinige Träger politischer Macht, auf die es niemals für irgendeinen Zweck verzichte. Die einzige legitime Regierung sei die demokratische, in der das Volk als Körperschaft Gesetze mache – da die legislative Funktion die Prärogative der Souveränität sei, weil sie den allgemeinen Willen und das allgemeine Interesse verkünde. Auf diese Weise wurde die Idee der Volkssouveränität über die ursprüngliche Bildung einer politischen Gesellschaft und ihrer unregelmäßigen Ausübung im Fall von extremer Misswirtschaft hinaus auf die reguläre und konstante Aufrechterhaltung politischer Aktivität erweitert. Nur der demokratische Staat ist eine legitime Form von Staat, weil er der einzige ist, der das Problem löst, die individuelle Freiheit mit dem Allgemeinwohl zu versöhnen.

Während diese Lehre mehr oder weniger in der Französischen Revolution verkörpert wurde, fasste sie in England nicht Fuß, wo sie als so revolutionär angesehen wurde wie heutzutage der Bolschewismus. Im frühen 19. Jahrhundert freilich wurde Lockes Liberalismus weitgehend durch eine neue Gedankenbewegung modifiziert, die von den Vertretern der utilitaristischen Schule ausging. Lockes Theorie war, wie wir gesehen haben, in ihren praktischen Auswirkungen weitgehend negativ. Sie zielte darauf, extremen Machtmissbrauch in der Regierung zu verhindern. Sie passte zu einer Oligarchie, wie sie in England bis zur *Reform Bill* von 1832 und später herrschte. Die Reformer des Liberalismus wünschten positive Garantien, dass die Regierung tatsächlich für das größte Wohl der größten Zahl anstatt zum Nutzen von Klasseninteressen arbeite – letztlich tatsächlich demokratisch, obgleich ihrem Ursprung nach keine reine Demokratie wie die Rousseaus. Ihre Hauptideen waren, (1) dass jeder Einzelne der beste Beurteiler seiner eigenen Interessen und seines eigenen Wohlergehens sei. Deshalb muss es ein allgemeines Wahlrecht geben, damit das Interesse eines jeden einen gerechten, fairen Ausdruck findet. Jeder weiß, wo ihn der Schuh drückt, niemand kann ihn bei dem primären Ausdruck seiner Wünsche vertreten. (2) Mitglieder der Regierung, der Beamtenklasse, sind Individuen, die, sich selbst überlassen, ihre eigenen Interessen verfolgen werden. Es muss Maßnahmen geben, die sie dazu bringen, ihre eigenen Interessen mit denen des Volkes zu identifizieren. Das Mittel sind häufige und regelmäßige Wahlen. Dadurch, dass sie häufig Rechenschaft abgeben müssen, werden sie dem Volk gegenüber verantwortlich und finden ihr eigenes Interesse darin, ihren Wählern zu dienen – die Idee einer repräsentativen Regierung. (3) So paradox es klingen mag, die Gesetzgeber müssen selber unter dem Gesetz stehen und ihm gemäß handeln. Es muss ein Grundgesetz geben, das nicht nur bestimmt, wie Richter und Verwaltungsbeamte handeln werden, sondern das auch entscheidet, was Gesetzgeber tun und nicht tun sollen und wie sie es tun dürfen – eine Verfassung.

(1) Allgemeines Wahlrecht, repräsentative Gesetzgebung, Parlamente, Kammern, (2) Verantwortung gegenüber der Wählerschaft und (3) konstitutionelle Regierung waren so die drei großen Programmpunkte des modernen Kampfes für eine Volks- oder republikanische Regierung. Der erste Punkt war gegen den aristokratischen Gedanken gerichtet, dass eine weise, ausgewählte Klasse regieren soll, aus dem Grund, dass selbst ein unwissender Mensch seine eigenen Bedürfnisse und Leiden besser kennt als irgendjemand sonst. Der zweite zielte darauf, die Gesetzgebung durch ordentliche und öffentliche Diskussionen von Repräsentanten des Volkes zu sichern, gerichtet gegen eine reine Demokratie einerseits – direkte Gesetzgebung durch das Volk – und gegen persönliche Regierung durch Mandate und Erlasse, öffentliche Erklärungen von Beamten andererseits. Der dritte war darauf gerichtet, Permanenz und Kontinuität im Staat mit fundamentalen Garantien einer politischen Art zu kombinieren – gegen Machtmissbrauch und mit der Vorkehrung für einen regelmäßigen Wechsel als Bedingungen des Wandels – Zusätze zum Grundgesetz oder der Verfassung. Dieses Ziel kommt gut zum Ausdruck in den Worten amerikanischer Staatsmänner, die freilich auf Aristoteles zurückgehen: »Damit die Regierung eine Regierung von Gesetzen und nicht von Menschen ist.«

In den verschiedenen Formen liberaler politischer Philosophie kommen die Elemente der *politischen Demokratie* zum Ausdruck.

Diese sind: (1) Das Volk ist die Quelle der politischen Macht, das heißt die Autorität zu regieren, Gesetze zu erlassen und deren Verwirklichung zu verwalten geht von ihm aus, nicht von einer übermenschlichen Macht, nicht von einer herrschenden Dynastie oder Familie und auch nicht von einer auserwählten Klasse. Die Idee einer »Regierung durch Zustimmung der Regierten« erscheint wie eine Verkehrung, ein verbales Paradoxon, aber sie vermittelt die Idee, dass das Volk als ein Ganzes der Träger der Macht ist, die es in einem gewissen Sinne sozusagen nur an bestimmte Personen delegiert, die regieren. (2) Der Staat existiert für die Gesellschaft, für die Förderung menschlichen Umgangs, nicht die Gesellschaft für den Staat. Herrschaft, Ordnung, Gesetz und Unterwerfung sind nicht um ihrer selbst willen wertvoll, sondern nur um der Förderung, der Vertiefung und Erweiterung der Prozesse des Zusammenlebens willen. Der große Irrtum in den *Theorien* des Liberalismus besteht darin, dass sie dazu neigten, die politische Organisation zu einem Mittel rein individuellen Wohlergehens zu machen, dass sie die Rechte der Individuen getrennt von sozialen Bindungen und Verknüpfungen begriffen, durch die allein das Individuum ein volles Leben erreichen kann. (Von daher die Reduktion des Glücks auf Lust im Utilitarismus und die Betonung von Sicherheit, von Besitz. Den Staat als Werkzeug der Gesellschaft und des Glücks anzuerkennen – und dass Entwicklung wichtiger ist als Sicherheit –, wird sich in der Herstellung von Verbindungen mit anderen zeigen.)[12] (3) Die Regierung ist dem Volk *verantwortlich*. Sie muss so organisiert sein, dass sie Rechenschaft ablegt, sich vor dem Volk für die Art und Weise verantwortet, wie sie ihre Angelegenheiten im Interesse des Volkes verwaltet. Wahlrecht, repräsentative gesetzgebende Körperschaften, Verfassung, Teilung der Gewalten in Legislative, Exekutive, Judikative, sodass keine Funktionen von anderen übernimmt, die Definition der Gewalten und Grenzen der Befugnisse jedes Beamten durch das Gesetz, Vorkehrungen für dieselben Strafen wie für normale Bürger – diese Dinge sind keine Selbstzwecke. Sie haben keine intrinsische Heiligkeit. Aber sie sind die besten bislang gefundenen Mittel, um die Verantwortung von Amtspersonen gegenüber dem öffentlichen Willen zu sichern. Diese Mittel sind nicht perfekt und werden zweifellos verbessert werden. Die Ausdehnung des Wahlrechts ohne

12 Text korrupt (Anm. d. Übers.).

Ansehen von Geschlecht, Reichtum oder selbst Bildung ist deshalb vorgenommen worden, um auf der einen Seite einen adäquaten Ausdruck des öffentlichen Willens zu sichern und auf der anderen, damit alle Personen an öffentlichen Angelegenheiten *Interesse* finden, an ihnen teilhaben können, wachwerden für die Erkenntnis ihrer öffentlichen Verantwortlichkeiten und Fähigkeiten. Referenden und Initiativen sind Experimente, Elemente der reinen mit Elementen der repräsentativen Demokratie zu kombinieren.

Der Irrtum des Liberalismus, zu glauben, der Staat habe seinen Ursprung in der Wahl isolierter Individuen und ziele darauf ab, sie als Individuen in ihren Rechten zu schützen, führte zu zwei anderen Irrtümern. Der erste bestand darin, sich die Regierung als eine Art notwendiges Übel vorzustellen, ein Verzicht auf einige Rechte und Freiheiten, um sich anderer nur umso sicherer zu sein – besonders der physischen Existenz und des *Eigentums* (der besondere Besitz des Individuums als solchen – siehe Locke). In Wahrheit ist die Regierung ein Organ oder Werkzeug für die Verwirklichung öffentlicher Interessen, der Dinge, die Menschen gemein haben, die in der Art, wie sie sich auswirken, in ihren Konsequenzen, alle Menschen betreffen. Beispielsweise Straßen, reguläre Kommunikationsmittel, Schulen, Geld, Land, Kohle, Wasserversorgung. Es folgt nicht notwendig, dass die Regierung *diese Dinge besitzen* muss, aber sie muss darauf achten, dass sie sich zugunsten der allgemeinen Wohlfahrt auswirken und funktionieren und nicht für privaten Gewinn. *Wie* das erreicht wird, ist eher eine wissenschaftliche als eine moralische Angelegenheit – das Ziel freilich ist moralisch und positiv, konstruktiv. Privates Eigentum kann nur geduldet werden, wenn es insgesamt ein besseres Mittel ist, um dem allgemeinen Interesse zu dienen. Eifersucht, Misstrauen, Verdächtigung der Regierung sind immer als Überbleibsel der Familiendynastien und des übermenschlichen Staates entstanden – früher in Großbritannien und den USA, heute in Russland und China. Dieses Überbleibsel behindert, nachdem die politische Organisation demokratisch geworden ist, den vollen Gebrauch der Regierung als demokratisches Werkzeug. Sie nährt die private Missachtung des öffentlichen Interesses in sozialen Unternehmungen, ökonomischen und anderen, das Gefühl, dass die Unternehmungen und Angelegenheiten des Einzelnen seine exklusive Privatsache sind, dass jede öffentliche Überwachung oder Regulierung ein unverschämter Eingriff ist, ein

Übergriff auf die eigene persönliche Freiheit. Diese Einstellung tendiert nicht nur dazu, die Regierung zu schwächen, sie inkompetent zu machen, sondern bringt auch Korruption mit sich – die mächtigen privaten Organisationen und militaristische oder industrielle Cliquen verwenden Regierungsmacht, um ihre Sonderinteressen auf Kosten der Öffentlichkeit zu fördern. Das Argument gegen die Ausweitung öffentlicher Aktivitäten, nämlich dass die Regierung sowohl korrupter als auch unfähiger als private Instanzen ist, beruht weitgehend auf zwei Ursachen – die eine ein Überbleibsel der nichtdemokratischen Regierung, die andere die *Wirkung* einer Übertreibung privater Aktivitäten.

Der andere große Fehler liberaler Philosophie bestand in dem Glauben, das Individuum sei ein adäquater Richter über seine eigenen Interessen und man könne auf dieses Eigeninteresse eines jeden rechnen, um eine Berücksichtigung des Wohlergehens aller zu sichern. Die moderne Gesellschaft ist so komplex und so mobil, so ständig im Wandel, dass die meisten politischen Maßnahmen, legislativ wie administrativ, außerhalb der Reichweite der Beurteilung auf der Basis persönlichen Interesses liegen. Loyalität gegenüber einer Gruppe, einer Klasse, einem Land, einer Partei spielt für die meisten Menschen eine größere Rolle als die Erwägung ihres Eigeninteresses – Letzteres führt wahrscheinlich entweder zur Abstinenz von politischer Aktivität oder zu einer korrupten Inanspruchnahme öffentlicher Instanzen, die sie zu Mitteln des privaten Gewinnes und Prestiges herabwürdigt. Ein öffentliches Interesse und *die öffentliche Meinung* müssen anstelle von Eigeninteresse und Urteil über das, was die Interessen des Selbst sein sollen, die Hauptstützen einer demokratischen Regierung bilden. Das ist der Grund, warum der Versuch, politische Demokratie als eine ganz eigene Institution einzuführen (das heißt Wahlrecht, Verfassungen, Parlamente usw.), so oft fehlgeschlagen ist. Sie wird nur da funktionieren, wo es eine Öffentlichkeit gibt, ein bürgerliches Gewissen, wo Menschen daran gewöhnt sind, als Bürger, das heißt vom Standpunkt der gesamten Gesellschaft und nicht vom privaten oder Familien- oder Klassenstandpunkt aus zu denken, und wo es eine öffentliche Meinung gibt – das heißt Mittel für öffentliche Diskussion, Austausch, Kommunikation. Physische Dinge wie Telegrafen, Eisenbahnen, Briefe, Reisen, Zeitungen ebenso wie das Recht auf öffentliche Treffen, Versammlungsrecht, Petitionsrecht,

Publikationsrecht sind Teile der Maschinerie zur Schaffung einer wahrhaft öffentlichen Meinung.

Reibereien zwischen sozialen Elementen, das Niederreißen von Schranken der freien Kommunikation und günstige Gelegenheiten für die Verbreitung von Ideen und Wissen sind notwendig. Von daher auch allgemeine Erziehung als öffentliche Aufgabe – um sowohl ein öffentliches Interesse wie die Fähigkeit zu erlangen, die Werkzeuge zu benutzen, durch die die öffentliche Meinung erzeugt wird – Ausdruck des eigenen Gesichtspunktes und die Rezeption anderer Menschen.

Die politische Demokratie geht auf diese Weise in die breitere moralische und soziale Demokratie über. Eine *darüber hinausgehende* Rechtfertigung politischer Demokratie, das heißt einer Volksregierung, ist ihre erzieherische Wirkung, das heißt ihre Auswirkung auf die Erweiterung von Interesse und Fantasie, Erweiterung der Gefühle über die persönlichen, lokalen, Familien- und Cliqueninteressen hinaus, um das Wohlergehen des Landes einzubeziehen und dadurch ein öffentliches Gewissen und bürgerliche Loyalität zu erzeugen; und ihre Wirksamkeit bei der Stimulierung von Gedanken, Ideen und ihres Ausdrucks hinsichtlich sozialer Angelegenheiten.

Carlyle machte das Parlament lächerlich, indem er darauf hinwies, dass es sich dabei wortwörtlich um eine Versammlung von Rednern handelt. Er machte sich über die Vorstellung lustig, dass Menschen durch einen Erlass, der auf das Reden folgt, Gesetze machen könnten – ebenso gut könne man versuchen, das Einmaleins herbeizureden. Aber die Erfahrung zeigt, dass soziale Gesetze, das heißt wünschenswerte Verhaltensregeln, nicht leicht zu entdecken sind und dass bis in die Gegenwart allgemeine Diskussion, Rede und Gegenrede den besten bislang gefundenen Weg darstellt, sie ans Licht zu bringen. Diese unterwirft Ideen der Kritik, verbessert sie durch Auswahl und Kombination, führt zu neuen Gedanken und zu neuen Untersuchungen. Sie bringt verborgene Erwägungen ans Licht und verbreitert die Reichweite von Ideen, die das Handeln beeinflussen. Kurzum, die Regierung wird letztendlich von der öffentlichen Meinung beeinflusst, und der einzige Weg, die Regierung zu verbessern, besteht darin, die öffentliche Meinung dadurch zu verbessern, dass man Ideen und die Methoden ihrer Zirkulation verbessert. Wahlrecht, Abgeordnetenkammern usw.

sind letztlich Mittel, eine öffentliche Meinung zu schaffen und zum Ausdruck zu bringen.

13. Die Rechte der Einzelnen

Zu Beginn dieser Vorlesungsreihe habe ich die Probleme der sozialen und politischen Philosophie unter drei Stichworte gruppiert: Probleme in der Ökonomie, Probleme in der Politik und Probleme im kulturellen und intellektuellen Leben des Menschen. Wir sind mit der ersten Gruppe fertig und in den letzten Vorlesungen haben wir Probleme der zweiten Gruppe diskutiert, wobei wir den Akzent auf die Anwendung des Gesetzes bei der Kontrolle der Gesellschaft gelegt haben. Das Gesetz, über das wir reden, ist allerdings nicht das Gesetz, das von einer einzelnen Person verkündet wird, oder selbst das, welches von einer kleinen Gruppe von Personen erlassen wird, sondern eher das Gesetz, das den allgemeinen Willen der Mehrheit eines Volkes zum Ausdruck bringt, soweit er sich auf die Aufrechterhaltung des öffentlichen Lebens bezieht. Die historische Entwicklung der politischen Demokratie ist die Geschichte eines fortwährenden Kampfes, um dieses Ziel zu erreichen. Dieser Prozess war ein Prozess, in dem die Politik, die den Willen einer Minderheit repräsentierte, allmählich durch eine Politik ersetzt wurde, die den allgemeinen Willen der Mehrheit repräsentiert.

Politische Demokratie meint freilich mehr als die Ersetzung des Willens einer Minderheit durch den allgemeinen Willen der Mehrheit; sie beinhaltet auch eine radikale Veränderung der Einstellung, nämlich dass rationale Gesetzgebung an die Stelle der »Gesetzgebung« von Tradition, Sitte und Gewohnheit treten sollte. Selbst heute gibt es noch Gesetze, die nicht mehr als die Akkumulation von Traditionen sind und nicht die durch eine Diskussion erreichte Rationalität verkörpern. Im Idealfall gibt es in einer Demokratie eine legislative Organisation, und das Gesetz entsteht als Resultat öffentlicher Untersuchung, Diskussion und Verbesserung. Das ist das, was wir meinen sollten, wenn wir von Gesetzgebung sprechen. Die Demokratie hat schrittweise ihre Basis erweitert, sodass die Menschen heutzutage zumindest Repräsentanten ihrer Wahl bestimmen können, um die Gesetzgebung für sie zu erledigen, selbst wenn wir nicht immer so direkt die administrativen Beamten unserer Regierung bestimmen können. Wir vergessen manchmal, wie wichtig und wie neuartig dieser Wandel unserer Ansichten ist.

Das Problem, das wir an diesem Punkt zu diskutieren haben, ist das der praktischen Funktion des Gesetzes in der Gesellschaft. In aller Kürze können wir sagen, dass es zwei Hauptfunktionen des Gesetzes gibt: Erstens wird den Leuten durch das Gesetz eine Anzahl von Rechten gewährt; zweitens erlegt das Gesetz ihnen eine Anzahl von Verpflichtungen auf.

Was meinen wir mit Rechten? Ein Recht bedeutet die Befugnis, die dem Einzelnen gewährt worden ist, etwas dem Gesetz entsprechend zu tun. Er kann das tun, was er tut, weil ihm diese Macht durch das Gesetz verliehen worden ist – durch das Gesetz, das durch die Macht der gesamten Gesellschaft unterstützt und aufrechterhalten wird. Mit anderen Worten: Die Gesellschaft stützt das Gesetz und unterstützt auf diese Weise die Macht, die das Gesetz der einzelnen Person gewährt. Wenn die legale Macht eines Menschen beschnitten wird, kommen ihm sowohl das Gesetz wie die gesamte Gesellschaft zu Hilfe. Auf diese Weise ist ein Recht die individuelle Macht, die einem Menschen durch die Macht der gesamten Gesellschaft gewährt wird, die hinter dem Gesetz steht und es unterstützt. Und da individuelle Rechte durch das Wirken des Gesetzes öffentlich durch die Gesellschaft anerkannt werden, können wir sagen, dass die Freiheit des Individuums im Gesetz und in der Politik die Gesamtsumme seiner verschiedenen Rechte ist.

Als logische Folge aus den Rechten, die das Gesetz verleiht, legt es dem Individuum auch Verpflichtungen auf. Das ist deshalb so, weil eine der primären Funktionen des Gesetzes darin besteht, die Ordnung in der Gesellschaft aufrechtzuerhalten und die Operationen des gesellschaftlichen Lebens zu erleichtern. Negativ muss das Gesetz festsetzen, welche Verhaltensweisen die Gesellschaft verbietet oder inakzeptabel findet; positiv muss es auch festsetzen, dass das Individuum nur auf diese Weise handeln darf, aber nicht auf jene. Das heißt, dass das Gesetz den Spielraum oder den Bereich des Verhaltens vorschreibt – die Dinge, die eine Person tun darf, diejenigen, die sie tun muss, und diejenigen, die sie nicht tun darf. Die Aufrechterhaltung der sozialen Ordnung und das reibungslose Funktionieren des gesellschaftlichen Lebens wären ohne diese Art von Vorschrift unmöglich.

Jedes Recht, das ein Individuum genießt, hat als sein Gegenstück eine Verpflichtung. Zum Beispiel hat eine Person das Recht auf Eigentum, aber ihr Recht erlegt ihr die Verpflichtung auf, dasselbe Recht für jeden ihrer Mitmenschen zu respektieren. Wenn sie Eigentum kauft oder verkauft, muss sie einen Vertrag schließen; häufig muss sie eine Steuer auf die Transaktion bezahlen, muss den Kontrakt durch einen unparteiischen Dritten bezeugen lassen; muss das der zuständigen Regierungsbehörde melden usw. Dies ist nur ein Beispiel für die Verpflichtungen, die mit dem Recht auf Eigentum einhergehen.

Ich glaube, wir sehen jetzt, dass individuelle Rechte nicht bedeuten, einen Menschen genau das tun zu lassen, was ihm gefällt; wir meinen damit spezifische Befugnisse, die durch die Macht der gesamten Gesellschaft, die hinter dem Gesetz steht, gewährt und gestützt werden. Wir können jetzt dazu übergehen, drei Kategorien von Rechten zu diskutieren, die das Gesetz verleiht: persönliche oder natürliche Rechte, bürgerliche Rechte und politische Rechte.

Persönliche Rechte sind diejenigen, die einem Individuum als Person zugehören und, konkret verstanden, vier fundamentale Befugnisse einschließen: (1) das Recht auf Leben – ein Mensch hat das Recht, in Sicherheit und Frieden zu leben, und dieses Recht kann nicht geschmälert werden, wenn er es nicht infolge eines Vergehens verliert, und auch dann nur, nachdem er in einem ordentlichen Verfahren schuldig gesprochen wurde – oberflächlich gesehen scheint dies ein Gemeinplatz zu sein, trotzdem ist es ein Recht, das das Volk insgesamt erst nach Jahrhunderten bitteren Kampfes gewonnen hat; (2) das Recht auf Bewegung – dies ist ebenfalls ein sehr wichtiges Recht, weil man als Mensch nicht ohne Bewegungsfreiheit leben kann; (3) das Recht auf Privateigentum – bloßer Besitz von materiellen Gütern ist nicht genug; ein Mensch muss das Recht haben, Eigentum zu erwerben, zu besitzen und darüber zu verfügen, und dieses Recht muss ihm von der Gesellschaft durch das Gesetz garantiert sein; und (4) das Recht, Verträge zu schließen, da vertragliche Vereinbarungen für gemeinsame Unternehmungen und die Komplexitäten des Zusammenlebens unentbehrlich sind. Dies also sind die vier grundlegenden Rechte, die dem Menschen als Individuum zustehen.

Bürgerliche Rechte leiten sich von persönlichen Rechten ab. Die oben aufgezählten vier Arten von persönlichen Rechten müssen durch das Gesetz bestimmt und öffentlich von der Gesellschaft anerkannt werden. Sie können nicht lediglich auf dem moralischen und ideellen Konzept der Handlungsfreiheit beruhen. Aber wenn diese Rechte zu sozialen und legalen Rechten werden, können verschiedene Organisationen innerhalb der Gesellschaft damit betraut werden, sie zu schützen und ein Urteil über sie zu fällen – namentlich die Gerichtshöfe und die Polizei, die als deren ausführendes Organ fungiert.

Im Westen werden bürgerliche Rechte weitgehend mit dem Recht identifiziert, Klage gegen einen anderen zu erheben, wenn ein Unrecht begangen worden ist, und das Recht auf einen fairen und gerechten Prozess zu haben, wenn man selbst zivil- oder strafrechtlich verklagt wird. Ist es also ein Recht, wegen eines kriminellen Vergehens beschuldigt oder für einen angeblichen Vertragsbruch verklagt zu werden? Die Antwort lautet ja. Hätte man nicht das Recht auf einen fairen Prozess, nachdem man formell beschuldigt worden ist, eine bestimmte Straftat begangen zu haben, wären die Streitparteien in jedem Falle ihre eigene Polizei, Richter und Jury und jeder auch sein eigener Vollstrecker – und natürlich wäre Chaos das Resultat. In einer zivilisierten Gesellschaft muss ein Einzelner sowohl das Recht haben, Zivilklagen einzureichen oder jemanden wegen einer Straftat anzuzeigen, wie das Recht, zu klagen oder beschuldigt zu werden und sich selbst vor einem Gericht zu verteidigen, wenn er in dieser Form angeklagt oder beschuldigt wird. In einer Gesellschaft oder einem Staat, in dem demokratische Politik noch nicht weit entwickelt ist und der Begriff des Rechts fehlt, übernehmen die Leute die Bestrafung von Kriminellen oft selbst und verweigern ihnen den gebührenden Prozess. Das Recht auf ein faires Verfahren nach dem Gesetz ist folglich ein fundamentales bürgerliches Recht.

Bürgerliche Rechte definieren Beziehungen, die in einer gegebenen Gesellschaft zwischen den Leuten existieren, aber sie definieren auch die Beziehungen zwischen dem Volk und seiner Regierung. Politische Demokratie setzt fest, dass das Gesetz individuelle Rechte vor Übergriffen durch andere Leute schützt, aber es errichtet auch Schutzmaßnahmen gegen Übergriffe auf diese Rechte durch die Regierung selbst. Die herausragende Stellung Großbritanniens unter den Nationen lässt sich unter anderem damit erklären, dass es zu den Ersten gehörte, die ein konstitutionelles Recht besaßen, und auch, weil die Briten so eifersüchtig über die Rechte wachten, die ihnen von ihrer Verfassung zugebilligt wurden. Ihre Freiheit von Leben und Bewegung wie auch Freiheiten vieler anderer Arten werden durch die Regierung streng dem Gesetz gemäß geschützt. Selbst Besteuerungsverfahren wie auch der Schutz des Eigentums werden durch gewählte Repräsentanten gesetzlich geregelt. Dieses Niveau der Demokratie erreichte das britische Volk erst infolge eines langen Kampfes mit der Regierung, und man muss die Geschichte dieses Kampfes kennen, um Entstehung und Arbeitsweise der politischen Demokratie im 20. Jahrhundert zu verstehen.

Wir kommen jetzt zu der Frage der politischen Rechte. Politische Rechte bilden die Grundlage für die ersten und zweiten Rechte – persönliche Rechte und bürgerliche Rechte –, weil diese beiden Arten von Rechten nicht ohne politische Rechte bewahrt werden können. Erst wenn den Leuten ihre politischen Rechte garantiert sind, kann der Genuss der beiden anderen garantiert werden. Das ist der Grund, warum die Leute das Recht verlangen, an der Regierung teilzuhaben. Selbst wenn sie nicht immer Verwaltungsbeamte wählen können, verlangen sie zumindest, die Gesetzgeber zu wählen – und oft haben diese gewählten Gesetzgeber das Recht, ernannte Beamte zu bestätigen oder abzulehnen. Politische Rechte sind die grundlegendsten aller Rechte; sie konstituieren die Garantie des Genusses anderer Rechte.

Im Idealfall wäre es natürlich möglich, einen aufgeklärten Despotismus ohne die Teilhabe des Volkes an der Regierung zu haben – gegeben ein weiser und tugendhafter Monarch, ehrenhafte und wohlgesinnte Beamte sowie gute und konsistente Gesetze. Ich sage, es wäre möglich – ereignet hat es sich jedoch nie. Es hat tugendhafte Monarchen und weise Beamte gegeben, aber wenn wir uns die Geschichte anschauen, bemerken wir, dass sie nicht tugendhaft und weise geblieben zu sein scheinen. Wie wir schon gesagt haben: Gleichgültig, wie gut ein Mann zu sein scheint, er neigt dazu, den Versuchungen nachzugeben und die ihm gewährte Macht zu missbrauchen, wenn diese Gewährung ohne Restriktionen oder genauere Bestimmungen erfolgt ist. Dies scheint ein universaler Defekt des menschlichen Charakters zu sein. Unter anderem aus diesem Grund muss das gesamte Volk auf seinen politischen Rechten bestehen, um sicherzustellen, dass es in den Genuss seiner anderen Rechte kommt.

Das allerwichtigste unter den politischen Rechten des Menschen ist das Wahlrecht. Bis in die vergleichsweise jüngste Zeit hinein war das Wahlrecht auf eine sehr kleine Anzahl von Leuten beschränkt, aber allmählich wurde es auf alle männlichen Bürger ausgedehnt, und in jüngster Zeit ist es noch weiter ausgedehnt worden und schließt auch Frauen ein. Durch das allgemeine Wahlrecht können die Menschen sowohl die legislativen als auch die exekutiven Beamten wählen. Die Leute haben auch das Recht, sich um ein Amt zu bewerben und nach ihrer Wahl als Regierungsbeamte zu dienen und Regierungsangelegenheiten zu betreuen. In früheren Zeiten war nur eine eng begrenzte Anzahl von Leuten mit öffentlichen Angelegenheiten befasst, aber heutzutage sind alle Bürger, sowohl Männer wie Frauen, berechtigt, durch Abstimmung ihre Meinung zu äußern. Oberflächlich gesehen – und es gibt Leute, die es so sehen – mag dies eine Sache von geringer Bedeutung erscheinen; aber tatsächlich ist es von höchster Wichtigkeit, nicht so sehr als Endzweck, sondern vielmehr als Mittel, um die bürgerlichen Rechte des Individuums zu bewahren und zu garantieren.

Es lohnt sich, den Punkt, auf den ich schon einige Male hingewiesen habe, noch einmal zu betonen, nämlich dass die Rechte und Befugnisse, die wir diskutieren, keinerlei Sinn haben, wenn wir den Einzelnen getrennt von Gesellschaft und Staat betrachten. Das Individuum kann diese Rechte nur so lange besitzen, wie es Mitglied seiner Gesellschaft und seines Staates ist; es gibt individuelle Rechte erst und nur dann, wenn sie durch die Gesellschaft mittels Gesetzen unterstützt und aufrechterhalten werden. Es ist absolut fundamental, den Begriff der individuellen Rechte mit Bezug auf die Gesellschaft zu betrachten, die sie garantiert, und auf den Staat, der sie mit Hilfe der Justiz durchsetzt. Selbst der Anarchismus zeigt eine implizite Anerkennung dieser Tatsache in genau dem Augenblick, wo er die Abschaffung der Regierung befürwortet. In den Augen des Anarchisten sind alle Regierungen repressiv; Repression ist ein Übel *per se*; *ergo* müssen Regierungen abgeschafft werden, und die Menschen müssen versuchen, ihre Freiheiten ohne Hilfe des Gesetzes aufrechtzuerhalten. Aber der Anarchist trägt die zweite Behauptung vor, die soziale Organisation habe lange genug existiert, um die Menschen so weit an soziale Disziplin zu gewöhnen, dass Zwangsmaßnahmen der Regierung nicht länger nötig sind, sodass die soziale Ordnung selbst nach der Abschaffung von Regierung und Gesetz immer noch existieren kann. Es ist klar, dass diese beiden Propositionen innerhalb des Kontextes der sozialen Organisation vorgetragen werden, und selbst wenn es einige unter uns gäbe, die anarchistischen Argumenten zustimmen, würde immer noch gelten, was wir über die soziale Matrix gesagt haben, in welche die individuellen Rechte eingebettet sind.

Der Begriff der Rechte ist vor allem vom politischen Individualismus vertreten worden, der, worauf wir wiederholt hingewiesen haben, den Höhepunkt eines langen Kampfes bildet, Menschenrechte zu erlangen und zu bewahren. Freilich wird allzu häufig über Rechte so geredet, als ob sie außerhalb eines sozialen Kontextes stünden, statt in ihn eingebunden zu sein. Ich habe das Gefühl, dass ich das Risiko einer Überbetonung dieses Punktes eingehen muss, weil der politische Individualismus so oft mit einem selbstsüchtigen Individualismus verwechselt wird.

In einer früheren Vorlesung in dieser Reihe haben wir deutlich zu machen versucht, dass Philosophie – soziale und politische – nicht absolut ist, sondern sich auf bestehende soziale Situationen bezieht. Eine gegebene politische Theorie erwächst aus den Tatsachen und Situationen in einer gegebenen Gesellschaft zu einer gegebenen Zeit. Der Kampf um die Gewährung individueller Rechte ist in den westlichen Ländern heutzutage nicht mehr von allzu großem Interesse. Vor einigen hundert Jahren war er von enormer Wichtigkeit, aber im Großen und Ganzen sind diese Rechte zum jetzigen Zeitpunkt so fest etabliert, dass die Crux des Problems woanders liegt.

Historisch gesehen war die Bewegung, Rechte für Individuen einzufordern, eine Reaktion auf die Unterdrückung von Individuen durch despotische Regierungen. Aber die Anzahl solcher despotischen Regierungen ist im Westen so stark zurückgegangen, dass wir praktisch sagen können, dass dieses besondere Problem eigentlich nicht länger existiert. Die meisten westlichen Staaten haben Regierungen, die den Willen des Volkes repräsentieren, und die meisten haben sich Verfassungen gegeben und Gesetze erlassen, die das Volk schützen. Aus diesen Gründen ist das politische Problem im Augenblick, soweit es die westliche Welt betrifft, zu dem Problem geworden, Wege zu finden, um die Rechte, die das Gesetz den Individuen gewährt hat, zu verwirklichen und Mittel zu finden, durch die diese Rechte effektiv ausgeübt werden können, zur Förderung und Mehrung des Gemeinwohls.

Anders gesagt: Das Problem, die individuellen Rechte selber zu erhalten, hat sich in das Problem verwandelt, die Gelegenheit zu suchen, diese Rechte auszuüben; das Ziel wird nicht länger in der Form ausgedrückt »jemand sollte das und das Recht haben«, sondern eher »jemand sollte die und die Gelegenheit haben, seine Rechte auszuüben«. Wie zum Beispiel kann man das Recht auf Eigentum ausüben, ohne Eigentum zu besitzen? Folglich muss die politische Theorie sich neu orientieren, um herauszufinden, wie der Einzelne Eigentum erwerben kann, sodass er sein Recht auf Eigentum ausüben kann, statt fortgesetzt in leeren Abstraktionen darüber zu theoretisieren, dass jedem Menschen das Recht auf Eigentum gewährt werden müsse.

Ein französischer Spötter machte sich einmal über die Absurdität lustig, Befriedigung darin zu finden, Gesetze lediglich in den Gesetzbüchern stehen zu haben und Erklärungen zu verfassen, dass alle Menschen bestimmte Rechte haben, indem er darauf hinwies, dass das Gesetz den Reichen genauso wie den Armen verbietet, Brot zu stehlen und auf der Straße zu schlafen. Dieser Sarkasmus ist absolut angebracht. Er erinnert uns daran, dass es nicht genug ist, eine Aussage über Rechte lediglich auf dem Papier stehen zu haben; wir müssen dem Einzelnen auch die Chance geben, diese Rechte auszuüben, sie in die Praxis umzusetzen.

Es gibt schon eine Reihe von Hinweisen, dass soziale und politische Denker des Westens auf diese Notwendigkeit einer Änderung der Schwerpunktsetzung reagieren. Die Gesellschaft nutzt das Recht und die politische Organisation nicht nur, um Ungerechtigkeit zu reduzieren und Gerechtigkeit zu schaffen; mehr und mehr bringt sie den Begriff der sozialen Gerechtigkeit ins Spiel, um einige der Ungerechtigkeiten aus der Welt zu schaffen, die bislang als selbstverständlich und mit Gleichmut hingenommen wurden.

Lassen Sie uns zu einem Beispiel zurückkehren, das wir schon benutzt haben, um einen anderen Punkt zu illustrieren. Beinahe alle industrialisierten Länder haben in den letzten Jahren Gesetze erlassen, die die Arbeitsbedingungen und Sicherheitsvorkehrungen in Fabriken spezifizieren. Diese Gesetze verbieten auch gewisse Arten von Kinder- und Frauenarbeit und setzen der Anzahl von Arbeitsstunden pro Woche, zu denen sie angestellt werden können, Grenzen. Das Gesetz schreibt jetzt einen Mindestlohn vor, unterhalb dessen die Industrie keine Arbeiter beschäftigen darf – eine Vorsorge, die zu einem höheren Lebensstandard für die arbeitende Bevölkerung geführt hat. Die Gesellschaft verwendet auch Steuergelder, um den Alten, den Kranken, den Invaliden und den Behinderten zu helfen. Dabei geht es nicht darum, Individuen Rechte zu verschaffen – alle Personen in diesen Ländern besitzen diese Rechte theoretisch schon –, sondern es sind Anstrengungen, politische Organisationen für das Ziel einzuspannen, die Individuen zu befähigen, diese Rechte auch auszuüben.

Das auffälligste Beispiel auf diesem Gebiet ist die gestaffelte Einkommenssteuer, die dazu tendiert, einerseits das Eigentumsrecht auszugleichen und andererseits die Staatseinnahmen zu vermehren. Der Prozentsatz der Einkommenssteuer eines Mannes steht in direktem Verhältnis zu seinem Einkommen; je mehr Geld er verdient, einen desto höheren Prozentsatz der Gesamtsumme muss er an Steuern zahlen. Einem Mann, der kaum genug verdient, um über die Runden zu kommen, kann seine gesamte Einkommenssteuer erlassen werden, während derjenige, der eine Million Dollar verdient, den größeren Teil davon der Regierung in Form von Steuern zu zahlen hat. Der Prozentsatz der Erbschaftssteuer steht ebenfalls in direktem Verhältnis zum Wert des ererbten Eigentums. Das ist ein Mittel, das bei weitem nicht so sehr dem Anwachsen der Steuereinnahmen der Regierung dient als vielmehr der Erreichung von Gerechtigkeit und Gleichheit durch politische Macht. Es liegt auf der gleichen Linie wie die Tendenz, den Umfang und die Definition von Rechten zu erweitern, um Menschen die Gelegenheit zu geben, etwas aus sich zu machen.

Wie weit sollte der Staat gehen, um das Recht des Privateigentums auszugleichen und Gleichheit für die Bevölkerung zu schaffen? Dieses ist das dringendste Problem, vor dem die westliche Politik steht. Es hat zu ernsthaften Diskussionen unter Sozialisten wie unter politischen Individualisten geführt. Der Individualismus steht auf dem Standpunkt, der Staat müsse sich bei der Machtausübung auf das absolute Minimum beschränken und solle so weit wie möglich davon Abstand nehmen, in die natürliche Operation der Gesetze der Ökonomie einzugreifen. Aber sowohl Sozialismus wie Individualismus haben zahlreiche Auswirkungen. Gleichgültig welcher politischen Richtung man zuneigt, jeder muss einräumen, dass dies ein grundlegendes Problem ist. Ich sehe es als von fundamentaler Wichtigkeit sowohl im Westen wie in China an. Aber das Problem, so wie es China betrifft, hat andere Facetten als dasselbe Problem im Westen. Das China betreffende Problem kann folgendermaßen formuliert werden: Angenommen, wir stimmen überein, dass unser Ziel letztlich die höchstmögliche Entfaltung der Individuen ist, sollte dann China, wie der Westen, zuerst durch ein Zeitalter des selbstsüchtigen Individualismus hindurchgehen und erst dann die Macht des Staates zur Geltung bringen, um einen Ausgleich in der Gesellschaft herbeizuführen, wie es der Westen tun musste; oder sollte es diese beiden Schritte verschmelzen und auf einen Streich soziale Gleichheit schaffen?

Es scheint mir Gründe für die Hoffnung zu geben, dass China die soziale Gleichheit in einem einzigen Schritt erreichen kann. Es gibt drei Gründe, warum ich dies sage:

1. Die erste Basis für die Hoffnung, dass China soziale Gleichheit erreichen kann, indem es beide Schritte zu einem verschmilzt – ohne Wiederholung der im Westen verfolgten Reihe von Ereignissen –, besteht darin, dass es schon über den traditionellen Begriff der staatlichen Verpflichtung, das Volk zu schützen, verfügt, da dies von Mencius (Mengzi) vorgeschlagen wurde. Der politische Individualismus hat in China keinen Boden gutgemacht, sodass die Tradition der Verpflichtung des Staates, das Volk zu schützen, die mit der Verpflichtung von Eltern verglichen werden kann, ihre Kinder zu schützen, oder mit der des Kaisers, seine Untertanen zu schützen, direkt in den Begriff des Schutzes der Bürger durch eine demokratische Regierung verwandelt werden kann.

2. Das moderne China kann Chancengleichheit für das Volk erreichen, indem es die Erziehung breiten Kreisen zugänglich macht. Volkserziehung ist nicht dazu da, die selbstsüchtigen Bedürfnisse von Individuen zu befriedigen, sondern allen Menschen die gleiche Chance zu geben, sich weiterzuentwickeln. Die Erziehung im Westen wurde erst lange nach Beginn der industriellen Revolution zu einem Allgemeingut. Aber die Industrialisierung Chinas beginnt gerade erst; es besteht deshalb die Chance für China, die Erziehung jetzt zu universalisieren, sodass es zu dem Zeitpunkt, da es die Industrialisierung in vollem Ausmaß erreicht, auch soziale Gleichheit erlangt haben wird.

3. Eine weiterer Grund zur Hoffnung besteht darin, dass die chinesischen Gelehrten und Wissenschaftler immer noch die Zeit haben, spezialisiertes Wissen zu erlangen und ihre Forschungsaktivitäten speziellen Problemen zu widmen. Einer der Mängel des

politischen Individualismus im Westen liegt in der Tatsache, dass er dazu neigt, Spezialisierung abzuwerten und zu glauben, jede vernünftig erzogene Person könne sich sehr gut um sich selbst kümmern. Er ignoriert die extreme Komplexität der modernen Gesellschaft und Politik und sieht nicht, dass selbst im kleinen Maßstab die Probleme der Erziehung, Besteuerung und Regierung wie die der Industrie effektiv nur von denen behandelt werden können, die über ein hohes Maß an hochspezialisiertem Wissen verfügen. Wenn China jetzt damit beginnen kann, einen angemessenen Grad an Spezialisierung zu entwickeln, wird sich das in Zukunft sicherlich auszahlen.

Diese Bemerkungen über China sind nicht mehr als ein paar Vorschläge, die ich aufs Geratewohl erteile. Das Problem freilich ist von äußerster Wichtigkeit und bedarf der sorgfältigsten Untersuchung. Obgleich China im Augenblick vor besonderen und sich verschärfenden Problemen steht, sind diese nur temporär. China steht mit Sicherheit in der nahen Zukunft vor anhaltenderen und fundamentaleren Problemen und die beiden wichtigsten sind die Unvermeidlichkeit der Industrialisierung und das sie begleitende Problem eines selbstsüchtigen Individualismus. Das Problem besteht also darin, die positiven Aspekte des Individualismus zu bewahren, zur gleichen Zeit jedoch seine negativen Aspekte, die mit Gewissheit Unordnung in Ihre Gesellschaft bringen würden, zu vermeiden.

14. Nationalismus und Internationalismus

Dies ist die letzte Vorlesung, in der wir uns mit den politischen Problemen befassen, die in der zweiten der drei Rubriken enthalten sind, unter die wir die Probleme der sozialen und politischen Philosophie eingeordnet haben. In den letzten Vorlesungen haben wir die Probleme des Staates diskutiert. Heute werden wir über die politischen Probleme auf der internationalen Ebene und ihre Beziehungen zum Staat diskutieren.

Zu Beginn dieser Vorlesungsreihe habe ich geltend gemacht, dass alle soziale und politische Philosophie ein Versuch ist, einen theoretischen Rahmen für die Erforschung der Konflikte verständlich zu machen und zu entwickeln, die sich ergeben, wenn verschiedene Gruppen innerhalb einer Gesellschaft oder aber verschiedene Gesellschaften unvereinbare Ziele anstreben. Die Konflikte, mit denen wir uns heute befassen, sind die, die entstehen, wenn Leute sich feindselig gegenüber Menschen aus einer anderen Gegend verhalten und sich sträuben, die notwendigen Anstrengungen zu unternehmen, um mit ihnen zu kommunizieren. Wenn wir diesen Begriff erweitern, sehen wir, wie die Menschen eines Staates die eines anderen mit noch größerem Misstrauen und noch größerer Feindseligkeit behandeln. Alle diese Konflikte sind psychologischer Natur, sowohl die Konflikte zwischen verschiedenen Gruppen innerhalb einer gegebenen Gesellschaft wie diejenigen zwischen Menschen aus verschiedenen Nationen. Es gibt eine weit verbreitete Tendenz unter Menschen, Fremde zu fürchten, und je unähnlicher ihnen die Fremden sind, desto wahrscheinlicher ist es, dass sie sie mit Verachtung behandeln. Sie sprechen von ihnen sogar als von Wilden oder Barbaren. Und weil verschiedene Völker manchmal verschiedene moralische Maßstäbe haben, tendieren die Leute dazu, diejenigen, die sich von ihnen unterscheiden, als moralisch unterlegen oder sogar unmoralisch anzusehen. Diese und ähnliche Tatsachen erklären das Auftreten von Konflikten unter den Völkern. Wenn eine Gruppe den Drang verspürt, ihren Macht- und Einflussbereich zu erweitern, dringt sie oft in das Territorium einer anderen Gruppe ein, und so entsteht ein Konflikt – oder, wenn die Tat auf der internationalen Ebene geschieht, ein Krieg. In letzter Vereinfachung ist dies die Quelle internationaler Probleme.

Das Problem ist so offensichtlich, dass es keines weiteren Kommentars bedarf. Wir alle wissen, dass jeder in dem einen oder anderen Grade Loyalitäten empfindet, die auf geographischen Beziehungen beruhen. Leute, die in demselben Dorf leben oder selbst in derselben Provinz, fühlen mehr oder weniger natürlich Loyalitäten, die auf geographischen Faktoren beruhen. Die logische Erweiterung dieser Idee gibt uns den Begriff der nationalen Loyalitäten. Dieser Begriff der geographischen Loyalitäten kennt zwei Ausdrucksformen: einerseits tendieren Menschen dazu, mit anderen innerhalb ihrer eigenen Gruppe zu kooperieren und ihnen Hilfe zu leisten; andererseits gibt es die Tendenz, Mitglieder anderer geographischer Gruppierungen mit Misstrauen oder Feindseligkeit zu begegnen. Wenn Probleme entstehen, verbünden sich Menschen mit ihren Nachbarn oder Landsleuten in einem offenen Konflikt gegen diejenigen, deren Loyalitäten woanders liegen.

Die Idee des Nationalstaates ist uns heutzutage so vertraut, dass wir wahrscheinlich vergessen, was für eine relativ neue historische Entwicklung er ist. Von einigen wenigen wichtigen Ausnahmen abgesehen, kann er als eine Schöpfung des 19. Jahrhunderts gelten. Vor der Entstehung des Nationalstaates als einer Einheit beschränkte sich die geographische Loyalität weitgehend auf die Ebene des Dorfes, der Stadt oder der Provinz.

Obgleich, wie wir gerade bemerkt haben, der Nationalstaat erst im 19. Jahrhundert zur typischen Einheit der politischen Organisation wurde, gab es Nationalstaaten natürlich schon vor dieser Zeit. Die Tatsache, dass die Inseln, aus denen Großbritannien besteht, physisch vom Festland Europas isoliert sind, war zweifellos einer der Gründe, warum Britannien der erste Nationalstaat im modernen Sinne wurde. Die nächsten Nationalstaaten, die entstanden, waren Spanien, Holland und Frankreich, aber die Anzahl solcher Einheiten blieb bis zum 19. Jahrhundert gering. Deutschland bestand aus mehr als hundert kleinen Fürstentümern, und Italien bestand ebenfalls aus einer Menge von Herzogtümern, Republiken und Fürstentümern, von denen einige häufig miteinander im Krieg lagen. Erst gegen Mitte des 19. Jahrhunderts wurden Deutschland und Italien zu Nationalstaaten vereinigt, und in dem Sinne, in dem wir hier von Nationalstaat sprechen, erlangte Japan diesen Status tatsächlich erst zur Zeit der Meiji-Restauration im Jahre 1869. Viele andere Länder versuchen sogar jetzt noch, Nationalstaaten zu werden und ihren Platz in der Familie der Nationen einzunehmen – Polen, Böhmen, Armenien, Indien, Irland und eine Menge anderer. Wir sehen, dass der Nationalstaat im Grunde etwas Neues unter der Sonne ist.

Die Entwicklung des Nationalismus hatte gute wie schlechte Auswirkungen. Auf der positiven Seite steht die Tatsache, dass er den Begriff der geographischen Loyalität auf die nationale Ebene ausweitete. Das Erscheinen des Nationalstaates hat geholfen, Konflikten zwischen kleinen Gruppen vorzubeugen oder sie mindestens zu lindern, Menschen in die umfassendere Einheit des Staates zu bringen und den Begriff der nationalen Loyalität und Sympathie zu schaffen. Die andere Seite der Münze ist, dass er auch zu Feindseligkeiten gegenüber anderen Staaten geführt hat. Vor dem Entstehen des Nationalstaates involvierte Kriegführung selten die Gefühle von Menschen, und Soldaten, die als Söldner angeworben wurden, kämpften ebenso bereitwillig für einen Arbeitgeber wie für dessen Feind. Jetzt freilich hat jeder Staat seinen *Geist* (im Original deutsch) und der Krieg betrifft die gesamte Gesellschaft und alle ihre Mitglieder ebenso wie ihre Institutionen – industrielle, kommerzielle und Erziehungseinrichtungen. Genau vor Ausbruch des Weltkriegs war Europa zu einem veritablen Waffenlager geworden, wobei alle Nationen ihre Armeen in einem kriegsbereiten Zustand hielten. Und als der Krieg kam, war es ein totaler Krieg; niemand war von dem Leiden, das er brachte, ausgenommen. Ja, der Preis für den Nationalismus ist sehr hoch gewesen.

Eine Begleiterscheinung des Begriffs des Nationalstaates ist der Begriff der Souveränität, die Idee, dass der Staat innerhalb seiner Grenzen die höchste Autorität in Regierungsfragen darstellt und keiner höheren Autorität verantwortlich ist. Er hat die Macht, Gesetze zu geben und zu vollstrecken sowie Recht zu sprechen – und er wird bei der Ausübung dieser Befugnisse keinen Eingriff von außen dulden. Das Ergebnis der Anwendung dieses Begriffs der Souveränität auf jeden der Nationalstaaten der Welt ist natürlich internationale Anarchie. Die historische Entwicklung der internationalen Politik und die der internen politischen Einrichtungen sind einander diametral entgegengesetzt. Als wir in einer früheren Vorlesung die Innenpolitik eines gegebenen Staates diskutierten, merkten wir an, dass der praktisch universale Trend vom Autoritarismus zur Demokratie ging, von der unverantwortlichen Regierung zu einer Regierung, die sich vor dem Volk verantworten muss, vom Despotismus zur Regierung mit stark eingeschränkter Gewalt. Aber auf dem internationalen Schauplatz ist genau das Gegenteil der Fall; jeder Staat ist sein eigenes Gesetz, keiner Institution über ihm verantwortlich, und das Resultat ist internationale Anarchie.

In einer solchen Zeit internationaler Anarchie besteht ein dringendes Bedürfnis nach einem internationalen Recht, um im besten Falle wenigstens ein geringes Maß an Ordnung unter den Nationen aufrechtzuerhalten. Aber es ist äußerst zweifelhaft, ob selbst das bescheidene internationale Recht, das wir jetzt kennen, diese Wirkung haben kann. Die Wirksamkeit des Rechts hängt von der Existenz eines Exekutivorgans ab, das öffentlich anerkannt ist. Aber das internationale Recht in der Form, wie es jetzt existiert, hat weder ein Tribunal, um Urteile zu sprechen, noch eine exekutive Autorität, um solchen Urteilen Wirkung zu verleihen. Wenn auf der Welt Frieden herrscht, arbeitet das internationale Recht ziemlich gut, aber sobald ein Problem entsteht, verliert es seine Wirksamkeit. Im Weltkrieg zum Beispiel beschuldigte jede Seite die andere, das internationale Recht gebrochen zu haben – und tatsächlich hatten beide mit ihren Anschuldigungen recht, weil beide Seiten tatsächlich das internationale Recht brachen. Darüber muss man sich freilich kaum wundern, da das internationale Recht selbst nicht zu einem Recht in dem Sinne geworden ist, in dem das Recht die Legalität eines Krieges nicht anerkennen kann. Die internen Gesetze innerhalb des Staates erkennen die Legitimität des Krieges nicht an. Aber das internationale Recht räumt eine solche Anerkennung ein und verkündet sogar eine minimale Anzahl an Regulierungen, an die sich Nationen, die miteinander im Kriegszustand sind, halten sollen (die aber, wie wir nun wissen, nicht befolgt wurden). Auf diese Weise hat es seine Wirksamkeit verloren und tut nichts, um den Schauplatz von der internationalen Anarchie zu befreien. Verträge zwischen Nationen können das internationale Recht ergänzen, aber in der tatsächlichen Praxis sind auch sie nicht sehr wirksam. Verträge beruhen auf dem Gleichgewicht der Macht zwischen oder unter den Vertragsnationen; da jede Seite versucht, ihre Macht zu vergrößern, geraten die Dinge früher oder später aus dem Tritt, Spannungen entstehen und Kriege beginnen – ungeachtet vertraglicher Maßnahmen, die das Gegenteil bewirken sollen.

Aber die Menschen haben keine Geduld mehr mit der internationalen Anarchie, und trotz der Entwicklung des Nationalismus kultivieren sie andere Kräfte, um die getrennten Nationen der Welt zu vereinigen. Dies sind die transnationalen Kräfte, wie etwa die Wissenschaft, die schönen Künste, Literatur, Religion, Reisen, Postdienste, Handel, Finanzen und eine wachsende Anzahl anderer Aktivitäten, die nationale Grenzen ignorieren müssen. Sie alle sind mehr oder weniger Kräfte, die der Trennung der Nationen entgegenwirken. Entwicklungen in der Wissenschaft in einem Land werden in allen Nationen zur Kenntnis genommen und angewendet. Die Religion ist offensichtlich ebenfalls einer dieser vereinigenden Faktoren. Das Christentum ist bis in die entferntesten Winkel der Erde vorgedrungen; der Buddhismus ist in China, Japan, Indien und Korea und auch in Südostasien populär. Wir könnten noch viele weitere Beispiele anführen, die die Ungeduld der Menschen mit der internationalen Anarchie und die Entwicklung transnationaler Kräfte demonstrieren, die dazu tendieren, die Welt eher zu vereinigen als zu trennen.

Die vereinigende Funktion der wirtschaftlichen Aktivität hat sich als bedeutsamer erwiesen als die Bemühungen, eine Einigung der Welt durch das geistige und religiöse Leben des Menschen zu suchen. Die Entwicklung des internationalen Handels hat die Welt, in einem bestimmten Sinne dieses Ausdrucks, bereits vereint. Eine Veränderung des Preises von Gold, Silber, Baumwolle, Gerste oder Reis in der einen Nation wird notwendig die Preisstruktur in anderen Nationen beeinflussen. In dem Maße, wie die Welt in wirtschaftlichen und geistigen Angelegenheiten immer mehr zusammenrückt, haben die Menschen zunehmend weniger Geduld mit Politiken, die versuchen, sie in getrennten Lagern zu halten.

Heute operieren in der Welt zwei einander entgegengesetzte Kräfte: Auf der einen Seite haben Tendenzen zur Vereinigung auf geistigem und ökonomischem Gebiet eine wachsende Ungeduld mit der internationalen Anarchie verursacht; auf der anderen Seite scheinen die Regierungen verschiedener Nationalstaaten auf politische Maßnahmen festgelegt zu sein, die unausweichlich zu einem Krieg führen müssen. Und Krieg heute ist weitaus schlimmer als früher. Es gibt zwei Gründe, die die Destruktivität und Zerstörungskraft der modernen Kriegführung erklären. Erstens hat die Technologie neue Instrumente der Kriegführung produziert, zum

Beispiel Unterseeboote und Flugzeuge. Ehemals destruktive Waffen wie Pfeil und Bogen, das Gewehr, die Kanone usw. scheinen nicht zum Zwecke der Kriegführung erfunden worden zu sein, aber in der Verzweiflung des Krieges haben Leute auf sie zurückgegriffen und so wurden sie schließlich primär als militärische Waffen angesehen. Da die zeitgenössische Technologie so viele Geräte von unbeschreiblicher Zerstörungskraft hervorgebracht hat, wird von nun an jeder Krieg alle früheren weit in den Schatten stellen, den soeben beendeten schauerlichen Weltkrieg eingeschlossen. Der zweite Faktor ist der, dass der Krieg, gerade, weil er so sehr zu einer Sache angewandter Technologie geworden ist, nicht mehr nur einfach Armee und Marine einbezieht, sondern die gesamte Ökonomie der kriegführenden Nationen. Wenn ein Krieg ausbricht, muss die Produktionskapazität der Nation unmittelbar auf die militärische Produktion umgestellt werden; die Produktion ziviler Güter wird eingeschränkt und die gesamte nationale Ökonomie steht im Dienst militärischer Ziele. Wenn der Krieg dann vorbei ist, sind jahrelange Arbeit, unermessliche Energie und große Erfindungskraft erforderlich, um die Industrie auf die Erfordernisse der Friedensproduktion umzustellen, und die Einrichtungen wieder aufzubauen, die der Verwüstung des Krieges zum Opfer gefallen sind.

Aus diesen Gründen kommen immer mehr Menschen zu der Überzeugung, dass irgendetwas getan werden muss, um die internationale Anarchie zu ersetzen, die für das menschliche Wohl derart kostspielig ist. Heute glauben immer mehr Menschen, dass die Prinzipien, die im internen demokratischen politischen System innerhalb des Staates Anwendung finden, auf die internationale Ebene ausgedehnt werden können und dass es uns möglich sein muss, eine verantwortliche und effektive internationale Organisation zu schaffen. Dieses Ziel wird nicht leicht zu erreichen sein. Was wir brauchen, ist ein fundamentaler Umbau der Welt – ein Umbau, der nur durch die Kooperation der internen Regierungen der verschiedenen Nationalstaaten möglich sein wird. Ein notwendiger erster Schritt wird die Entwicklung einer in einem rechtlichen Rahmen verlaufenden Kooperation zwischen und unter den verschiedenen Regierungen sein.

Bis zur Gegenwart hat die Bevölkerung als solche keine Stimme bei der Festlegung der Außenpolitik gehabt, und von daher war es unmöglich, die Prinzipien der inneren demokratischen Politik auf internationale Beziehungen auszudehnen. Selbst in den Fällen, in denen die innere Politik eines Staates sich denkbar demokratisch vollzieht, liegt die diplomatische Politik des Staates immer noch in der Hand von wenigen Regierungsbeamten. Das muss sich ändern. Die Menschen müssen ein Interesse an der Außenpolitik ihrer Regierung entwickeln, müssen über sie informiert werden und müssen ein Mitspracherecht verlangen. Denn es gibt mit Sicherheit keinen Grund zur Hoffnung auf eine verantwortliche internationale Organisation, wenn es keine demokratische Außenpolitik innerhalb der Nationalstaaten gibt, die die internationale Organisation ausmachen werden.

Die Unzufriedenheit so vieler Leute mit der internationalen Anarchie war der Hauptgrund für den Enthusiasmus, mit dem so viele Nationen den Vorschlag von Präsident Woodrow Wilson aus den Vereinigten Staaten für die Bildung eines Völkerbundes begrüßt haben. Hier war ein Vorschlag, der die Weltlage aus einer Situation der Anarchie in die einer verantwortungsvollen internationalen Regierung verwandeln würde. Hier waren konkrete Maßnahmen für eine internationale Gesetzgebung, Verwaltung und Rechtsprechung – Maßnahmen, die der absoluten Souveränität ein Ende setzen und Offensiv- und Defensivbündnisse und andere ähnliche Verträge zwischen zwei Nationen überflüssig machen würden. Hier war ein Vorschlag für eine Einrichtung, in der alle Befugnisse der internationalen Gesetzgebung, Verwaltung und Rechtsprechung von einer einzigen kompetenten internationalen Organisation ausgeübt werden würden. Wir brauchen nicht weiter ins Detail zu gehen, sondern nur zu bemerken, dass die Unzufriedenheit mit der internationalen Anarchie Millionen von Menschen dazu veranlasst hat, Präsident Wilsons Vorschlag für einen Völkerbund mit Dankbarkeit und Erleichterung zu begrüßen.

Ich brauche Ihnen nicht zu sagen, wie enttäuscht und entmutigt so viele von uns im vergangenen Jahr waren, als einige andere Anregungen Wilsons für internationale Organisationen ins Leere liefen. Einige kurzsichtige Nationen haben ihren eigenen Vorteil gesucht und sich auf Kosten der im Krieg geschlagenen Nationen bereichert. Das ist allgemein bekannt. Aber die Enttäuschung ist nur momentan, nicht permanent. Ich bin zuversichtlich, dass die Tendenzen, von denen ich gesprochen habe, in der Tat wirksam sind und die weltweite Situation sich verbessern wird.

Es ist schwierig vorherzusehen, wie der Völkerbund im Einzelnen die Funktionen erfolgreich erfüllen kann, für die er geschaffen wurde, aber es gibt schon gewisse Entwicklungen, die Grund zum Optimismus geben. Die erste ist die Entwicklung von Schiedsgerichten. Die Wichtigkeit dieser Einrichtung liegt nicht nur in der Tatsache, dass sie in umstrittenen Fällen faire Urteile fällen kann, sondern noch wichtiger ist, dass sie den Ausbruch von Kriegen aufschieben kann. Wenn ein Mitglied des Völkerbundes beteiligt ist, muss das Schiedsgericht zuerst eine Untersuchung der Situation anstellen, bevor die Nation in den Krieg ziehen kann. Und es kann gut sein, dass die Völker der beteiligten Nationen sich während dieser Untersuchung eines Besseren besinnen und weniger geneigt sind, sich auf das verschwenderische und zerstörerische Geschäft des Krieges einzulassen. Auf diese Weise wird die Zahl der Kriege gewiss deutlich reduziert, weil es tatsächlich nur wenige Menschen auf der Welt gibt, die wirklich einen Krieg wollen.

Ein zweiter Grund zum Optimismus besteht in der Reduzierung der Bewaffnung. Bis in die allerjüngste Zeit hinein haben die Völker den falschen Glauben gehegt, dass man den Frieden am besten sichert, indem man sich auf den Krieg vorbereitet: eine Art permanenter Waffenstillstand; aber glücklicherweise ist dieser Glaube im Schwinden. Die Leute erkennen langsam, dass man die Dinge, auf die man Geld und Anstrengung verwendet, auch benutzt. Wenn eine Hausfrau ein neues Messer kauft, möchte sie es so schnell wie möglich benutzen, und sie will es blank und scharf halten, solange sie nur kann. Dasselbe gilt, wenn ein Staat riesige Armeen und Flotten unterhält – die Versuchung, sie einzusetzen oder das zumindest anzudrohen, wird geradezu unwiderstehlich. Aber einen Krieg anzufangen, ist eine Sache; ihn zu beenden eine andere. Niemand gewinnt heutzutage einen Krieg; der Sieger leidet ebenso sehr wie der Besiegte. Ich hoffe von ganzem Herzen, dass die Zeit bald kommen wird – und wenn ich sage bald, meine ich innerhalb der nächsten ein oder zwei Jahre –, zu der es ein wahrhaft unwiderstehliches Verlangen nach einem Rüstungsabbau und nach einer Bildung einer echten Weltregierung geben wird.

Ein dritter Grund zum Optimismus besteht darin, dass die letzten paar Jahren gezeigt haben, dass eine offene Diplomatie zumindest eine Möglichkeit darstellt. Traditionell sind diplomatische Verhandlungen Geheimsache; bestimmte, vor mehr als einem Jahrhundert von Diplomaten erzielte Vereinbarungen sind ja tatsächlich immer noch nicht bekannt gemacht worden. Aber die Tage der Geheimdiplomatie sind vorüber; die Leute sind besser informiert als jemals zuvor und die öffentliche Meinung wird einflussreicher. Wenn wir eine wahrhaft offene Diplomatie haben, wie wir sie, wie mir scheint, haben müssen, werden wir einen großen Schritt in Richtung einer effektiven internationalen Organisation getan haben.

Damit verknüpft, aber doch auch ein vierter Grund zum Optimismus ist die Möglichkeit der öffentlichen Einflussnahme auf die Diplomatie. Öffentliche Teilhabe an diplomatischen Entscheidungen wird eine drastische Veränderung althergebrachter Politik bedeuten, nach der die Außenpolitik nicht nur geheim war, sondern in den Händen einer sehr kleinen Anzahl von Diplomaten und anderen Regierungsbeamten lag. Jetzt freilich wissen wir, dass es nicht wahr ist, dass diplomatische Entscheidungen das Volk nichts angehen, und wir wissen, dass für das Volk als ganzes in den diplomatischen Beziehungen seines Staates ebenso viel auf dem Spiel steht wie für die Diplomaten und Regierungsbeamten, deren Unterschriften auf den Dokumenten erscheinen. Ich hoffe, dass die Öffentlichkeit zunehmend verlangt, entscheidende Mitspracherechte bei der Bestimmung der Außenpolitik ihrer Regierung zu bekommen. Eine solche Bewegung wird die Gefahr eines Krieg reduzieren, da das Volk als ganzes sich dem Krieg entgegenstemmt, jetzt, da es gelernt hat, was für jeden Einzelnen auf dem Spiel steht.

Um zum Schluss zu kommen: Ich spreche nicht von einem Frieden, der lediglich die Abwesenheit von bewaffnetem Konflikt ist – eine passive Auffassung, der wir nur allzu häufig begegnen. Selbst unpatriotische Menschen, Feiglinge und Reiche, die den Verlust ihres Geldes vermeiden wollen, können diese negative Art von Frieden wünschen. Aber wir müssen für einen positiven Frieden arbeiten, einen Frieden, der auf gemeinsamen konstruktiven und internationalen Unternehmungen beruht. Genau wie eine Nation an Macht gewinnt, indem sie ihre Menschen in groß angelegte konstruktive Aktivitäten einbindet, wird die Welt erstarken und die Kriegsgefahr verschwinden, wenn die Nationen sich mit konstruktiven Unternehmungen befassen, die zum Wohl aller beitragen. Ich glaube, dass wir nun endlich auf eine Zeit hoffen können, in der das Zusammenleben im weltweiten Maßstab existiert und die Menschheit in einer Gesellschaft lebt, die alle nationalen und sprachlichen Barrieren überwindet.

15. Die Autorität der Wissenschaft

Zu Beginn dieser Vorlesungsreihe habe ich die Probleme der sozialen und politischen Philosophie unter drei Stichworte subsumiert – ökonomische Probleme, politische Probleme und Probleme des intellektuellen und kulturellen Lebens der Menschen. Wir haben jetzt die Probleme abgehandelt, die unter die ersten beiden Stichworte fallen; in den letzten beiden Vorlesungen werde ich mich mit denen befassen, die unter das dritte fallen.

Die Probleme des kulturellen, intellektuellen und geistigen Lebens der Menschen sind eng verwandt mit den Problemen der Ökonomie und Politik. Man kann sogar sagen, dass die Lösungen für diese letzteren nicht unabhängig von der Lösung für kulturelle und intellektuelle Probleme gesucht werden können. Wir können zwei Behauptungen aufstellen, deren Diskussion Licht auf das wirft, was ich meine: (1) Die intellektuellen und geistigen Aspekte des Lebens erhöhen die Werte des Zusammenlebens, und (2) diese Aspekte bilden an sich die eigentlichen Grundlagen der Zivilisation.

Was den ersten dieser Sätze anbelangt, so wissen wir sehr wohl, dass Menschen etwas mehr sind als bloße Tiere. Wie die anderen Lebewesen müssen wir unsere grundlegenden Bedürfnisse nach Nahrung und Sex befriedigen, aber anders als im Falle der niedrigeren Arten ist die Befriedigung dieser Bedürfnisse nicht genug. Menschen müssen sich intellektuellen und geistigen Aktivitäten widmen und dadurch ihre lediglich animalischen Begierden verwandeln und sie auf die Ebene der Zivilisation heben.

Lassen Sie uns einen Augenblick lang auf das Phänomen des Arbeitsstreiks blicken – zur Illustration der Tatsache, dass der Mensch nach mehr als der bloßen Befriedigung animalischer Triebe verlangt, wenn er Zufriedenheit im Leben finden will. Warum sehen wir überall auf der Welt Arbeiter streiken? Viele Leute – sogar die meisten Leute – nehmen an, dass Arbeitsstreiks Mittel sind, durch die die Arbeiter eine gleichmäßigere Verteilung der Profite der Industrie erreichen wollen und dass es folglich keine Streiks mehr gäbe, wenn dieses Ziel durch die Lohnstruktur garantiert wäre. Nun spielt das ökonomische Motiv gewiss eine bedeutende Rolle in den Streiks, aber es gibt einen anderen Faktor, den wir ins Auge fassen müssen, und zwar einen, der von großer Wichtigkeit ist. Ich bin überzeugt, dass selbst dann, wenn den Arbeitern ein adäquater Lohn zugesichert würde, auch weiterhin Unzufriedenheit herrschen würde, weil hier etwas Fundamentaleres als bloße Löhne im Spiel ist. Dieses Etwas ist die Tatsache, dass das Kapital bis heute nicht nur die materiellen und ökonomischen Aspekte der Industrie monopolisiert hat – wobei es die Arbeiter oft ausgebeutet hat –, sondern auch Strategien verfolgt hat, die die intellektuelle und moralische Entwicklung der arbeitenden Klassen hemmt. Angelegenheiten der Politik – diejenigen Aktivitäten, die nach Fantasie und Intelligenz verlangen – sind das Monopol des Managements, während die Arbeiter systematisch von jeder Teilhabe ausgeschlossen sind.

In dem Maße, wie die Arbeiter über eine bessere Ausbildung und größere Lebenserfahrung verfügen, tendieren sie dazu, sich an dieser Ausschließung zu stoßen und bei der Bestimmung der Firmenpolitik mitbeteiligt werden zu wollen. Schon jetzt machen einige wenige – nur sehr wenige, könnte ich hinzufügen – aufgeklärte Industrielle Fragen der Firmenpolitik zum Gegenstand der Verhandlung mit den Gewerkschaften; und wo dies geschieht und die Arbeiter auf diese Weise bei der Bestimmung dieser Politik eine Stimme haben, hat sich die Arbeitsmoral gehoben, die Arbeiter identifizieren sich mit dem Industrieunternehmen, dem sie angehören, die Produktionszahlen steigen und die Kosten sinken. Dies ist ein gutes Beispiel dafür, wie Fragen des Intellekts und des Geistes die Werte des ökonomischen und politischen Lebens erhöhen können.

Lassen Sie uns die Politik als ein anderes Beispiel nehmen. Warum setzen sich Menschen für demokratische Regierungen ein? Ist es einfach nur deshalb so, weil sie unter einer demokratischen Regierung weniger Steuern bezahlen oder einen höheren Lebensstandard genießen? Ganz im Gegenteil. An diesen Maßstäben gemessen, ist die Demokratie oft weniger »effizient« als die eher autoritären Regierungen, die sie ablöst. Menschen kämpfen für eine demokratische Regierung, weil sie ihr eigenes Schicksal mitbestimmen wollen, und Demokratie verlangt nach einer allgemeinen Teilhabe bei der Entscheidungsfindung. Sie ebnet auf diese Weise den Weg für die Entwicklung und Nutzung der intellektuellen und emotionalen Möglichkeiten größerer Zahlen von Menschen. Unter diesen Umständen werden ökonomische Interessen, die ursprünglich ihrem Charakter nach selbstsüchtig gewesen sein mögen, erweitert; ein Interesse am öffentlichen Wohl kann die egoistische Tendenz ersetzen. In einem gewissen Sinne können wir deshalb sagen, der größte Vorteil einer demokratischen Regierung bestehe darin, dass sie ihrer ganzen Natur nach erzieherisch wirkt; unter ihr werden die materiellen Güter des Lebens auf eine sekundäre Ebene der Wichtigkeit verwiesen.

Wir könnten weitere Beispiele anführen, aber diese sind genug, um die Behauptung zu illustrieren, dass intellektuelle, kulturelle und geistige Aktivitäten und Antriebe die Werte des politischen und ökonomischen Lebens der Menschen steigern können. Derartige Aktivitäten steigern nicht nur die kulturellen Aktivitäten, sondern auch die Anzahl der Menschen, die am kulturellen Leben teilhaben und davon profitieren.

Wir kommen jetzt zu der zweiten Behauptung, nämlich dass das intellektuelle, kulturelle und geistige Leben die eigentliche Grundlage des gemeinschaftlichen Lebens bildet. Das wird offensichtlich, sobald wir darüber nachdenken, dass diejenigen Aspekte des Lebens, die wir als intellektuell, kulturell und geistig bezeichnen, unentbehrlich und grundlegend für das gesellschaftliche Leben auf jeder Ebene sind. Wir wissen alle, dass die industrielle Revolution zahllose Maschinen mit sich gebracht hat und dass die Fabrikproduktion, die diese Maschinen möglich gemacht haben, eine Zivilisation hervorgebracht hat, die sich merklich von der unterscheidet, die unsere Vorfahren nur wenige Jahrhunderte früher kannten. Aber wir vergessen manchmal, dass die Maschinen der industriellen Revolution nur die Mittel der Veränderung waren; ungeheuer viel wichtiger als die Maschinen selbst ist die Entwicklung der modernen Wissenschaft in den beiden vergangenen Jahrhunderten, die der industriellen Revolution vorausgingen – eine Entwicklung, die sozusagen das Wissen produziert hat, das die Maschinen produziert hat, die die industrielle Revolution produziert haben.

Die industrielle Revolution hat mehr getan, als nur unsere Produktionsmethoden zu verändern und uns in den Stand zu setzen, die Kraft von Dampf und Elektrizität an die Stelle der Muskelkraft von Mensch und Tier zu setzen, die vorher die materiellen Güter des Lebens produziert hatten. Sie rührte auch von den profunden

Veränderungen im intellektuellen und geistigen Leben der Menschheit her. Die Betrachtung der jüngsten Geschichte unterstreicht auf diese Weise die Tatsache, dass intellektuelle und geistige Antriebe und Aktivitäten die eigentlichen Fundamente bilden, auf denen wir die Struktur unseres sozialen Lebens errichten. Ich glaube nicht, dass es irgendeinen Streit über die Behauptung geben kann, dass eine lebensfähige Zivilisation auf einem konsistenten Gedankensystem und einer Bindung an bestimmte moralische Prinzipien beruhen muss, so wenig wie es Streit über die logische Folgerung geben kann, dass signifikante soziale Veränderungen und Reformen mit Veränderungen und Verbesserungen unserer Denkweisen einhergehen. Dies sind Dinge, die wir alle anerkennen.

Heute steht die gesamte Welt an einem Scheideweg. Unser Wissen erweitert sich und unsere Denkweisen verändern sich. Dutzende von Nationen erleben eine politische Revolution, aber der Wandel ist nicht auf die Politik beschränkt. Überall zweifeln die Menschen an den Traditionen und Überzeugungen, auf denen ihre gesamte Sozialstruktur beruht. Ideen, die über zahllose Generationen hinweg fraglos akzeptiert worden sind, werden erneut überprüft, oft bezweifelt, manchmal über Bord geworfen. Aber es haben sich noch keine neuen Denkweisen und keine neuen Bindungen entwickelt, um die, die tatsächlich über Bord geworfen werden, zu ersetzen. Unsere Generation muss neue Denkweisen entwickeln und Entscheidungen über Prinzipien treffen, denen wir unsere Loyalität geben wollen; das ist der Grund, warum wir sagen, dass die Welt an einem Scheideweg steht, sowohl im Hinblick auf unser Wissen wie auch auf unsere Denkweisen.

Das drängendste soziale Problem in der modernen Welt besteht darin, die Autorität der Tradition durch die Autorität der Wissenschaft zu ersetzen. Was meinen wir mit Autorität? Im Grunde meinen wir jeden Gedanken oder jeden Glauben, der das menschliche Verhalten steuert. Wir können auf Autoritäten nicht verzichten und wir können auch nicht ganz plötzlich die eine Art von Autorität gegen eine andere austauschen. Autorität – das Ideensystem, nach dem wir unsere Entscheidungen treffen und das die Art, wie wir handeln, beherrscht – kann nur graduell und durch die vereinten Anstrengungen vieler Menschen ersetzt werden. Das Problem besteht deshalb darin, Wege zu finden, wie wir die Autorität der Wissenschaft an die Stelle der Tradition setzen können, und Mittel zu entwickeln, durch die wir die wissenschaftliche Methode zur Autorität der Zukunft machen können, wie es die Tradition für die Vergangenheit war und für einen großen Teil der Gegenwart immer noch ist.

Überall sind die Menschen zwei Arten von Kräften unterworfen, den Kräften, die von der materiellen Umgebung ausgeübt werden, auf der einen und dem Denken und den psychischen Kräften auf der anderen Seite. Die Tatsache, dass der Mensch die Fähigkeit hat, sowohl äußere, umweltliche wie innere, psychische Kräfte zu kontrollieren, hat die Zivilisation ermöglicht. Schweine oder Hunde besitzen diese Fähigkeit nicht und stehen deshalb beinahe vollständig unter der Kontrolle der materiellen Kräfte ihrer Umgebung; diese Kontrolle ist der wesentliche Unterschied zwischen dem Menschen und anderen Tieren. Je wirkungsvoller der Mensch seine Kontrolle über die äußeren wie die inneren Kräfte ausüben kann, die auf ihn einwirken, umso fortgeschrittener ist seine Zivilisation. Der Mensch kann diese Kontrolle dadurch ausüben, dass er sein Denken zu Hilfe nimmt und sein Wissen nutzbar macht – eine Kontrolle, die sich in dem einen oder anderen Grad in jedem Bereich der Gesellschaft auswirkt. Aber es ist nicht genug, dass der Mensch die Kontrolle über die Kräfte ausübt, die auf ihn einwirken; er muss auch imstande sein, sein Wissen und die Kraft seines Denkens zu benutzen, um seine Traditions- und Überzeugungssysteme zu verändern und zu modifizieren, wenn seine Zivilisation neue Höhen erreichen soll.

Anthropologen sagen uns, dass die gegenwärtige Menschenrasse laut konservativen Schätzungen die Erde seit etwa 300 000 Jahren bewohnt. Während dieser 300 000 Jahre gab es wahrscheinlich keine signifikanten Änderungen seiner Anatomie oder Physiologie, aber sein Sozialleben ist mit Sicherheit unermesslich viel reicher geworden. Selbst innerhalb der relativ kurzen Zeit, für die wir historische Dokumente besitzen, hat der Mensch Glaubenssysteme entwickelt, benutzt, modifiziert und verworfen; er hat eine Vielzahl kultureller und erzieherischer Aktivitäten entwickelt und ist in seinem Bedürfnis nach kultureller Interaktion und seiner Geschicklichkeit auf diesem Gebiet gereift.

So unterscheidet sich der moderne zivilisierte Mensch physisch nicht sehr von seinen Vorfahren, die vor 300 000 Jahren lebten, aber unter dem Aspekt seiner kulturellen Entwicklung betrachtet, ist er völlig anders. Seit der Mensch zuerst auf der Erde erschien, war er immer irgendeiner Art von Autorität unterworfen. Auf den verschiedenen Stufen seiner Entwicklung hat er verschiedene Denkweisen entwickelt, aber immer haben sein Denksystem – wie auch immer es zu einer gegebenen Zeit beschaffen war –, die Organisation seines Wissens – primitiv oder intellektuell fortgeschritten – sowie seine in Institutionen verkörperten Gewohnheiten und Traditionen sein Verhalten diktiert und kontrolliert. Es gab natürlich Zeiten, in denen die Menschen die Autorität, der sie unterworfen waren, anzweifelten, und wenn dies geschah, waren alle anderen Aspekte ihres Lebens unmittelbar davon berührt. Die Stränge, die das soziale Leben einer Gruppe ausmachen, sind so eng miteinander verwoben, dass eine Veränderung auch nur eines dieser Stränge sich letztlich in den Veränderungen aller anderen zeigt.

Lassen Sie uns jetzt zu der Autorität von Wissen und Denken zurückkehren, die wir diskutiert haben. Vom Augenblick unserer Geburt an absorbieren wir unzählige kleine Erkenntnishappen; wir sind geübt, auf bestimmte Art zu denken, wir bilden Gewohnheiten, alle in Reaktion auf Kräfte in unserer kulturellen Umwelt; und das Reaktionsmuster, das uns befähigt, komfortabel in dieser Umgebung zu leben, bildet die Autorität, die unser Verhalten kontrolliert. Dass es überhaupt gar keine Autorität geben sollte, ist vollkommen undenkbar; Verhalten muss immer irgendeiner Art Kontrolle unterworfen sein. Aber man kann erwarten, fähig zu sein, die Natur der Autorität, auf die man reagiert, oder ihre Wirkungsweise zu verändern.

Was ist die Natur der Autorität der Wissenschaft, die, wie wir gesagt haben, die Autorität der Tradition ersetzen muss? In welche Richtung sollen wir unser Denken umlenken, um so die Wissenschaft zur Autorität für die Kontrolle des menschlichen Verhaltens zu erheben? Welches sind die charakteristischen Merkmale der Autorität der Wissenschaft? Wir müssen diese Fragen prüfen, denn wir können nur dann hoffen, unser Denken in der richtigen Richtung zu rekonstruieren, wenn wir die Merkmale der Autorität der Wissenschaft verstehen. Als Erstes ist festzuhalten, dass die Wissenschaft *Realismus* an die Stelle der alten Methode der Spekulation setzt und *Naturalismus* an die Stelle des Supranaturalismus.

Aber noch einmal: Was meinen wir damit, die alte Methode der Spekulation durch die Methode des Realismus und den Supranaturalismus durch den Naturalismus zu ersetzen? Wir wenden uns gegen die Autorität der Tradition deshalb, weil sie größtenteils nicht das Ergebnis von Beobachtung und Analyse ist, sondern durch die Geschichte (oft unbegründet), Mythen, Rituale usw. diktiert worden ist. Wenn übernatürliche Mysterien dieser Art sich Tag um Tag anhäufen, ohne jemals geprüft oder in Frage gestellt zu werden, werden sie immer mysteriöser, und ohne nachzudenken geraten die Menschen in immer tiefere Abhängigkeit von letztlich absurden Regeln.

Die wissenschaftliche Methode, die wir befürworten, ist die Antithese dieser Methode, die auf einem supranaturalen Mysterium basiert. Die wissenschaftliche Einstellung betont Tatsachen und lässt der Beobachtung und Untersuchung der Tatsachen ein entsprechendes Werturteil folgen. Der Realismus erkennt nur Tatsachen und auf Tatsachen basierende Urteile an; er bleibt den Tatsachen treu, gleichgültig, wohin solche Treue führt. Auf diese Weise fordert uns die erste Rekonstruktion in unserer Denkweise dazu auf, nur Tatsachen anzuerkennen. Eine Autorität, die nicht auf der Basis von Tatsachen gerechtfertigt werden kann, muss verworfen werden, selbst wenn sie Tausende von Jahren herrschte. Spekulation kann keine Autorität der Art liefern, die in der modernen Welt benötigt wird; Beobachtung und Analyse von Tatsachen können es.

Einige Leute sind der Ansicht, diese Betonung von Tatsachen und Ablehnung von Spekulationen führe zu einem krassen Materialismus und der Leugnung von Werten des menschlichen Geistes. Sie könnten kaum falscher liegen. In Wirklichkeit hängen die Betonung von Tatsachen und die Verwerfung der Methode der Spekulation vom Geistesleben der Menschen ab. Es ist natürlich wahr, dass Menschen in einer materiellen Umgebung leben; doch wenn sie diese Umgebung verstehen können, mit ihr fertigwerden können, und sie kontrollieren, haben sie die Ebene des Materiellen gemeistert und sich darüber erhoben und ein Leben erreicht, welches den Geist nährt.

Das zweite Merkmal der neuen Autorität besteht darin, dass sie einer öffentlichen Prüfung zugänglich ist und von der öffentlichen Zusammenarbeit bei der kulturellen Entwicklung geradezu lebt. Der Fortschritt der Kultur wird durch die Publikation der Wahrheit erleichtert und beschleunigt; je ungehinderter neues Wissen an die Öffentlichkeit gelangt, desto schneller macht die Kultur

Fortschritte. Umgekehrt wird der Fortschritt gehemmt, wenn neue Entdeckungen geheim gehalten oder nur einem exklusiven Kreis zur Verfügung gestellt werden. Dass das Wissen oder die Basis, auf der Autorität beansprucht wird, einer öffentlichen Prüfung zugänglich ist, kann als Vorbedingung des Fortschritts bezeichnet werden.

Wahrscheinlich ist der Hauptgrund dafür, dass die Tradition ihre Autorität so lange bewahrt hat, dass sie so oft zu einem Geheimnis gemacht wurde und ihre wirkliche Bedeutung nur einer kleinen Anzahl von Personen zugänglich war. Genau das Gegenteil gilt für die Wissenschaft: Wenn ein Wissenschaftler in einem Land eine neue Theorie formuliert oder eine neue Hypothese aufstellt, wird sie in Zeitschriften rund um die Welt veröffentlicht und ist der Überprüfung, Kritik oder Anwendung durch seine Mitwissenschaftler in seinem Heimatland und in anderen Ländern ausgesetzt. Naturwissenschaftler sind auch deshalb so außergewöhnlich erfolgreich gewesen, weil sie ihre Erkenntnisse international veröffentlichen und sie in ständiger Kommunikation und Zusammenarbeit mit anderen stehen. Aber im Geschäftsleben und in der Diplomatie ist es gängige Praxis, alles so geheim wie möglich zu halten, statt die Dinge darzulegen und sie einer öffentlichen Prüfung zugänglich zu machen. Geringere Fortschritte und sich häufende Fehler sind oft die Folge.

Ein Grund dafür, warum wir im Geschäftsleben weniger Fortschritt sehen als in der Wissenschaft, ist der, dass Geschäftsleute ihre Berufsgeheimnisse oft für sich behalten wollen, um sich einen Vorteil gegenüber ihren Konkurrenten zu verschaffen oder um von den Tantiemen auf ihre Patente zu profitieren. Es gäbe nur wenig Fortschritt in der Wissenschaft, wenn sich Wissenschaftler ebenso verhalten würden. Viele Diplomaten halten ihre Verhandlungen geheim und behaupten, Publizität würde ihre Politik weniger effektiv machen oder sogar die Absichten enthüllen, die einigen ihrer Abmachungen zugrunde liegen. Aber wenn wir die Praktiken der Bekanntmachung und der Geheimhaltung vergleichen, wenn wir ihre Verdienste und Mängel gegeneinander abwägen, finden wir, dass die Waage regelmäßig zugunsten der Bekanntmachung ausschlägt.

Gerade jetzt haben wir eine gute Gelegenheit, uns mit dem Unternehmen der kooperativen Publizität zu befassen. Wir müssen unsere Materialien zunächst systematisch sammeln und organisieren und sie dann anderen mittels Publikation mitteilen, genau wie es im Fall wissenschaftlicher Entdeckungen geschehen ist. Die Entwicklungen der modernen Technologie machen das für uns einfacher als jemals zuvor. Wir haben alle Arten von Kommunikationsmitteln – das Telefon, den Telegrafen, das Radio, transozeanische Kabel usw. Unsere Druckerpressen können Tausende und Abertausende von Exemplaren pro Stunde auswerfen. Die Tatsache, dass es so viele Zeitungen gibt, zeigt, dass eine große Nachfrage von Seiten der Öffentlichkeit besteht. Wir müssen zugestehen, dass vieles von dem, was in Zeitungen erscheint, nicht so gut organisiert oder gründlich durchdacht ist wie die Artikel in wissenschaftlichen Journalen. Die Geschwindigkeit, mit der ein aktueller Kommentar vorbereitet und präsentiert werden muss, führt dazu, dass Material publiziert wird, das an Stil und häufig sogar an Genauigkeit manches zu wünschen übrig lässt. Einige Publikationen werden sogar von politischen Parteien, von Industriellen oder von anderen manipuliert, um ihre eigenen selbstsüchtigen Absichten zu verwirklichen. Wenn dies geschieht, nennen wir das Resultat Propaganda, die Antithese dessen, worüber wir sprechen, die freie Veröffentlichung von Wahrheiten.

Es grenzt ans Lächerliche, wenn wir zugeben müssen, dass wir nicht die Kunst beherrschen, unsere Gedanken durch eine Publikation der öffentlichen Prüfung zugänglich zu machen, und es liegt Ironie in der Tatsache, dass wir längst noch nicht imstande sind, die Mittel der öffentlichen Kommunikation, die uns die moderne Wissenschaft zur Verfügung gestellt hat, voll auszuschöpfen. Gleichwohl haben wir keine Wahl, als zuzugeben, dass wir noch nicht gelernt haben, unsere Gedanken auf anderen Feldern mit der Genauigkeit und Präzision zu veröffentlichen, die die Naturwissenschaftler erreicht haben. Auf den Feldern sozialer Probleme können wir unser Material eben einfach nicht sammeln, analysieren, erforschen, beurteilen und die Ergebnisse so systematisch mitteilen, wie wir es in der naturwissenschaftlichen Forschung schaffen. Wir haben noch einen langen Weg vor uns, bevor wir die Aufgabe adäquat erledigen können, unsere Ansprüche auf Autorität der wissenschaftlichen Methode in Ökonomie, Politik und den intellektuellen kulturellen Problemen des Menschen der öffentlichen Prüfung und Einschätzung darzulegen und zugänglich zu machen.

Sollte mich jemand fragen, welche Methode der Gesellschaft einen reibungslosen und systematischen Fortschritt garantieren würde, würde meine Antwort lauten, dass unsere beste Hoffnung in richtiger und effektiver Publizität liege. Das bedeutet, Material zu sammeln und aufzuzeichnen, Urteile zu fällen und Interpretationen vorzunehmen, und es bedeutet, sie so ehrlich und objektiv wie möglich zu publizieren. Wenn diese Ebene der wissenschaftlichen Publizität im Bereich sozialer und politischer Fragen erreicht worden ist, werden wir einen gewaltigen Schritt vorwärts getan haben. Die Menschen können ihr Vertrauen nur in die Tatsachen setzen, die ihnen verfügbar sind. Wenn ihnen die Tatsachen genau so präsentiert werden, wie sie sind, werden sie richtig reagieren. Aber wie können sie das, wenn Tatsachen verheimlicht oder verzerrt oder nur teilweise und voreingenommen präsentiert werden? In einer demokratischen Nation ist wahrhaftige Publikationstätigkeit ein extrem wichtiges Mittel des sozialen Fortschritts.

Lassen Sie uns zum dritten Merkmal der neuen Autorität übergehen – Reform und Popularisierung der Erziehung. Die größte Notwendigkeit besteht hier darin, traditionelle Methoden der Schulausbildung durch wissenschaftliche Methoden zu ersetzen. Das bedeutet, die Jugend mit den wirklichen Tatsachen des Lebens in wirklichen Kontakt zu bringen. Dieser Kontakt wird sie befähigen, die intellektuellen und geistigen Aspekte des Lebens wie auch ihre materielle Umwelt zu verstehen. Alles, was wir gesagt haben, gilt auch hier; eine weitere Diskussion wäre an diesem Punkt überflüssig. Wir dürfen uns niemals erlauben zu vergessen, dass die Erziehung das Instrument – das einzige Instrument – ist, das uns befähigen wird, Lösungen für die Probleme im intellektuellen und geistigen Leben der Menschen zu finden, also für die Probleme, welche die dritte Gruppe der sozialen und politischen Philosophie ausmachen, die wir in dieser Reihe von Vorlesungen diskutiert haben.

Die traditionelle Methode der Erziehung besteht einfach nur im Einflößen von Instruktionen. Die Autorität der Tradition wird einfach in das Kind eingepflanzt, in der Hoffnung, dass es sie behält. Aber heutzutage sehen wir die Erziehung als Mittel und die Schule als Institution, um unsere Denkweisen umzuformen. Wir müssen die angeborenen Möglichkeiten des Kindes von innen her entwickeln, anstatt nach der traditionellen Methode Material von außen in es hineinzukippen. Wir müssen alle Potenziale des Kindes nutzen und seine Fähigkeit, zu denken und zu urteilen, entwickeln. Diese Art von Erziehung darf nicht durch die Tradition begrenzt werden, sondern muss als ein Mittel zur Emanzipation menschlicher Fähigkeiten angesehen werden.

Die Funktion der Erziehung als Mittel zur Bewahrung der Kultur ist seit unvordenklichen Zeiten bekannt. Freilich sind erst in jüngster Zeit sehr viele Leute dazu gelangt, die Erziehung als ein Mittel anzusehen, um den sozialen Fortschritt zu fördern. Und jetzt, da der soziale Fortschritt das Ziel der Erziehung geworden ist, muss dieser Prozess im Kontext der gegenwärtigen Gesellschaft so stattfinden, dass die Qualität unseres sozialen Lebens in Zukunft gesteigert werden wird.

16. Intellektuelle Freiheit

In unserer vorigen Vorlesung haben wir dargelegt, dass der Wert des gesellschaftlichen Lebens eine Funktion des kulturellen und intellektuellen Lebens des Menschen ist. Das unterscheidet das menschliche Gruppenleben von dem einer Schafherde. Schafe bilden Herden einfach um der Wärme und des Schutzes willen, aber das Leben menschlicher Gruppen beinhaltet kulturelle und intellektuelle Interaktion. Ihr Leben ist durch eine geistige Qualität charakterisiert, die einer Schafherde fehlt.

Obwohl die materiellen Aspekte nicht ignoriert werden können, wenn wir gemeinschaftliches Leben betrachten, sind sie nicht annähernd so wichtig wie die Erziehung, die über allen anderen Werten rangiert. Wir müssen betonen, dass wir nicht damit einverstanden sind, wenn Erziehung in einem ganz engen Sinne als das definiert wird, was in den Schulen geschieht, und wir müssen darauf bestehen, dass jede Facette des Zusammenlebens einen potenziell erzieherischen Einfluss hat. Wenn das Zusammenleben statisch wird und die Interaktion auf ein Minimum sinkt, hat es so viel weniger erzieherisches Potenzial. Wenn es aktiv ist, wenn es die Kommunikation von Wissen, Denken und Emotion zwischen und unter den Leuten fördert, erhöht sich der erzieherische Wert natürlich entsprechend. Obwohl also das materielle Leben des Menschen von großer Wichtigkeit für die Gesellschaft ist, ist die Entwicklung des geistigen Lebens jedes Individuums weit wichtiger, weil unserer Ansicht nach die höchsten Werte des gemeinschaftlichen menschlichen Lebens im geistigen Bereich liegen.

Diese Bemerkungen dienen nur als Einleitung zu dem Problem der Freiheit des intellektuellen Lebens, mit dem wir uns heute befassen wollen. Wir haben schon persönliche Rechte, bürgerliche Rechte und politische Rechte diskutiert, haben uns aber die Diskussion des Rechts auf intellektuelle Freiheit bis zum Schluss aufgehoben. Wir könnten sagen, dass der anderen Rechten zugrundeliegende Zweck darin besteht, das Recht auf intellektuelle Freiheit sicherzustellen, denn erst wenn wir diese anderen Rechte haben, haben wir auch die Chance auf eine umfassende und freie Entwicklung des Rechts zu denken, zu glauben, Meinungen auszudrücken, zu forschen und zu publizieren. Wir werden uns heute die Gründe anschauen, warum diese intellektuelle Freiheit so grundlegend wichtig ist.

Diktatorische Regierungen verweigern ihren Bürgern ausnahmslos die Denk- und Ausdrucksfreiheit, weil sie mit Recht die Konsequenzen einer solchen Freiheit fürchten. Eben diese Furcht ist die Rechtfertigung für unsere Behauptung der Wichtigkeit intellektueller Freiheit. Eine Diktatur kann nur fortbestehen, wenn ihrer Bevölkerung die Freiheit, zu denken, zu sprechen und frei zu veröffentlichen, verweigert wird; um das Gegenteil zu formulieren: Der Genuss intellektueller Freiheit würde den Sturz der Diktatur garantieren. In der Mathematik würde man das einen indirekten oder negativen Beweis für die Wichtigkeit intellektueller Freiheit nennen.

Wir sehen also, dass die Freiheit des intellektuellen Lebens nicht nur unentbehrlich für eine demokratische Gesellschaft ist, sondern auch die am meisten gefürchtete Bedrohung für eine Diktatur darstellt. Wir können sogar sagen, dass diese Freiheit eine notwendige Bedingung des menschlichen Fortschritts ist. Der Fortschritt der Zivilisation hängt weitgehend von der freien Kommunikation von Wissen und Denken ab; also kämpfen wir, wenn wir nach intellektueller Freiheit streben, für mehr als nur für unsere persönliche Befriedigung, so wichtig sie auch sein mag – wir arbeiten ebenso am Voranschreiten der Zivilisation selbst mit.

Einige Leute sind der Ansicht, es sei für eine Regierung unmöglich, in die Denkfreiheit einzugreifen, da Denken ein innerer Prozess sei, von dem kein anderer etwas wissen könne. Sie geben zu, dass die Autorität der Regierung dazu benutzt werden kann, die Freiheit des öffentlichen Ausdrucks einzuschränken – Reden oder Publizieren. Aber diese Unterscheidung ist in Wirklichkeit nicht gültig; Denken und Ausdruck sind zwei Seiten derselben Medaille. Eine Idee ist nutzlos, wenn ihr nicht irgendeine Art von Ausdruck verliehen werden kann. Ideen kommen nicht in einem Vakuum vor; sie werden von etwas verursacht. Ein Mensch denkt nur dann, wenn er mit den Umständen unzufrieden ist, wenn er es unternimmt, sich über seine Unzufriedenheit klar zu werden und Alternativen zu fordern. Es nützt nicht viel, wenn ein Mensch für sich selbst denkt, ohne die Resultate des Denkens anderen mitzuteilen. Darüber hinaus beruhen gerade Qualität und Ausmaß unseres Denkens auf unserer Chance, es auszudrücken und es mit anderen zu teilen. Ideen bleiben unklar und seicht, wenn sie nicht ausgedrückt werden. Die Systematisierung von Ideen im Christentum und im Konfuzianismus beruht auf unzähligen öffentlichen Vorlesungen und Disputationen und den Publikationen zahlloser Autoren über die Jahrhunderte hinweg. Ideen können nicht systematisiert werden, ohne ausgedrückt zu werden, und offensichtlich ist die Freiheit, seine Ideen auszudrücken, ein Teil der Freiheit, seine Gedanken zu denken. Wenn der Ausdruck von Ideen verboten wird, wird gleichzeitig in die Freiheit des Denkens eingegriffen.

Um die Sache noch einmal etwas anders auszudrücken: Wir können sagen, dass es einen doppelten Grund gibt, warum wir der Redefreiheit, der Versammlungsfreiheit und der ungehinderten Publikation so viel Bedeutung beimessen. Erstens liegt der Wert einer Idee in ihrem Ausdruck, und das Eingreifen in die Freiheit des Ausdrucks hemmt die Freiheit des Denkens. Zweitens kann die Gesellschaft nicht von unausgedrückten Ideen profitieren, und wenn eine Idee keine Früchte tragen kann, warum sie dann überhaupt erst haben? Der Wert einer Idee wächst unter der Bedingung, dass sie diskutiert und mit anderen Ideen verglichen wird; nur durch diese Prozesse der Diskussion und des Vergleichs können Ideen systematisiert werden und dabei helfen, andere Ideen hervorzubringen. Diese Tatsachen beweisen die Wichtigkeit der Redefreiheit.

Redefreiheit ist nicht absolut, genauso wenig wie Handlungsfreiheit. Die Handlungsfreiheit bietet keine Rechtfertigung dafür, anderen Schaden zuzufügen, und die Redefreiheit bietet keine Lizenz, andere zu dergleichen anzustacheln. Selbst in der Familie muss jeder, wie in der umfassenderen Gesellschaft, die Verantwortung für die Konsequenzen seiner Gedanken, seiner Rede und seiner Handlungen akzeptieren.

Historisch ist die Redefreiheit auf zweifache Weise gerechtfertigt worden. In Bezug auf die erste ist die Analogie zur Dampfmaschine lehrreich. Jede Dampfmaschine braucht ein Sicherheitsventil, durch das überschüssiger Dampf entweichen kann, andernfalls gäbe es eine Explosion, die die Maschine zerstören könnte. Ebenso muss jemand, der eine ihn verzehrende Idee im Kopf hat, Gelegenheit haben, sie auszudrücken, damit er nicht von ihr fortgerissen wird und sozusagen in Flammen aufgeht. Im Hyde Park in London kann jeder öffentlich vor so vielen Leuten, wie ihm zuhören wollen, alles sagen, was er sagen will, gleichgültig, wie irregeleitet oder gar verrückt er sein mag. Großbritannien als das erste größere Land, das die Redefreiheit zuließ, scheint sich bewusst zu sein, dass die Unterdrückung von Meinungen schweren Schaden verursachen kann, aber es hat entdeckt, dass praktisch überhaupt keine Gefahr darin liegt, allen Arten von Gedanken die Ausdrucksfreiheit zu erlauben.

Zweitens: Es gibt zwei allgemeine Typen von Politik und Regierung – Herrschaft durch Zwang und Herrschaft durch Überredung. Wir befürworten die Redefreiheit, weil wir herausgefunden haben, dass Überredung effektiver ist als Zwang. Dies ist der positive Aspekt der Redefreiheit. Wann immer eine Idee vorgetragen wird, sprechen sich einige Leute für sie, andere gegen sie aus. Wenn sowohl Befürworter als auch Gegner ihren Meinungen frei Ausdruck verleihen und darüber diskutieren können, kann sich die Regierungspolitik auf der Basis einer solchen Diskussion weiterentwickeln. Auf den ersten Blick sieht das riskant aus, aber unser Vertrauen in die menschliche Natur ist derart, dass dieses Risiko eher scheinbar als wirklich ist. Wenn ich Abraham Lincoln paraphrasieren darf: Einige Leute sind immer absurd und alle Leute sind manchmal absurd, aber nicht alle Leute sind immer absurd. Gleichgültig, wie absurd die Leute werden mögen, sie werden niemals alle zur gleichen Zeit absurd. Wenn einige Leute absurd sind, dann gibt es immer andere, die normal sind und den Absurditäten entgegentreten können. Die ausführliche und freie Diskussion einer Idee wird dazu dienen, die absurden Elemente, die sie enthält, ans Licht zu bringen und zu berichtigen. Wenn eine Idee total absurd ist, wird sie nach einem Minimum an Diskussion fallen gelassen werden. Das ist unsere Basis für die Behauptung, Redefreiheit sei für eine demokratische Regierung, die durch Überredung herrscht, wesentlich.

In Zeiten eines schnellen sozialen Wandels ist eine Regierung immer in Versuchung, eine Politik der Unterdrückung zu wählen, aber in einer Zeit sozialer Gärung, wie etwa der gegenwärtigen, wäre es in der Tat kurzsichtig, die Befürworter einer sozialen Reform mundtot zu machen. Wenn solche Personen zum Schweigen gebracht werden, dann versuchen sie oft, ihre Ziele durch Verschwörung, Attentate oder Rebellion zu erreichen. Starke Überzeugungen finden andere Ausflüsse, wenn sie durch Repressivmaßnahmen aufgestaut werden. Bei so viel Instabilität wie im Moment bedarf es keiner Unterdrückung, sondern einer Neuorientierung des Denkens. Wir müssen darauf vertrauen, dass die Mehrheit der Leute niemals eine Idee akzeptieren wird, die vollkommen absurd ist. Aus den Jahrtausenden der Geschichtsschreibung kennen wir kein einziges Beispiel dafür, dass auch nur eine einzige Idee durch Gewalt eliminiert worden ist. Wenn Ideen offen ausgedrückt und veröffentlicht werden, können sie modifiziert und korrigiert werden; wenn sie unterdrückt werden, brechen sie sich anders Bahn, häufig mit Gewalt. Je rigider die Anstrengungen, Ideen zu unterdrücken, umso größer die Gefahr.

Was schützt uns dann aber gegen die allgemeine Übernahme einer Idee, die zu radikal ist? Zwei Merkmale, die von der großen Mehrheit der Bevölkerung geteilt werden, geben uns in dieser Hinsicht eine vernünftige Sicherheit. An erster Stelle ziehen es die meisten Menschen vor, ein friedliches Leben zu führen, und diese Tatsache veranlasst sie, misstrauisch auf jede Idee zu blicken, die so radikal ist, dass sie Unordnung verheißt. An zweiter Stelle sind die meisten von uns Gewohnheitstiere und Gewohnheit ist beim Diktieren einer Handlung oft effektiver als Denken. Die meisten Leute ziehen es vor, bestehenden Gewohnheiten und Sitten zu folgen; sie mögen keine Veränderung, weil Veränderungen beinahe immer gewisse Unannehmlichkeiten mit sich führen. Diese beiden Charakteristika bremsen die Ausbreitung von radikalen Ideen. Nichtsdestoweniger ist es immer wieder geschehen, dass neue und radikale Ideen sich in Windeseile ausgebreitet haben; wir sollten uns die Gründe anschauen, warum und unter welchen Umständen solche Phänomene aufgetreten sind.

Der wesentliche Grund, warum eine radikale Idee schnell an Akzeptanz gewinnen kann, liegt nicht in der Idee selbst, sondern in den Umständen, unter denen sie vorgebracht wird. In jüngster Zeit zum Beispiel erfuhr die von Lenin angeführte bolschewistische Revolution innerhalb einer sehr kurzen Zeit weite Unterstützung vom russischen Volk; aber wir können ziemlich sicher sein, dass nur sehr wenige dort irgendein Verständnis vom Leninismus haben. Es war nicht, wie wir gerade gesagt haben, die Idee selbst, die den Grund für ihre bereitwillige Akzeptanz bildete, sondern eher der Umstand, dass das russische Volk unter einem Mangel an Nahrung, Kleidung und Behausung litt. Vor dem Weltkrieg konzentrierte sich der Reichtum Russlands in den Händen einer kleinen Anzahl von Aristokraten und Kapitalisten, und die Verwüstung des Kriegs selbst verschlimmerte die Situation so weit, dass die Leute verzweifelt genug waren, jeden Vorschlag zu unterstützen, der eine Verbesserung ihres Schicksals versprach. Auf diese Weise genügten wenige Schlagwörter anstatt eines wirklichen Verständnisses, um Millionen Menschen zu Revolutionären zu machen.

Es stimmt zwar trotzdem, dass Menschen im Großen und Ganzen geneigt sind, den bestehenden Gewohnheiten, Sitten und Institutionen zu folgen; doch es gibt zahlreiche Gelegenheiten, wo uns die Geschichte das Bild einer schnellen Desintegration der herkömmlichen Verhaltensweisen zeigt, in Reaktion auf radikale Ideen, die von einer einzelnen Person oder wenigen Leuten vorgeschlagen werden. In jedem solchen Fall freilich kann das Phänomen durch Faktoren der soziopolitischen ökonomischen Situation erklärt werden, in der die radikale Idee vorgetragen wurde, statt durch die Idee selbst. Versuche von Seiten der Regierung, die Rebellion oder Revolution abzuwehren, indem Ideen aus Furcht vor ihren Resultaten unterdrückt wurden, sind selbstzerstörerisch gewesen, weil die Ideen selbst nicht die eigentliche Ursache der Revolte sind. Die wirkliche Ursache ist nahezu immer ein Mangel an Nahrung und Kleidung, das Gefühl, misshandelt oder schlecht behandelt zu werden, oder ein Groll, der aus irgendeiner anderen Quelle stammt, wobei die radikale Idee die Rolle des Zünders spielt, der die Explosion auslöst, oder des Abzugs, der den Schuss auslöst.

Einige Philosophen und viele Politiker haben die Einheit in den Gedanken, Bestrebungen und Überzeugungen einer ganzen Bevölkerung befürwortet und haben sogar versucht, Meinungen auszumerzen, die von dem abweichen, was sie sich als Konsensus erstrebten. Dies kann ihnen natürlich nicht gelingen. Die Gesellschaft ändert sich dauernd – allein schon die Tatsachen von Tod und Geburt bedeuten Veränderung. Wenn die Änderungsrate sich beschleunigt und sich die Dinge spürbar von dem unterscheiden, was sie gewesen sind, ist es vollkommen unmöglich, eine einheitliche Weltanschauung zu planen, die das Verhalten der Leute in einer ganzen Gesellschaft oder einer ganzen Nation steuern kann. Wenn Menschen am legalen Ausdruck ihrer Ideen und Meinungen gehindert werden, werden sie früher oder später zu illegalen oder extralegalen Ausdrucksformen Zuflucht nehmen. Aus diesen

Gründen wird ein weitsichtiger Führer unterschiedliche Ideen tolerieren und die Freiheit des Denkens und Ausdrucks unterstützen. Er wird erkennen, dass die universale psychologische Tendenz, die bestehende soziale Ordnung vorzuziehen und in der Bequemlichkeit und Sicherheit zu leben, die das Vertraute bietet, einen eingebauten Schutzmechanismus darstellt; er wird auf diesen Faktor zählen, um diejenigen Elemente der Gesellschaft unter Kontrolle zu behalten, die tatsächlich eine Gefahr für sie darstellen, und seinerseits positive Vorschläge für wünschenswerte Veränderungen vorschlagen. Wenn er seine Geschichtsbücher kennt, wird er wissen, dass Versuche, Einheit der Meinung und Überzeugung zu erzwingen, fast zwangsläufig zu Unruhe und Unordnung führen.

Natürlich ist es im Idealfall eine gute Sache, wenn die Menschen einer Nation über dieselben Probleme nachdenken und sich auf einen Konsens zubewegen. Aber – und dies gilt besonders von einer Zeit wie der gegenwärtigen – diese Art von Konsens kann nur allmählich erreicht werden, als Resultat freier Diskussion und Bewertung widerstreitender Ideen und Ansprüche; sie kann niemals durch Gewalt erreicht werden. Der Grund dafür ist der, dass eine freie Diskussion die Irrelevanz, Inkonsistenz oder Gegensätzlichkeit von Ideen, die der Entwicklung des Zusammenlebens entgegenstehen, ans Licht bringt und auf diese Weise dazu dient, diese Ideen durch das Wirken der menschlichen Vernunft zu eliminieren statt durch Unterdrückung von Seiten der Regierung. Wahre Einheit ist das Resultat von freier Kommunikation und Interaktion, niemals von Gewalt. Je entschlossener die Anstrengung, Einheit durch Gewalt zu erreichen, desto verführerischer die Einladung zu Verschwörung, Mord, Rebellion oder anderen Formen der Gewalt – »Heilmittel«, die allzu wahrscheinlich zu einem Zustand führen, der schlimmer ist als die Bedingungen, die sie ursprünglich kurieren wollten.

Wir können verstehen, warum einige Mitglieder der privilegierten Klassen sich gegen den Sozialismus auf dem Gebiet der Ökonomie wenden – sie mögen einfach den Gedanken nicht, ihre Besitztümer mit anderen zu teilen. Aber dieser Einwand gilt nicht für das, was wir einen Sozialismus des Wissens nennen können. Wo materielle Besitztümer betroffen sind, gilt natürlich: je mehr Leute sich diese teilen, desto weniger wird jeder haben; aber genau das Gegenteil gilt vom Wissen. Der Vorrat an Wissen wächst mit der Anzahl von Menschen, die es teilen. Wissen kann geteilt werden und zur selben Zeit wachsen – tatsächlich wächst es dadurch, dass es geteilt wird. Dies ist das vernünftigste Argument für die Freiheit des intellektuellen Lebens: Je mehr Menschen ihre Ideen teilen, desto mehr verfeinern und verbessern sich diese. Der Sozialismus des Wissens ist daher für uns alle akzeptabel.

In früheren Vorlesungen in dieser Reihe habe ich wiederholt meine Überzeugung ausgesprochen, dass es ein letztes Kriterium gibt, nach dem wir die Güte oder Schlechtigkeit jeder soziopolitischen Institution beurteilen: Sie ist gut, wenn sie positiv zum freien Austausch von Ideen, Gefühlen und des Wollens beiträgt; sie ist schlecht, wenn sie den Fortschritt hin zu diesem Ziel behindert. Dasselbe Kriterium kann auf die intellektuellen Aktivitäten des Menschen angewendet werden. Intellektuelles Bestreben ist gut, wenn es zum freien Austausch von Ideen und der Verbesserung der Qualität des Zusammenlebens beiträgt, und schlecht, wenn es die Erreichung dieses Ziels behindert.

Das Ideal demokratischer Regierung hatte seine lautstarken Kritiker. Einer von ihnen war der schottische Essayist Thomas Carlyle, der die Demokratie als »Regierung durch Gerede« verspottete und bissig die Frage aufwarf, wie wir Versammlungen von Hunderten von in eitles Geschwätz vertieften Menschen als Politik ernst nehmen können (da »Parlament« von dem französischen Wort *parler*, also »sprechen«, abgeleitet ist). Carlyles Fehler liegt in der Tatsache, dass er den Wert des Diskurses unterschätzte. Die Wichtigkeit des Diskurses besteht darin, dass Ideen durch eine öffentliche Diskussion geklärt und verfeinert werden; je öfter eine Idee diskutiert wird, desto klarer können ihre Verdienste und Mängel beurteilt werden. Je größer die Anzahl von Menschen, die sich an der Diskussion beteiligen, desto größer die Wahrscheinlichkeit, dass die Idee verbessert oder zu einer besseren Idee umformuliert wird. Carlyles schlechte Meinung vom Wert der Diskussion beruht darauf, dass er deren fundamentale Funktion ignoriert hat.

In Wirklichkeit ist es so: Je stärker eine Regierung das intellektuelle Leben des Volkes auf kluge Weise neu orientieren will, umso mehr muss sie eine Regierung des Sprechens sein.[13] Im Grunde

13 Eine wörtliche Übersetzung des Satzes, der im chinesischen Text an diesem Punkt erscheint, lautet: »In Wirklichkeit ist es so: Je stärker eine Regierung die Freiheit des Wissens und Denkens unterdrücken will, desto mehr wird sie

gibt es zwei Typen von Regierung: Herrschaft durch Gewalt und Herrschaft durch Überredung. Diejenigen Regierungen, die durch Überredung statt durch Gewalt geherrscht haben, hatten den größeren Erfolg bei der Förderung eines wirklichen Zusammenlebens. Die Funktion des öffentlichen Diskurses ist die Verwendung intellektueller und geistiger Kraft, um die Ziele des Zusammenlebens durch Überredung statt durch Gewalt zu erreichen.

Schlussendlich kann diese Vorlesungsreihe damit schließen, dass wir zum Verhältnis von Demokratie und Erziehung zurückkehren. Erziehung ist für die Demokratie grundlegend, weil Demokratie *per definitionem* auf der Überzeugung beruht, dass die meisten Menschen die Fähigkeit haben, erzogen zu werden, und dass sie fähig sind zu lernen. Genau genommen bedeutet Demokratie Erziehung; sie ist selbst ein Prozess der fortdauernden Erziehung des gesamten Volkes. Eine demokratische Gesellschaft sorgt für Schulunterricht, aber sie verlangt auch von denjenigen, die das Privileg einer schulischen Ausbildung genossen haben, sich selbst dem öffentlichen Dienst zu widmen und gleichzeitig ihr Leben lang weiterzulernen. Jede Person ist aufgerufen, einen Beitrag zu ihrer eigenen Gesellschaft letztlich zum Wohl der ganzen Menschheit zu leisten. Wenn wir eine wirksame Erziehung hätten, hätten wir eine Welt, in der jede Person erkennen würde, dass ihr eigenes Wohl aufs engste mit dem Wohl ihrer Mitmenschen verbunden ist. Die gesamte Welt würde von dieser Art von Erziehung profitieren, nicht nur eine einzige Nation oder eine einzelne Gesellschaft.

Eine Emanzipation der geistigen Kräfte der Menschheit wird erst dann gelingen, wenn jeder Mensch erkennt, dass sein Wohl mit dem Wohl jedes anderen Menschen in der Welt verbunden ist. Das ist das wichtigste Ziel, das wir anstreben können, denn mit dieser Erkenntnis wird eine Gemeinschaft des Denkens der gesamten Menschheit einhergehen. In dem Maße, wie wir uns als Fürsprecher der demokratischen Lebensweise diesem Ziel nähern, können wir Trost und Befriedigung in der Tatsache finden, dass wir

zu einer Regierung des Sprechens werden.« Diese Wiedergabe steht so offensichtlich im Widerspruch zu dem Kontext, in dem der Satz vorkommt, dass wir nur vermuten können, dass die Schreibhilfe einen Fehler bei der Transkription machte oder dass ein Druckfehler vorliegt; wir haben uns deshalb die Freiheit genommen, den Satz so wiederzugeben, wie ihn Dewey nach unserer Auffassung gesagt hat (Anm. d. Hg.).

nicht nur eine soziopolitische Institution schaffen, sondern auch zur Emanzipation der geistigen Kräfte des Menschen beitragen.

Notizen zur sechzehnten Vorlesung

In der letzten Stunde diskutierten wir die *Abhängigkeit* des sozialen Lebens in seinen verschiedenen Formen von intellektuellen und idealen Faktoren und besonders die Abhängigkeit der gegenwärtigen Weltkrise von der Veränderung der intellektuellen Autorität und ihres Einflusses. Heute werden wir den anderen Aspekt diskutieren – die *Kulmination* sozialer Institutionen und Einrichtungen in intellektuellen und idealen Faktoren. Assoziation ist etwas ganz anderes, als sich einfach nur zu einer Herde zu versammeln. Schafe sammeln sich, um Schutz und Wärme zu bekommen. Menschen verbinden sich (*associate*), indem sie Ideen und Erfahrungen teilen, indem sie als gemeinsam erkannte Ziele suchen, im Austausch von Meinungen und Entdeckungen, in der Loyalität gegenüber denselben Personen und Dingen. Der Wert, den physische Nähe und Kontakt haben, liegt im Austausch von Zuneigung, Denken und Handeln, den sie möglich machen. Kultur, Zivilisation machen den Wert des sozialen Lebens aus, und Zivilisation und Kultur sind, was sie sind, wegen idealer Elemente.

Etwas genauer gesagt: Der wirkliche Wert jeder sozialen Einrichtung liegt in ihrer *erzieherischen* Wirkung: der Befreiung des Denkens, der Anregung der Fantasie, der Verfeinerung von Emotionen bei den Personen, die dadurch beeinflusst werden. Aus diesem Grund sind die Handlung, frei zu denken, und das Recht, dem Denken in der Wahl von Überzeugungen, Glaubensvorstellungen und in freier Rede und Veröffentlichung Ausdruck zu verleihen, so wichtig. Furcht vor Ideen und intolerante Unterdrückung von Denken und Diskussion ist das gemeinsame Merkmal jeder sozialen Tyrannei. Misstrauen gegen das Volk und die menschliche Natur ist nirgendwo ausgeprägter gewesen als in dem gleichförmigen Bestreben der Autokratie, die Gewissens-, Forschungs- und Publikationsfreiheit zu beschränken. Aus demselben Grunde hatte der Kampf für die Demokratie sein Zentrum immer im Kampf um die Sicherung dieser Rechte. Aber der Kampf der Autokratie, Denken und Fühlen auf bestimmte vorgeschriebene Bahnen zu beschränken, richtet sich nicht nur gegen dieses zentrale Element der Demokratie, sondern gegen die Zivilisation selbst, denn diese existiert nur durch die Entwicklung von Denken, von Wissen. Der Kampf für Gedanken-, Gewissens- und Glaubensfreiheit, für Redefreiheit, Publikationsfreiheit, Diskussionsfreiheit ist nicht nur ein Kampf für persönliche Freiheit, sondern ein Kampf für all das, was die menschliche Gesellschaft von einer Tierherde unterscheidet.

Es wird manchmal gesagt, Ausdrucksfreiheit könne durch äußere Handlungen beschränkt werden, nicht aber die Denkfreiheit, da keine äußere Macht sich ihren Weg ins Innere des Bewusstseins bahnen könne. Diese Behauptung ist falsch. Alles, was die Freiheit des Ausdrucks beschränkt, beschränkt und pervertiert auch die Freiheit des Geistes. Geist lebt nur in der Kommunikation, im Geben und Nehmen. Er muss von anderen nehmen, um angeregt zu werden; er muss geben, damit seine Ideen Form annehmen können, um klar und artikuliert, kohärent wiedergegeben werden zu können. Denken und Sprache gehen zusammen. Redefreiheit ist eine Notwendigkeit, nicht nur, damit die Gesellschaft in den Genuss des Beitrags jedes Einzelnen kommen kann, sondern damit das Individuum überhaupt etwas hat, was des Ausdrucks wert ist.

Freilich können nur Taten direkt die Aufmerksamkeit der Öffentlichkeit und ihrer offiziellen Repräsentanten erregen. Deshalb ist es der mündliche und schriftliche Sprechakt, der ins Visier von Gesetzgebung und Polizei gerät. Verfassungsmäßige Regierungen garantieren allen Bürgern das Recht auf Versammlung, Rede und Publikation. Das bedeutet nicht, dass jeder ungestraft alles sagen kann, was ihm gefällt. Wer andere anstachelt, macht sich strafbar, genauso wie wenn er im Gebrauch seiner Bewegungsfreiheit Hausfriedensbruch begeht oder ein Gebäude anzündet. Der Einzelne muss die Risiken der Art und Weise, wie er seine Freiheit verwendet, auf sich nehmen. Die Erfahrung liefert zwei wichtige Gründe, um diese Freiheit zu garantieren. Der erste ist das Argument des Sicherheitsventils. Sprechen ist ein Modus des Handelns, und wenn sprachliche Kritik und konstruktive Anregung erlaubt sind, verhindert dieser Akt heftigere und destruktive Akte. Zweitens gibt es zwei Arten des Regierens, Zwang und Überredung. Ohne Redefreiheit gibt es keine Gelegenheit, das Mittel der Überredung zu verwenden, keine Möglichkeit für die Bildung öffentlicher Meinung. Der beste Schutz gegen törichte Ideen besteht in ihrer Äußerung; nicht alle Menschen sind zur selben Zeit auf dieselbe Weise töricht – Meinungen provozieren Gegenmeinungen und in dem Wirrwarr der Diskussion wird manches klarer, wird ein gewisser Fortschritt auf dem Weg zu sicherem Wissen erzielt. Freilich unternimmt keine Regierung jemals die Unterdrückung der gesamten Kommunikation von Ideen. Gewisse orthodoxe Ideen sind den Herrschenden angenehm und werden zugelassen und sogar ermutigt. Nur konträre Ideen werden verhindert. Aber dies hat zur Folge, dass keine soziale Veränderung mehr möglich ist, außer mittels Terrorismus und Revolution. Ohne neue Ideen würde eine Gesellschaft stagnieren. Die natürliche Trägheit des Geistes, die Macht der Gewohnheit, ist eine hinreichende Kontrolle gegen die schnelle Verbreitung sozialer Veränderungen ohne zusätzliches Handeln von Seiten der Regierung. Zuweilen verbreiten sich neue und gefährliche Ideen wie eine Epidemie. Aber das ist so aufgrund anderer Bedingungen, nicht der Ideen selbst. Menschen, die hungrig und verzweifelt sind, werden auf alles hören, was Erleichterung verspricht. Es ist der Wahnsinn der Verzweiflung, der die Menschen eher bewegt als Ideen. Nicht Ideen, sondern Emotionen, Hoffnungen, Rache sind die wirklichen bewegenden Kräfte – wie bei den Bolschewiken. Das Heilmittel besteht nicht in der Unterdrückung von Ideen, sondern in der Reform des Unrechts, das zu der verzweifelten Bereitschaft führt, an alles zu glauben, was Erleichterung verspricht.

Gegenwärtig hat jene intellektuelle Freiheit, die die beste Garantie für Ordnung wie auch das Mittel des Fortschritts ist, einen neuen Feind – zusätzlich zu dem alten der direkten Unterdrückung. Es ist die in großem Maßstab organisierte Propaganda. Sie ist gefährlicher als die Zensur, weil sie die Form freier Rede hat. Sie vergiftet die Quellen des Glaubens, die Quellen der Wahrheit. Der Krieg hat ihre Macht enthüllt. Die Regierung beruht mehr und mehr auf Überredung und Zustimmung. Daher versuchen interessierte Personen, die über Reichtum oder Macht verfügen, die Organisation und Verbreitung von Neuigkeiten, von Kabeln (Nachrichten) und Zeitungen zu kontrollieren. Das Problem des Angebots an Intelligenz, die für richtige Handlungen erforderlich ist, kann nicht länger dadurch gelöst werden, dass man einfach die individuelle Freiheit des Sprechens und Schreibens erlaubt. Es muss eine soziale Organisation der Publizität im Interesse der Öffentlichkeit statt im

Interesse einer besonderen Klasse, Gegend oder Regierung geben. Es gab niemals eine Zeit, zu der wirkliches Wissen von dem, was Menschen überall auf der Welt tun und denken, so sehr benötigt wurde wie heute, und alles in allem gab es niemals eine Zeit, zu der diese Information so pervertiert und verzerrt war. Wie sehr auch immer Menschen mit Recht verschiedener Meinung sein mögen, was die Weisheit von Projekten des Sozialismus und Kommunismus anbelangt, alle weisen und mitfühlenden Personen sollten sich über die Notwendigkeit der denkbar größten Verbreitung von Kenntnissen, einschließlich der Nachrichten, einig sein, der Kenntnis, was in der Gesellschaft, was in der gesamten Gesellschaft der Menschheit geschieht, ein Kommunismus der Intelligenz. Öffentliche und universelle Erziehung ist eine soziale Notwendigkeit, um eine gemeinsame Basis für diese allgemeine Verbreitung von Erkenntnis und Denken zu haben. Aber sie kann nicht mit den Schuljahren aufhören. Es muss Mittel geben, die Erziehung aller Mitglieder der Gesellschaft fortzusetzen im Hinblick auf die Dinge, die die Gesellschaft betreffen – ihre Bewegungen, Probleme, Tendenzen. Damit die öffentliche Meinung die Kontrolle darüber haben kann, muss es Mittel geben, die öffentliche Meinung zu bilden. Damit die gebildete öffentliche Meinung die Kontrolle haben kann, müssen die wahren Fakten gesammelt und verbreitet werden, von der Presse, durch Diskussionen. Private, lokale und Klasseninteressen werden die Handlungen der Menschen beherrschen, bis durch die Weitergabe von Wissen die gesamte Gesellschaft, ja, die gesamte Menschheit geistig eins wird.

Gemeinsame oder ähnliche Gedanken können im gegenwärtigen Zustand der Welt weder durch Unterdrückung noch durch direkte Einpflanzung gesichert werden, durch den Versuch, eine einzige Art von Ideen unterschiedslos durchzusetzen. Die Divergenz von Meinungen ist für den Fortschritt notwendig, und die einzig wirkliche Einheit ist die, die durch einen auf Toleranz beruhenden Austausch zustande kommt.

Intellektuelle Freiheit ist die wahre Kulmination[14] des gesellschaftlichen Lebens. In ihr findet Individualität ihren besten Ausdruck. Nur wo es intellektuelle Freiheit gibt, kann Kommunikation, das Geben und Nehmen von Denken und Fühlen, vollständig

14 Gelesen: *culmination* statt *calculation* (Anm. d. Übers.).

und vielfältig sein. Wie wir schon früher gesehen haben, ist eine bloße legale Freiheit zu arbeiten, sich zu bewegen, Eigentum zu besitzen usw. unvollständig, wenn nicht gleichzeitig die Gemüter der Menschen frei sind, dem, was sie tun, die gleiche Bedeutung beizumessen, frei teilzunehmen am Verstehen von Gedanken und Plänen, die in Industrie und Handel zum Ausdruck kommen. Diese Aktivität von Denken und Fühlen ist typisch menschlich, und ohne sie lebt der Mensch auf einer nichtmenschlichen Ebene. Intellektuelle Freiheit beruht folglich auf mehr als auf der Abwesenheit restriktiver Gesetze. Sie beruht auf positiven Faktoren, und das legale Recht auf Redefreiheit, Versammlungsfreiheit, Veröffentlichungsfreiheit ist wichtig, weil diese positiven Bedingungen ohne dieses Recht keine Chance haben, zum Ausdruck zu kommen. Diese positiven Bedingungen sind erstens Erziehung, die die intellektuellen Fähigkeiten entwickelt und die Personen in die Lage versetzt, zu sehen, zu denken und zu fühlen, und zweitens die Gelegenheit, Denken nicht einfach nur in Worten, sondern auch in Taten auszudrücken. Redefreiheit ist kostbar, aber sie ist kein Ziel, nur ein Mittel. Das Wichtigste ist, imstande zu sein, Denken in die Tat umzusetzen, in das, was wir *tun*, und zu erkennen, dass das, was wir tun, zu unserem Leben des Denkens und des befriedigenden Gefühls beiträgt und nicht lediglich zu materiellen Produkten. Dieses Ideal zeigt sich in der Arbeit des Künstlers und Wissenschaftlers. Der Maler, der Experimentator ist frei, auf der Basis seiner Interessen zu handeln, sein Denken zu verkörpern. Seine Grenzen schulden sich einzig seinem Unwissen und seinem Mangel an Geschicklichkeit. Alles, was er tut, bringt einen Rückfluss von Denken und Emotion zu ihm zurück. Er lernt und gewinnt intellektuelle Beweglichkeit durch das, was er tut. Das greifbare, materielle Produkt ist seinem intellektuellen Wachstum und seiner emotionalen Bereicherung untergeordnet. Das Grundproblem der industriellen Gesellschaft besteht darin, Bedingungen zu schaffen, die alle Menschen bei ihrer Arbeit auf jene Stufe versetzen, auf der die kleine Klasse von Wissenschaftlern und Künstlern sich schon jetzt befindet. Erst dann wird es eine wirkliche Vollendung des sozialen Lebens in voller Freiheit geben, wird es eine wahre soziale Demokratie geben.

Dieselbe Überlegenheit mentaler Faktoren zeigt sich auf der politischen Seite des sozialen Lebens. Carlyle machte sich über die

Volksregierung lustig, weil sie auf Reden beruht. Gegenstand seines Witzes war das Wort »Parlament«, abgeleitet von dem französischen Wort *parler.* Er machte sich über die Idee lustig, Menschen könnten soziale Gesetze durch Reden machen – sie könnten es genauso wenig, wie sie Gesetze der Arithmetik durch Redenhalten machen können. Carlyle zeigte hier eine Unfähigkeit, das wahre Wesen der Demokratie zu würdigen. Es besteht nicht darin, dass Reden Gesetze schafft, sondern dass man nur durch freie und uneingeschränkte Kommunikation, Beratung und Austausch die sozialen Bedingungen entdeckt und öffentliches Interesse und Wohl klar und deutlich werden. Gebraucht wird noch mehr allgemeinere Teilnahme an sozialen Diskussionen, als wir sie jetzt haben, ein Interesse aller Menschen, ihre Bedürfnisse und Wünsche zum Ausdruck zu bringen und ihre Vorschläge anderen mitzuteilen. Der höchste Wert der Verbreitung von Wahlrecht, repräsentativer Regierung usw. ist der, dass sie diese Tendenz fördern. *Jedes* Individuum ist das Zentrum eines bewussten Lebens, das Zentrum von Glück und Leid, von Fantasie und Denken. Dies ist das finale Prinzip, auf dem die Demokratie beruht. Aber dieses bewusste Leben kann sich nur in Assoziation mit anderen entwickeln oder realisieren, im Austausch und mittels flexibler wechselseitiger Kommunikation. Die Beziehungen von *Freunden* illustrieren die Bedeutung dieser Tatsache. Wenn Demokratie auf der persönlichen Ebene bedeutet, dass alle die Art von Gelegenheit zur geistigen Verwirklichung haben sollten wie Künstler und Wissenschaftler, dann bedeutet es auch, dass sie in denjenigen Beziehungen eines freien und ungehinderten Austausches zueinander stehen, die Freunde haben. Die *politische* Demokratie liefert die Maschinerie, die Form dieses Austauschs; sie macht ihn möglich. Erziehung, Kameradschaft, das Einreißen von Klassen- und Familienschranken und Barrieren macht ihn wirklich.

Axel Honneth und Arvi Särkelä

Nachwort: Anerkennung als assoziiertes Leben. Zur Aktualität von John Deweys Vorlesungen in China

Die Sozialphilosophie ist und bleibt eine umstrittene Disziplin, weil höchst unklar ist, ob sie durch einen eigenständigen Gegenstandsbereich oder durch eine distinkte Fragestellung charakterisiert sein soll.[1] Im ersten Fall stellt sich das Problem, wie angesichts der Verzahnung von Gesellschaft und Politik behauptet werden kann, es gäbe so etwas wie ein distinktes, durch den Begriff des »Sozialen« definierbares Objekt, dem sich die Sozialphilosophie im Unterschied zur politischen Philosophie zuzuwenden habe; im zweiten Fall stellt sich das Problem, ob sich *ein* Objekt, die politisch konstituierte Gesellschaft, auf zwei trennscharf unterschiedene Weisen philosophisch ermitteln lässt. Auch wenn John Dewey dem Thema der Abgrenzung philosophischer Subdisziplinen in seinem Werk mit guten Gründen nur geringe Aufmerksamkeit schenkte, so hat er doch immer wieder durch den pragmatistischen Rückbezug auf Klassen intelligent zu lösender Handlungsprobleme Wichtiges zu dessen Behandlung beigetragen; die meisten seiner Werke lassen sich so verstehen, dass sie klassische Felder der philosophischen Tradition neu zu bestimmen versuchen, indem die ihnen zugrundeliegende und sie motivierende Störung im menschlichen Handlungsvollzug benannt und entsprechende Prozeduren ihrer möglichst intelligenten Auflösung umrissen werden. Mit seinen hier erstmals auf Deutsch veröffentlichten Vorlesungen in China während der Jahre 1919 und 1920 hat Dewey ein solches Verfahren offenbar auch für das Gebiet der Sozialphilosophie fruchtbar machen wollen; auf jeden Fall hat er wohl mit Bedacht für einen Teil dieser Vorlesungen den Titel »Social Philosophy« gewählt, um hervorzuheben, dass es ihm dabei um eine besondere Klasse von philosophischen Problemen ging, denen er sogar im Rahmen seines gesamten

1 Für hilfreiche Ratschläge möchten wir Federica Gregoratto und Fabian Heubel danken.

Programms eine gewisse Priorität einräumen wollte. Insofern ist der vorliegende Text über seinen äußerst ergiebigen Gehalt hinaus auch dazu angetan, uns über die Rolle und die Bedeutung der Sozialphilosophie nicht nur für das Werk Deweys, sondern auch für die gegenwärtige Philosophie im Ganzen Auskunft zu geben.

Im Folgenden möchten wir den Leserinnen und Lesern dieser Vorlesungen den Kontext, die Wirkungsgeschichte und das Potential von Deweys sozialphilosophischem Projekt um 1920 vorstellen und gelegentlich auch seine Aktualität in den Blick rücken. Nachdem der Entstehungskontext und die problematische Übersetzungsgeschichte des vorliegenden Textes einigermaßen geklärt worden sind (I), wenden wir uns dem Begriff der Sozialphilosophie zu, den Dewey in der ersten Hälfte der Vorlesungen entwickelt (II). Daraus lässt sich nach unserer Überzeugung eine originelle und innovative Perspektive auf klassische Fragen der Politischen Philosophie und der Wirtschaftsphilosophie gewinnen, wie wir im letzten Abschnitt unseres Nachwortes zeigen wollen (III).

I.

Vor einem Jahrhundert, genauer gesagt: von Februar bis März 1919, hielt John Dewey Vorlesungen an der Kaiserlichen Universität in Tokio. Der Gegenstand war nichts Geringeres als die Natur der Philosophie selbst. Die in Japan gehaltenen Vorlesungen wurden später unter dem Titel *Die Erneuerung der Philosophie* publiziert und bildeten das erste in einer ganzen Reihe größerer Werke, die Dewey in seinen erstaunlich kreativen 15 Jahren zwischen 1919 und 1934 verfasste: Nach *Die Erneuerung der Philosophie* (1919) erschienen in einer atemberaubenden Geschwindigkeit *Human Nature and Conduct*[2] (1922), *Erfahrung und Natur* (1925), *Die Öffentlichkeit und ihre Probleme* (1927), *Die Suche nach Gewissheit* (1929), *Ethics* (1932), *Ein allgemeiner Glaube* (1934) und *Kunst als Erfahrung* (1934). Bezeichnend für die außergewöhnliche Kreativität des zu Beginn dieser Phase bereits 60 Jahre alten Professors an der Columbia-Universität ist nicht nur der Umstand, dass diese Monografien neben zahlreichen weiteren Büchern entstanden – etwa *Individualism Old and New* (1930)

2 Erschienen auf Deutsch bereits 1931 mit dem etwas irreführenden Titel *Die menschliche Natur. Ihr Wesen und ihr Verhalten.*

und *Philosophie und Zivilisation* (1929) –, sondern auch, dass jede dieser acht Abhandlungen mit gewissem Recht als ein Hauptwerk Deweys bezeichnet werden kann. So entwickelt er in *Die Erneuerung der Philosophie* eine Konzeption der Philosophie, die ihn als eigenständigen Denker im Namen von Experimentalismus und Instrumentalismus ein Stück weit aus dem langen Schatten seiner pragmatistischen Vorläufer Charles Sanders Peirce und William James treten ließ; in *Human Nature and Conduct* buchstabiert Dewey seinen grundlegenden Begriff der Gewohnheit aus; in *Erfahrung und Natur* stellt er zum ersten Mal seine Metaphysik des empirischen Naturalismus systematisch dar; obwohl Dewey selbst *Die Öffentlichkeit und ihre Probleme* wohl eher als eine Zwischenbetrachtung in der Auseinandersetzung um die Zukunft der Demokratie in den USA ansah, ist sie von seinen Nachfolgern als sein politisch-philosophisches Hauptwerk behandelt worden; in *Die Suche nach Gewißheit* geht er der Geschichte des von ihm als Hauptübel verstandenen Dualismus von Theorie und Praxis in der Philosophie des Abendlandes nach, um seine eigene Philosophie des Experimentalismus auf gewissermaßen negative Weise zur Darstellung zu bringen; das mit James Hayden Tufts zusammen verfasste *Ethics* stellt die einzige umfassende Abhandlung über Ethik dar, die der klassische amerikanische Pragmatismus hinterlassen hat; *Ein allgemeiner Glaube* beeindruckte Richard Rorty tief und trug somit zur Entstehung des Neopragmatismus bei; und schließlich erscheint, nachdem Dewey jahrzehntelang beteuert hatte, dass die ästhetische Erfahrung im Zentrum seiner Philosophie steht, zum würdigen Abschluss dieser Periode seine Ästhetik in Gestalt von *Kunst als Erfahrung*.

So beeindruckend die Produktivität Deweys in diesen anderthalb Jahrzehnten mithin auch war, so erstaunlich ist jedoch auch, dass *ein* Buch in dieser Periode *nicht* entstand und nie mehr entstehen sollte: nämlich seine Abhandlung über die Sozialphilosophie. Einen Beobachter, der mit einem Abstand von einem Jahrhundert auf Deweys Arbeit um die 1920er Jahre zurückblickt, muss das Ausbleiben einer systematischen Abhandlung zur Sozialphilosophie aus seiner Feder überraschen, da er in dieser Periode die Sozialphilosophie zu einer Art neuer »Erster Philosophie« erhoben,[3] das

3 So die Formulierung von John Stuhr, »Dewey's Social and Political Philosophy«, in: L. Hickman (Hg.), *Reading Dewey. Interpretations for a Postmodern Generation*, Bloomington 1998, S. 85.

»Soziale« zur »umfassenden philosophischen Idee«[4] erklärt und die Aufgabe aller Philosophie in einer Art Sozialkritik erblickt hatte.[5] Dieses Fehlen einer Monografie zur Sozialphilosophie wirkt umso überraschender angesichts der Tatsache, dass Dewey das Material dafür eigentlich schon besaß: über diese gesamte Periode hinweg hielt er wiederholt Vorlesungen zum Thema.[6] Keine dieser Vorlesungen behandelt jedoch die Sozialphilosophie mit solch einer Detailliertheit und Systematik wie seine unmittelbar nach dem Aufenthalt in Japan gehaltenen Vorträge in China.

Während sich Dewey im Frühjahr 1919 mit seiner Frau Alice Chipman Dewey in Tokio aufhielt, wurde er von drei seiner ehemaligen Studierenden, die inzwischen Schlüsselpositionen an der chinesischen Akademie innehatten, nach Peking eingeladen: Hu Shi, Guo Bingwen (Kuo Ping-wen) und Jiang Menglin (Chiang Monlin). Deweys zentraler Gastgeber in Peking, Hu Shi, der unter seiner Betreuung an der Columbia-Universität promoviert hatte, gilt als einer der führenden Intellektuellen Chinas zwischen den Weltkriegen. Die Deweys kamen in Shanghai am 1. Mai 1919 an. Nur drei Tage später brachen die Demonstrationen in Peking aus, welche die Vierte-Mai-Bewegung zur Folge hatten, auf die Dewey und seine chinesischen Schüler in den folgenden Jahren keinen geringen Einfluss ausüben sollten. Nach kurzen Zwischenaufenthalten in Hangzhou und Nanjing ließen sich die Deweys in Peking nieder. Die Deweys sandten mehrere Briefe aus China an ihre Tochter Evelyn Smith, welche diese später editierte und publizierte;[7] überdies schrieb Dewey zahlreiche Artikel und ein Buch (*China, Japan and the USA*), in denen er seine Erfahrungen in China gedanklich verarbeitete.

4 John Dewey, »Die umfassende philosophische Idee«, in: ders., *Philosophie und Zivilisation*, Frankfurt/M. 1928/2003.

5 John Dewey, »Philosophie und Zivilisation«, in: ders., *Philosophie und Zivilisation*, übersetzt von Martin Suhr, Frankfurt/M. 1931/2003.

6 Siehe etwa John Dewey, »Syllabus. Social Institutions and the Study of Morals«, in: ders., *Middle Works*, Bd. 15, Carbondale/Edwardsville: Southern Illinois University Press 1923/2008; sowie ders., »Political Philosophy«, nachgeschrieben von S. Hook im Herbstsemester 1926, in: Series 2, Box 2, Folder 7, Sidney Hook Collection of John Dewey, Special Collections Research Center, Morris Library, Southern Illinois University, Carbondale.

7 Robert W. Clopton, Tsuin-chen Ou [Wu Junsheng], »Introduction«, in: John Dewey, *Lectures in China 1919-1920*, Honolulu 1973, S. 3.

Dewey hielt viele Vorträge und Vorlesungen, unter anderem über die Philosophie der Erziehung, über die Demokratie in Amerika, über Ethik, Denkmodi, Logik und antike Philosophie sowie eine Vorlesung über drei zeitgenössische Philosophen: William James, Henri Bergson und Bertrand Russell – der im Übrigen zur gleichen Zeit in China war. Die Deweys blieben bis zum 11. Juli 1921 in China, also zwei Jahre, zwei Monate und zehn Tage – doppelt so lang, wie ürsprünglich geplant.

Dewey, der kein Chinesisch sprach, hielt seine Vorlesungen auf Englisch, wobei Hu Shi »Satz für Satz« simultan übersetzte.[8] Hus Übersetzungen wurden anschließend von zwei Personen transkribiert. Dewey verfasste vor den einzelnen Vorlesungen Notizen, die er Hu zur Verfügung stellte, damit sich dieser passende chinesische Begriffe überlegen konnte. Nach der Vorlesung gab Hu die von Dewey verfassten Notizen an die Transkribenten weiter, sodass diese ihre Nachschriften damit vergleichen und für die Publikation in chinesischen Zeitschriften vervollständigen konnten. Kurz danach gab Hu die Nachschriften der sozialphilosophischen Vorlesungen und anderer Vorträge in China mit großem Erfolg in Buchform heraus: Allein in den folgenden zwei Jahren wurden 13-mal zehntausend Exemplare gedruckt. In den folgenden Jahrzehnten erschienen weitere Auflagen, bis das neue Regime dem nach 1949 ein Ende setzte.[9]

Im Herbst 1962, also über vier Jahrzehnte später, betrat an der Universität Hawaii in Honolulu ein Philosophiestudent namens Lu Zhongming (Lu Chung-ming) aus Taipei das Büro seines Betreuers Robert W. Clopton. In der Hand hielt er das von Hu herausgegebene Buch – er wollte wissen, wo er eine englischsprachige Ausgabe finden könnte. Clopton vermochte zu seiner Überraschung kein Exemplar aufzutreiben, vielmehr erwies sich, dass das Buch von Lu eine der ganz seltenen Kopien war, die ihren Weg aus dem kommunistischen China heraus gefunden hatten. Da ihm die Bedeutung der im Buch versammelten sozialphilosophischen Vorlesungen sofort klar wurde, lud Clopton den Dewey-Forscher Tsuin-chen Ou (Wu Junsheng) von Hongkong nach Hawaii ein, um am Projekt

8 Hu Shi, »Introductory Note«, in: John Dewey, *Lectures in China 1919-1920*, Honolulu 1973, S. 44.

9 Clopton, Ou 1973, S. 8.

einer Rückübersetzung mitzuarbeiten, einem Projekt, das schließlich volle zehn Jahre in Anspruch nehmen sollte.

Die im vorliegenden Band veröffentlichten Nachschriften bestehen aus der Übersetzung der von Clopton und Ou herausgegebenen und 1973 erschienenen amerikanischen Ausgabe ins Deutsche. Es ist dem Text mithin zur Last zu legen, dass er das Resultat einer komplizierten Übersetzungsgeschichte mit vielfachen Überlagerungen darstellt: Die Vorlesungen wurden zunächst von Hu simultan übersetzt, dann auf Chinesisch nachgeschrieben, wonach sie für eine chinesische Publikation ediert wurden, die wiederum ein halbes Jahrhundert später den Herausgebern der amerikanischen Ausgabe in die Hände fiel. Clopton, Ou und Lu verfertigten dann gemeinsam eine englische Rückübersetzung der chinesischen Ausgabe und der Nachschriften, die sie von damaligen Dewey-Experten kommentieren und korrigieren ließen. Die Herausgeber der amerikanischen Ausgabe von 1973 haben die verschiedenen Nachschriften verglichen und sind vornehmlich derjenigen von Gao Yihan (Kao I-han), Professor für Politikwissenschaft an der Universität Peking, gefolgt. Obwohl der Dolmetscher Deweys, Hu Shi, und die Transkribenten zu den hervorragendsten Akademikern im damaligen China zählten und mit Deweys Werk vertraut waren, obwohl Clopton und Ou zehn Jahre Arbeit investierten sowie sich externer Expertise bedienten und obwohl wir Herausgeber dieser deutschen Übersetzung uns bemüht haben, die Nachschriften in Einklang mit der Begrifflichkeit von Deweys auf Deutsch vorliegenden Werken zu bringen, muss das Risiko einer derartigen Übersetzungsgeschichte bei der Lektüre doch beachtet werden.

Glücklicherweise besteht der Text dieser deutschen Ausgabe nicht lediglich aus den nun erstmals ins Deutsche übersetzten Nachschriften. Diesen nämlich folgen in jedem Kapitel, wo dies möglich ist, die von Dewey selbst vor jeder einzelnen Vorlesung verfassten Notizen. Bereits Clopton und Ou konnten der Einleitung von Hu zur chinesischen Ausgabe entnehmen, dass Dewey ihn und die Schreiber jeweils mit Notizen versorgt hatte. Wären sie in der Lage gewesen, diese Notizen zu finden, hätten sie wohl das ungeschriebene gebliebene Hauptwerk Deweys zur Sozialphilosophie tatsächlich vollständig rekonstruieren können! Doch vergebens suchten sie nach den Notizen in Deweys Archiven, vergebens erkundigten sie sich bei ihren Kollegen aus der Dewey-Forschung – und den in

Folge der Gründung der Volksrepublik China nach Taiwan geflohenen Hu konnten sie auch nicht mehr befragen, denn dieser war zeitgleich mit ihrer Entdeckung der Vorlesungen verstorben.

Kurz, die Notizen schienen verloren. – Doch spulen wir nochmals ein halbes Jahrhundert nach vorn! Vor ein paar Jahren betrieb der amerikanische Sinologe Yung-chen Chiang (Jiang Yongzhen) Forschungen in Peking für seine mehrbändige Biografie über Hu. In seinen Recherchen im dortigen Hu-Shi-Archiv stieß er auf englischsprachige Notizen über Sozialphilosophie, und das Rätsel war gelöst: Hu hatte Dewey die Notizen einfach nie zurückgegeben.

Im Dezember 2015 erblickten die Notizen endlich das Licht der Öffentlichkeit, als sie von den Dewey-Experten Roberto Frega und Roberto Gronda im *European Journal of Pragmatism and American Philosophy* herausgegeben wurden. Mit der von Federica Gregoratto zeitgleich und in enger Kooperation mit uns vorbereiteten italienischen Ausgabe[10] erscheinen nun hier die Nachschriften und Notizen von Deweys Vorlesungen in China erstmals zusammen.

Auch wenn Notizen nur für die Vorlesungen 1, 2, 3, 4, 6, 10, 11, 12 und 16 gefunden wurden, tragen sie wesentlich zum Verständnis des Ganzen dieser Vorlesungen bei, denn sie ermöglichen es, die von Dewey in China entwickelten sozialphilosophischen Begrifflichkeiten zu überprüfen und zu verifizieren. Glücklicherweise verfügen wir – mit Ausnahme der fünften Vorlesung – über die Notizen für die ersten sechs Vorlesungen, in denen Dewey den Begriff der Sozialphilosophie entwickelt. Zudem lassen sich die Nachschriften und die Notizen gut parallel lesen: Da Dewey die Vorlesungen frei hielt, finden sich in den Nachschriften plastische Erläuterungen und Beispiele, die in den eher knapp gehaltenen Notizen nicht enthalten sind. Auch der Ton der Notizen und der Nachschriften unterscheidet sich stark: Wo Dewey in den Notizen für sich und seinen akademischen Kollegen Hu eher technisch schrieb, wandte er sich in den Vorlesungen an ein allgemeines Publikum und drückte sich dementsprechend einfacher, aber auch wesentlich ausführlicher aus. Was nun Deweys Begrifflichkeit betrifft, sind die Notizen eine wertvollere Quelle als die Nachschriften, da Ersteren die Simultan- und Rückübersetzungen erspart geblieben sind.

10 John Dewey, *Filosofia sociale e politica. Lezioni in Cina 1919-1920*, hg. v. Federica Gregoratto, Turin 2017.

Frega und Chiang haben nach ihrer Entdeckung der Notizen Zweifel an der Authentizität der Nachschriften geäußert,[11] da die Nachschriften stark von den Notizen abweichen. Dies wäre jedoch nur dann ein Problem für ihre Authentizität, wenn vorausgesetzt würde, dass Dewey die Notizen einfach vorgelesen hätte. Diese Annahme scheint allerdings wenig plausibel: Wir wissen von seinen übrigen Vorlesungen zur Sozialphilosophie, dass er frei gesprochen und sich Nachschriften bedient hat. Zudem widerspricht dieser Annahme Hus Bericht über das Verfahren, wonach Dewey die Notizen als Hilfsmittel für Hu und die Schreiber erstellt hat.[12] Weiter spricht dagegen noch die Tatsache, dass die Nachschriften deutlich länger als die Notizen sind. Hu hätte den Aussagen Deweys sehr vieles hinzufügen und eigene Ausmalungen und Beispiele erfinden müssen, was eine höchst merkwürdige Situation geschaffen hätte, zumal auch andere, das Englisch fließend beherrschende ehemalige Studierende von Dewey unter den Zuhörern waren. Überdies hätte Hu komplexe Argumente Deweys voraussehen müssen, da in den Notizen die Reihenfolge der Argumente von der der Nachschriften abweicht.[13] Es ist also davon auszugehen, dass Dewey seinem Dolmetscher Hu im Voraus Notizen gegeben hat, um diesem anzudeuten, welches die Themen und Probleme der folgenden Vorlesung sein würden und auf welches Vokabular dieser sich vorzubereiten hätte, während er selbst in den Vorlesungen frei gesprochen hat. So merkt Dewey etwa in den Notizen zur zweiten Vorlesung explizit an: »werde das Obige in der Vorlesung verdichten«.

Frega argumentiert, dass die Nachschriften *inhaltlich* von den Notizen abweichen. Zu der Frage, inwiefern sie kompatibel sind, können sich die Leserinnen und Leser dank dieser Ausgabe, in der beide Textteile vorliegen, leicht eine eigene Meinung bilden. Fregas Interpretation ist allerdings unmittelbar auf Kritik gestoßen,[14]

11 Yung-chen Chiang, »Appropriating Dewey. Hu Shi and His Translation of Dewey's ›Social and Political Philosophy‹ Lecture Series in China«, in: *European Journal of Pragmatism and American Philosophy* 7 (2015); und Roberto Frega, »John Dewey's Social Philosophy. A Restatement«, in: ebd.

12 Hu Shi, »Dewey in China«, in: Charles A. Moore (Hg.), *Philosophy and Culture East and West*, Honolulu 1962, S. 765.

13 Siehe auch die Einleitung von Gregoratto zur italienischen Ausgabe.

14 Siehe die Aufsätze von Frega, Gregoratto, Renault, Särkelä und Testa in *Transactions of the Charles S. Peirce Society*, 53 (2017).

und auch nach unserer Einschätzung ergänzen sich die Notizen und Nachschriften wechselseitig und lassen sich daher ohne große Schwierigkeiten zusammen lesen.

Die einzelnen Vorlesungen trugen ursprünglich keine eigenen Titel, sondern wurden in dieser Reihenfolge unter der allgemeinen Überschrift »Social and Political Philosophy« vorgetragen. Clopton und Ou haben für ihre amerikanische Ausgabe von 1973 den Vorlesungen jeweils einen Titel gegeben. Einige der Titel sind problematisch, beispielsweise die Überschrift »Sozialreform« für die Vorlesung, in der Dewey seine Theorie der sozialen Konflikte, des sozialen Wandels und der Herrschaft darlegt. Wie Gregoratto für die italienische Ausgabe sowie Frega und Gronda für die Publikation der Notizen haben wir uns jedoch entschieden, die Kapitelüberschriften als Teil der Editionsgeschichte dieses Textes beizubehalten.

II.

Die Frage, warum Dewey sein Buch zur Sozialphilosophie nie geschrieben hat, kann nicht eindeutig beantwortet werden. Eine erste, naheliegende Erklärung lautet, dass Dewey seine Veröffentlichungspläne aufgab, weil er seine Notizen nie von Hu zurückerhielt. Doch diese Erklärung ist deswegen unbefriedigend, weil Dewey nach der Rückkehr in die USA in seiner Eigenschaft als Professor weiterhin an der Columbia-Universität Vorlesungen über Sozialphilosophie hielt – er hätte sich also unschwer seines *Syllabus. Social Institutions and the Study of Morals* oder der von seinem Doktoranden Sidney Hook verfassten Nachschriften aus dem Jahr 1926 bedienen können.

Einer anderen Erklärung zufolge hat Dewey nach dem Aufenthalt in China das in den ersten beiden Vorlesungen umrissene Projekt einer *social and political philosophy* allmählich preisgegeben. Dafür spricht die in seinem Spätwerk angelegte Tendenz, stärker als zuvor zwischen Sozialphilosophie und politischer Philosophie zu differenzieren. Einerseits verschmilzt seine Sozialphilosophie graduell mit seiner Metaphysik, andererseits wird seine politische Philosophie immer parteiergreifender und tagesaktueller: Seine Sozialphilosophie wird zu einer neuen Art, »Erste Philosophie« zu betreiben,[15] während seine politische Philosophie sich der politischen Praxis annähert.[16] Auf jeden Fall verschwindet aus Deweys Werk in den 1920er Jahren die Absicht, eine systematische Sozialphilosophie im engeren Sinn einer *social and political philosophy* zu entwickeln. Eine »offizielle« sozial- und politisch-philosophische Abhandlung, welche das in China umrissene Projekt hätte abschließen können, wäre also in Deweys Spätwerk deswegen nicht zu finden, weil einerseits die Sozialphilosophie derart verabsolutiert wird, dass alle philosophischen Disziplinen letztlich zu Medien sozialer Transformation werden,[17] und andererseits die politische Philosophie die Gestalt von Interventionen in dringende Fragen der Gegenwart annimmt.[18]

Für eine solche Ausdifferenzierung von Sozialphilosophie und politischer Philosophie sind die Vorlesungen vom Herbstsemester 1926 exemplarisch. In den ersten Vorlesungen fasst Dewey den Studierenden seine Kosmologie von »Graden der Realität« zusammen, in der das Soziale die umfassendste und höchste Kategorie darstellt. Obwohl er anschließend – ähnlich wie zuvor in China – das Soziale wiederum in Ökonomie, Politik und Kultur unterscheidet, wird die sozialontologische Betrachtung der ökonomischen Institutionen, auf die Dewey 1926 besonderen Wert legt, stets auf die nach der Chinareise entwickelte naturalistische Metaphysik bezogen.[19]

Gerade der Umstand, dass Dewey das sozialphilosophische Projekt in der Gestalt, in der es in China vorgetragen wurde, aufgegeben hat, macht die Vorlesungen jedoch besonders interessant: Dewey schlug in den 1920er Jahren einen anderen Weg ein und schöpfte das Potential dieses einzigartigen Ansatzes nie aus. Diese Entscheidung scheint nicht aus inhaltlichen Gründen gefallen zu sein: Nichts in den Vorlesungen scheint im offenbaren Wider-

15 Dewey, »Die umfassende philosophische Idee«, 1928.

16 John Dewey, *Die Öffentlichkeit und ihre Probleme*, Bodenheim 1927/2001.

17 So das metaphilosophische Argument in Dewey, »Philosophie und Zivilisation«, 1931.

18 Zur Entwicklung des Begriffs der Sozialphilosophie im klassischen amerikanischen Pragmatismus siehe Arvi Särkelä, »Sozialphilosophie«, in: M. Festl (Hg.), *Handbuch Pragmatismus*, Stuttgart 2018.

19 Dewey, »Political Philosophy«. Zum Zusammenhang zwischen Deweys Sozialphilosophie und Metaphysik siehe Arvi Särkelä, *Immanente Kritik und soziales Leben. Selbsttransformative Praxis nach Hegel und Dewey*, Frankfurt/M. 2018, insb. Kap. 5 und 6.

spruch zu den wichtigsten Werken Deweys in den nachfolgenden Jahren zu stehen. Eher als ein inhaltlicher Bruch findet mit Werken wie *Erfahrung und Natur* und *Die Suche nach Gewißheit* einerseits und *Die Öffentlichkeit und ihre Probleme* andererseits eine Interessenverschiebung statt. Dass Dewey das Programm der Vorlesungen in China nicht in der ursprünglichen Gestalt weiterverfolgt hat, muss diesem also nicht unbedingt zum Nachteil gereichen: Hier begegnet den Leserinnen und Lesern das höchst innovative Projekt Deweys, Sozialtheorie, politische Theorie, Ethik und Kapitalismuskritik in einer systematischen Weise zu verknüpfen, das in seinem späteren Werk nicht mehr zu finden ist – ein Weg, den Dewey nicht mehr einschlagen sollte, der uns heute aber doch wieder gangbar erscheint.

Wenn die Vorlesungen näher untersucht werden, tritt die systematische Struktur von Deweys Sozialphilosophie um 1920 zutage. Zu Beginn der siebten Vorlesung differenziert Dewey nämlich zwischen zwei Teilen seiner Vorlesungen, in dessen ersten Teil (Vorlesungen 1 bis 6) es um den Begriff der Sozialphilosophie gehen soll: »In dieser Vorlesungsreihe habe ich über Natur, Gegenstandsbereich und Funktion von sozialer und politischer Philosophie gesprochen. Ich habe ein Kriterium für die Kritik solcher Dinge wie Gewohnheiten, Sitten und sozialer Institutionen vorgeschlagen. Aber diese Diskussionen waren in allgemeinen und, wie ich fürchte, etwas vagen Begriffen gehalten.« (102) Dagegen sollen im zweiten Teil (Vorlesungen 7 bis 16) ganz konkrete Probleme behandelt werden: »Von heute an werde ich einige der konkreteren Probleme behandeln, mit denen sich die soziale und politische Philosophie befassen muss.« (Ebd.) Mit Hilfe dieser und ähnlicher Bemerkungen lässt sich die folgende Struktur des sozialphilosophischen Projekts Deweys um 1920 rekonstruieren:

I. Der Begriff der Sozialphilosophie (1-6)
   a. Funktion der Sozialphilosophie (1-2)
   b. Gegenstand der Sozialphilosophie (3-4)
   c. Praxis der Sozialkritik (5-6)
II. Die Probleme der Sozialphilosophie (7-16)
   a. Ökonomie (7-9)
      i. universelle Bedürfnisbefriedigung
      ii. Technik

    iii. Warenproduktion und -distribution
  b. Politik (10-14)
    i. Staat
    ii. Regierung
    iii. Gesetz
    iv. Rechte und Verpflichtungen
  c. Kultur (15-16)

In den Vorlesungen in China ist Deweys sozialphilosophische Perspektive durch und durch praktisch: Er versteht die Sozialphilosophie als Teilnehmerin an einem im stetigen Wandel begriffenen sozialen Leben. Dies macht er bereits zu Beginn der Vorlesungen mit der Analogie zwischen der Tätigkeit des Sozialphilosophen und der des Arztes deutlich:

> In der medizinischen Wissenschaft [...] ist der Arzt Teil seiner eigenen Forschung. Seine Theorien handeln von der Heilung von Krankheiten, aber seine Entscheidung, für die Genesung seiner Patienten zu arbeiten statt sie sterben zu lassen, ist ein Akt seines Willens. Die Theorie wird erst bestätigt und das Ziel [...] erst erreicht, wenn das menschliche Wünschen und das Wollen befriedigt sind.
>
> Das ist auch die Art und Weise, wie Sozialphilosophie operieren muss. (31)

Der Sozialphilosoph ist wie der Arzt Teil seines Gegenstandes. Er operiert innerhalb des sozialen Lebens, bezieht sich dabei auf desinteressierte wissenschaftliche Theorien, so wie der Mediziner auf Anatomie und Biologie rekurriert, aber auch auf die Perspektive der an diesem Leben direkt Teilnehmenden, so wie der Arzt dem Patienten zuhören soll. So bedient sich Dewey in den Vorlesungen eines Vokabulars, das wir heute »pathologiediagnostisch« nennen würden: Statt sich lediglich auf moralische Ungerechtigkeiten oder politische Legitimationsdefizite zu konzentrieren, bewertet die Sozialphilosophie Dewey zufolge soziale Übel in einem umfassenderen Sinn; sie diagnostiziert soziale Einrichtungen als »erstarrt«, »versteinert« oder »verknöchert«.[20] (57) Die philosophische Sozial-

20 Zu Deweys Pathologiediagnose in den Vorlesungen siehe Arvi Särkelä, »Degeneration of Associated Life. Dewey's Naturalism of Social Criticism«, in: *Transactions of the Charles S. Peirce Society* 53 (2017).

kritik soll »Gesundheit statt Krankheit« (40) bewirken, das soziale Leben also beleben.

Den heutzutage heftig diskutierten Versuchen, die Sozialphilosophie als eine Diagnose sozialer Pathologien zu verstehen,[21] begegnet in diesen Vorlesungen ein Vordenker, der eine theoretische Alternative zu den Entwürfen der beiden großen zeitgenössischen Sozialpathologen in Europa, Durkheim und Nietzsche, zu bieten hat: Dewey bringt weder die Diagnose an eine in Analogie mit dem Organismus konzipierte Gesellschaft von außerhalb heran noch begreift er sein Ideal des »assoziierten Lebens« als ein utopisches Züchtungsprogramm von höheren Menschen.[22] Stattdessen verortet er den diagnostizierenden Sozialphilosophen in einem instabilen, konfliktvollen sozialen Leben, das vom Rest der Natur nicht abgekoppelt ist, aber auch nicht auf Vorsoziales reduziert werden kann. Das soziale Leben, der Gegenstand der Sozialphilosophie Deweys, ist nicht rein normativ; seine Grundeinheiten sind nicht Normen und Regeln, sondern Gewohnheiten und naturwüchsige Gruppenbildungen. Obwohl es für schrittweise Verbesserungen durchaus offen ist, verbleibt es daher gegenüber der Anwendung großer, verallgemeinerter normativer Ideen resistent.

Aus Sicht der gegenwärtigen Diskussion nicht weniger originell ist die Sozialontologie, die Dewey seiner Diagnose zugrunde legt.[23] Eine Gesellschaft besteht dieser Auffassung zufolge aus »vielen Gruppen«, zwischen denen »die Grenzlinien […] schlecht definiert« sind und sich »überlappen« (46). Die Gesellschaft setzt sich also weder vornehmlich aus Individuen zusammen noch ist sie eine Substanz, die jenseits der Individuen ein Eigenleben führt.

21 Axel Honneth, »Pathologien des Sozialen. Tradition und Aktualität der Sozialphilosophie«, in: ders., *Das Andere der Gerechtigkeit. Aufsätze zur praktischen Philosophie*, Frankfurt/M. 2000, S. 11-69; Arto Laitinen, Arvi Särkelä, »Four Conceptions of Social Pathology«, in: *European Journal of Social Theory*, https://doi.org/10.1177/1368431018769593, 2018.

22 Zu Ähnlichkeiten und Unterschieden von Nietzsches und Deweys Lebensphilosophien siehe Michael Hampe, »Die Bedeutung der Lebenserfahrung für die Methode der Philosophie«, in: ders. (Hg.), *John Dewey. Erfahrung und Natur. Klassiker Auslegen*, Berlin 2017.

23 Für einen Vergleich von Deweys Sozialontologie mit dem gegenwärtig herrschenden Paradigma siehe Italo Testa, »Dewey's Social Ontology. A Pragmatist Alternative to Searle's Approach to Social Reality«, in: *International Journal of Philosophical Studies* 25 (2017).

Vielmehr reproduziert sich die Gesellschaft als eine Vielzahl von sozialen Gruppen, die ihre Mitglieder miteinander teilen: Jeder von uns ist Mitglied von mehreren Gruppen – Familien, Fußballmannschaften, Parteien, Kirchen, Gewerkschaften, Klassen usw. Die Gruppe definiert Dewey als eine »Menge von Menschen, die durch gemeinsame Interessen vereint sind« (ebd.).

Diese gruppenbasierte Ontologie des Sozialen erlaubt Dewey eine Neubestimmung des sozialen Konfliktes und der Herrschaft. »Die Gesellschaft ist in einem Zustand des Ungleichgewichts, weil diese vielen Gruppen sich nicht auf ausgewogene Weise entwickeln – und das auch nicht tun können.« (47 f.) In jeder Form des sozialen Lebens werden einige Interessen als wertvoll, vornehm, genuin »gesellschaftlich« erachtet und andere wiederum als wertlos, unwesentlich und lediglich »individuell« herabgesetzt. Die Gruppen, die sich um die ersteren vereinen, werden »öffentlich anerkannt«, während diejenigen, die durch die letzteren zusammengehalten werden, »keine derartige öffentliche Anerkennung« genießen (64).

Diese anerkennungstheoretische und gruppenbasierte Sozialontologie ermöglicht einerseits eine Theorie der Herrschaft als einer sozialen Pathologie:

> Irgendein mit der Form der Assoziation, in der es verkörpert ist, eng verbundenes Interesse findet besonders gute Startbedingungen vor, die zu seiner Verbreitung beitragen; dann spielt es sich gegenüber anderen Interessen und Verbindungen als der Herr auf und macht sie sich so weit wie möglich dienstbar. Es besteht auf seiner beherrschenden Aktivität und monopolisiert die Aufmerksamkeit und das Interesse. Freies Geben und Nehmen, wechselseitige Bereicherung, reziproke Anregung werden verhindert. Dann wird das fragliche Interesse isoliert; seine natürlichen Quellen versiegen; es erstarrt, versteinert, verknöchert, und wenn seine Ansprüche nicht reduziert und Interaktion und Balance nicht wiederhergestellt werden, verfällt es, es kommt zu allgemeinem Rückfall und Stagnation, Korruption. (56 f.)

Herrschaft stellt eine soziale Pathologie dar, weil sie das eigentümlich *soziale* Leben, das durch wechselseitige Anerkennung und reziproke Anregung charakterisiert ist, *stagnieren* lässt; soziale Prozesse nehmen damit den Charakter von bloß organischen oder gar anorganischen Prozessen an: Sie »erstarren« in einen bloß reproduktiven Kreislauf oder »versteinern« und lösen sich in mannigfaltige, unorganisierte Prozesse auf. Wenn das Interesse einer herrschenden Gruppe derart dominant wird, dann leidet die gesamte Lebensform, weil sie sich nicht mehr wirklich *sozial* organisieren kann.

Diese Konzeption des Sozialen eröffnet eine Perspektive, in der sozialer Wandel als eine Abfolge von Kämpfen um öffentliche Anerkennung verstanden werden kann:[24]

> Ein sozialer Konflikt ist niemals ein Streit zwischen dem Individuum und seiner Gesellschaft, sondern ein Konflikt zwischen zwei Gruppen, von denen eine von der größeren Gesellschaft öffentlich anerkannt worden ist, während die andere eine solche Anerkennung noch nicht erlangt hat. Die herrschende Gruppe, die in ihren eigenen Augen die Gesellschaft ist, kann nicht sehen, dass die Forderungen von noch nicht anerkannten Gruppen tatsächlich eine Art von sozialem Interesse darstellen. Diese Tatsache wird klarer, wenn wir den Umstand bemerken, dass jede größere Reformbewegung in der Welt durch drei Phasen hindurchgegangen ist. (66)

Soziale Lebensformen müssen, so will Dewey in den Vorlesungen 3 und 4 klarmachen, stets bestimmten Interessen als »öffentlich« oder genuin »gesellschaftlich« Vorrang einräumen. Um solche Interessen bildet sich nach Auffassung dieser gruppenbasierten Sozialontologie eine Gruppe, welche die herrschende Gruppe in jener Lebensform darstellt, denn es sind ihre Interessen, die dominieren und den Lebensprozess gestalten. Diese Interessen sind anfechtbar und werden stets in Kämpfen um öffentliche Anerkennung herausgefordert, indem die bislang unterdrückten Gruppen um ihre Anerkennung und um öffentliche Billigung ihrer Interessen ringen.

Das Originelle an Deweys Konzeption von Kämpfen um Anerkennung ist seine Hervorhebung ihres prozessualen Charakters. Alle erfolgreichen sozialen Kämpfe exemplifizieren ein Muster, das demjenigen ähnelt, das er in seiner späteren *Logik* »Struktur der Forschung« nennt.[25] Solche Kämpfe heben nämlich in einer relativ »unbestimmten« Situation an, in der Gewohnheiten, Sitten und

24 Zu Deweys Anerkennungstheorie siehe Arvi Särkelä, »Ein Drama in drei Akten. Der Kampf um öffentliche Anerkennung nach Dewey und Hegel«, in: *Deutsche Zeitschrift für Philosophie* 61 (2013).

25 John Dewey, *Logik. Die Theorie der Forschung*, Frankfurt/M. 1938/2008, Kap. VI. Siehe auch Justo Serrano, »Articulating a Sense of Powers. An Expressivist Reading of Dewey's Theory of Social Movements«, in: *Transactions of the Charles S. Peirce Society* 53 (2017).

Institutionen, die seit Generationen als »Naturtatsachen« galten, ihren festen Charakter verlieren (67). Im Laufe des Kampfes wird nicht nur um die Bestätigung (des sozialen Wertes der Belange) der bisher unterdrückten Gruppe durch die herrschende gerungen, sondern es wird auch das zugrundeliegende Problem artikuliert, es werden die kämpfenden Gruppen konstituiert, Institutionen hinterfragt, veränderte Gewohnheiten gebildet und das Öffentliche und Gesellschaftliche neu verhandelt. Nach einer Phase des Widerstreits wird

> allgemein anerkannt, dass die von der Bewegung erhobenen Forderungen tatsächlich Dinge von sozialem Interesse und nicht die Irrwege absonderlicher Individuen sind. Die Führer der Bewegung, die für ihre Mitglieder die Chance verlangt, ihren Verpflichtungen zu genügen, können allmählich beweisen, dass das Versäumnis der Gesellschaft, ihnen diese Chance zu gewähren, ihr selbst zum Schaden gereicht. Die Gesellschaft ihrerseits erkennt die soziale Gültigkeit der Forderung an. Das Interesse, das zunächst als antisozial charakterisiert worden war, wird allmählich als sozial angesehen, und die Forderungen der Bewegung werden – gewöhnlich nicht alle zugleich, aber nichtsdestoweniger unaufhaltsam – angenommen und es kommt zu einer Reform. (68)

Der Kampf um öffentliche Anerkennung stellt für Dewey insofern das allgemeine Muster der Herausbildung von sozialen Lebensformen dar: Er ist der Erklärungsgrund für ihre Evolution, für die Konstitution einer öffentlichen Sphäre und für die Dynamik der Grundeinheiten des Sozialen – der sozialen Gruppen. Somit gehört es zu den überraschenden Aspekten der Vorlesungen, dass Dewey hier sozialontologisch einen anerkennungstheoretischen Monismus vertritt, der in seinen sonstigen Werken keine derart explizite Formulierung findet.[26]

Dewey rundet in den Vorlesungen 5 und 6 den ersten Teil seiner Vorlesungen mit einer Revue der Kriterien ab, die uns zur Verfügung stehen, wenn wir solch ein sich stetig wandelndes soziales Leben zu beurteilen versuchen. Er nennt drei Klassen von solchen Kriterien: Gewohnheiten und Sitten, Institutionen und das »assoziierte Leben«. Die Idee ist grob die folgende: In der Regel reicht es für die Bewältigung eines sozialen Konfliktes im Alltag aus, auf den

26 Arvi Särkelä, »John Dewey«, in: L. Siep, H. Ikäheimo, M. Quante (Hg.), *Handbuch Anerkennung*, Wiesbaden 2018.

Sinn der relevanten Gewohnheiten und Sitten zu reflektieren, die den Handlungsvollzug lenken können. Es kann jedoch sein, dass unsere informellen Gewohnheiten und Sitten selbst problematisch werden; sie können etwa das Leben »monopolisieren« und »versteinern«, soziales Wachstum mithin behindern (57). In solchen Momenten kann der Bezug auf die formalisiertere soziale Struktur in Gestalt einer Institution helfen. So kann der Bezug auf explizite Normen hergestellt werden, die den Handlungsvollzug lenken können. Gewohnheiten, Sitten und Institutionen beantworten aber Dewey zufolge lediglich die Frage, wie sich soziale Prozesse in ihrer Form *aufrechterhalten*. Nun könnte es jedoch wünschenswert sein, eine Gewohnheit, Sitte oder Institution nicht zu reproduzieren, sondern vielmehr untergehen oder absterben zu lassen, um Raum für etwas Neues zu schaffen, so wie etwa die Institution der Sklaverei mit den dazugehörenden Gewohnheiten und Sitten. Was dann der Gesellschaftskritik weiterhilft, ist die Idee des »assoziierten Lebens«:[27] Dieses ist durch eine reflexiv gewordene Kooperation charakterisiert, die jedem Beteiligten eine sozial geteilte Erfahrung der Freiheit erlaubt.[28]

27 Im vorliegenden Buch hat Martin Suhr den zentralen Begriff des *associated life* mit »Zusammenleben« übersetzt. Wir sind jedoch mit dieser Übersetzung des Begriffs nicht ganz einverstanden, weil sie dem produktiven Charakter von »Assoziation« in Deweys Philosophie nicht hinreichend Rechnung trägt: Assoziation ist bei Dewey der Prozess, in dem nichtsoziale Dinge durch Verknüpfungen und Interaktionen bestimmter Art zu etwas Sozialem werden (Dewey 1928). In einem technischen Sinne existiert bei Dewey alles in Assoziation, denn alles, was ist, wirkt in Gemeinschaft mit anderen Dingen und diese Dinge sind, was sie sind, weil sie in Assoziation so und so wirken – so ist für Dewey etwa die subatomare Natur bereits implizit sozial (Dewey 1928, S. 79 f.). Daraus folgert er, dass man verschiedene »Grade der Realität« danach unterscheiden kann, wie die Folgen der Wechselwirkung im weiteren Verlauf der Assoziationen aufgenommen werden. Je komplexer die Assoziationen, je mehr also die Aufnahme ihrer Folgen die weitere Assoziation beeinflusst, desto vollständiger werden Potenzialitäten verwirklicht (ebd., S. 81). Und je vollständiger die Verwirklichung von Potenzialitäten, desto freier ist die Assoziation. »Assoziiertes Leben« ist daher ein signifikant reicherer Begriff als das alltagssprachlich anmutende »Zusammenleben«, denn es bezeichnet ein Leben, in dem die für dieses Leben konstitutiven Assoziationen nochmals auf einer höheren Stufe assoziiert, das heißt reflektiert, neu organisiert, umgestaltet werden. Zur Kategorie des Sozialen in Deweys Metaphysik siehe Särkelä, *Immanente Kritik und soziales Leben*, Kap. 5 und 6.

28 Axel Honneth, »Demokratie als reflexive Kooperation. John Dewey und die Demokratietheorie der Gegenwart«, in: ders., *Das Andere der Gerechtigkeit*, S. 282-

Die Idee des assoziierten Lebens bietet so der immanenten Sozialkritik eine Ressource, um die immanente Transzendenz sozialer Praktiken zu artikulieren. Soziale Einrichtungen sind nämlich Dewey zufolge sozial, weil sie ein assoziiertes Leben instantiieren: Die soziale Form des Lebens organisiert und gestaltet den Lebensprozess von sich bereits assoziierenden Dingen auf einer höheren, reflexiven Ebene *um*; damit ist aber bereits im Begriff des Sozialen Transzendenz gegeben, weil ein Lebensprozess nur in dem Maße sozial ist, in dem er derart reflexiv über seine eigene aktuelle Form hinausgeht, sich umgestaltet, sich neu organisiert. Als Kriterium angewandt heißt »assoziiertes Leben« Kommunikation zwischen den assoziierenden Dingen befördern, kooperative Qualitäten des Lebens steigern, um Freiheit zu ermöglichen, denn nur zusammen – in Assoziation miteinander – können wir frei sein.

III.

Hatte Dewey seine Überlegungen zur Aufgabe und Rolle der Sozialphilosophie in der sechsten Vorlesung mit der Angabe von Kriterien beschlossen, die uns bei der Beurteilung des sich wandelnden sozialen Lebens zur Verfügung stehen, so versucht er in den darauf folgenden Vorlesungen (7 bis 16), diese Kriterien für die Behandlung einer Reihe von »konkreten Problemen« der Gegenwart fruchtbar zu machen. Er unterscheidet dabei drei Problemfelder, die er unter allgemeine Stichworte subsumiert, ohne freilich deren strikte Abgrenzbarkeit behaupten zu wollen: Die »Politik« als Sammelbegriff für Fragen der politischen Organisation des sozialen Zusammenlebens, die »Kultur« als Sammelbegriff für die intellektuellen und geistigen Probleme der sozialen Integration sowie schließlich die »Ökonomie« als Sammelbegriff für Fragen der angemessenen Form der Befriedigung menschlicher Grundbedürfnisse. Dass Dewey dann in umgekehrter Reihenfolge verfährt und also mit dem Problemfeld der »Ökonomie« beginnt, hat nach seiner Darstellung den Grund, dass die damit verknüpften Fragen aufgrund ihrer bestimmenden Rolle für das »Zivilisationsniveau«

309; Arvi Särkelä, Italo Testa, »Dominant Patterns in Associated Living. Hegemony, Domination, and Ideological Recognition in Dewey's Lectures in China«, in: *Transactions of the Charles S. Peirce Society* 53 (2017).

von Gesellschaften und für die Organisation der anderen Handlungsbereiche von primärer Bedeutung sind, obwohl sie von der philosophischen Tradition aus einer Verachtung für das »lediglich« Materielle heraus notorisch geringgeschätzt wurden (103 f.).

Die Sphäre der Wirtschaft oder Ökonomie ist für Dewey der Bereich des sozialen Lebens, in dem mittels Arbeitsteilung und Kooperation die Grundbedürfnisse der Gesellschaftsmitglieder befriedigt und damit das »Gedeihen« des Gemeinwesens sichergestellt werden sollen. Insofern ist die Frage, unter der die Sozialphilosophie gemäß den ihr eigenen Kriterien die Wirtschaft zu untersuchen hat, die nach derjenigen Organisationsweise von Arbeitsteilung und Kooperation, welche dem ungezwungenen Zusammenleben aller Gesellschafsmitglieder am ehesten entgegenkommt. Einen breiten Raum bei seinem Versuch, sich einer Lösung dieser Frage zumindest anzunähern, nimmt bei Dewey zunächst die Denkschule des philosophischen »Individualismus« ein, in der alles Vertrauen in das »aufgeklärte Eigeninteresse« der Subjekte gesetzt wird. Als die wünschenswerte Organisationsform jeglichen wirtschaftlichen Handelns hat dementsprechend der möglichst unbeschränkte Wettbewerb zu gelten, von dem angenommen wird, er führe dank des Marktes zur unendlichen Steigerung des gesellschaftlichen Wohlstands und dank des internationalen Freihandels zu dauerhaftem Weltfrieden. Beide Schlussfolgerungen kritisiert Dewey, indem er als Folge der ungleichen Bedingungen im Arbeitsvertrag die Gefahr der »Ausbeutung der Arbeitskraft durch die Kapitalisten« und als Folge der ungleichen Austauschverhältnisse im Welthandel die Gefahr von »Kriegen zwischen den Nationen« betont (111); angesichts dieser beiden möglichen Konsequenzen eines unregulierten, von staatlichen Eingriffen freien Marktverkehrs lautet für ihn die zentrale Frage mit Blick auf die Wirtschaft daher, »bis zu welchem Grad der Wettbewerb frei und gleichzeitig gerecht gegenüber den beteiligten Parteien« (ebd.) sein kann – was nur eine andere Formel für den Maßstab zu sein scheint, die wirtschaftliche Kooperation auf die Möglichkeit eines ungezwungenen, »assoziativen« Zusammenwirkens der Gesellschaftsmitglieder hin zu prüfen.

Nicht überraschend ist es daher, wenn sich Dewey im nächsten Schritt seiner Untersuchung der im Zusammenhang des wirtschaftlichen Lebens entstandenen Herausforderungen der dem Individualismus entgegengesetzten Denkschule zuwendet, jener breiten Strömung einer politischen Ökonomie, die er »Sozialismus« nennt. Diese unterteilt er, um einen ersten Überblick geben zu können, in mehrere Gruppierungen, deren gemeinsamer Nenner es sein soll, die wirtschaftlichen Verhältnisse gemäß der Steigerung des Gemeinwohls einzurichten, deren Unterschiede hingegen darin liegen sollen, dafür den Staat in unterschiedlichen Graden in Anspruch nehmen zu wollen. Die Prüfung, der Dewey diese unterschiedlichen Varianten des Sozialismus unterzieht, ist äußerst differenziert, so hebt er etwa moralische und wissenschaftliche Antriebe für eine Umgestaltung der Wirtschaft voneinander ab und bezieht auch die marxsche Theorie in die Auseinandersetzung ein. Letztlich scheint er aber die größten Sympathien für die von ihm als »Gildensozialismus« bezeichnete Unterströmung zu hegen; mit ihr schlägt er »Rückkehr zum Zunftsystem« in dem Sinn vor, dass die einzelnen Gewerbezweige sich selbst verwaltenden Gruppen überantwortet werden, die ihre wirtschaftlichen Unternehmungen »in einem demokratischen Geist« durchführen können sollen – ein solches Wirtschaftssystem soll nicht nur die »professionelle Selbstachtung« der Gesellschaftsmitglieder steigern, sondern auch deren »Kommunikation« untereinander fördern (129 f.). Auch wenn die Argumente von anderer Art sind, berühren sich an dieser Stelle seine wirtschaftstheoretischen Überlegungen aufs engste mit aktuellen Diskussionen über die Chancen und Bedingungen eines zukünftigen Marktsozialismus.[29]

Allerdings ist an diesen Ausführungen auch erkennbar, dass Dewey mit Blick auf die Frage einer angemessenen Reorganisation der Wirtschaft keinesfalls endgültige Lösungen präsentieren möchte; eher schon sind seine Vorlesungen an dieser Stelle so zu verstehen, dass nur erste reflexive Handhaben oder Gesichtspunkte unterbreitet werden sollen, mit deren Hilfe dann die Betroffenen je nach lokalen Gegebenheiten, geschichtlichen Umständen und situativen Kontexten selbst bestimmen können sollen, wie die drängenden Fragen der Neugestaltung der ökonomischen Verhältnisse im Sinne einer Steigerung kooperativer Elemente am besten zu lösen sind.

Ähnlich verhält es sich nun auch mit dem zweiten Problemfeld,

29 Vgl. exemplarisch Erik Olin Wright (Hg.), *Equal Shares. Making Market Socialism Work*, London/New York 1996; John Roemer, *A Future for Socialism*, Cambridge/Mass. 1994.

das Dewey unter dem Oberbegriff der »Politik« zusammengefasst hat. Damit ist, wie er sofort einräumt, ein großes, ziemlich unübersichtliches Feld von sozialen Herausforderungen und Belangen gemeint, das von der Frage nach der adäquaten Organisation des Staates über Fragen der angemessenen Form der Regierung und der legitimen Funktion von Gesetzen bis hin zur Frage nach dem Umfang, dem Verpflichtungscharakter und der Durchsetzbarkeit individueller Rechte reicht. Als Schlüssel zu all diesen Problemen begreift Dewey zunächst einmal das Recht oder Gesetz, weil ein politisches Gemeinwesen gleich welcher Art gar nicht existieren könnte, wenn nicht die Aussicht bestünde, dass sich alle seine Mitglieder an die in Gesetzesform gebrachten Regeln des sozialen Zusammenlebens halten würden; der Begriff des »Gesetzes«, so heißt es gleich zu Beginn der 10. Vorlesung, geht »durch alle Unterabteilungen« politischer Probleme hindurch, weil sie alle in der ein oder anderen Weise mit ihm befasst sind (133). Als der gesellschaftliche Akteur, der mit der Aufgabe der sozialen Kontrolle in einem Gemeinwesen und damit der Überwachung seiner Gesetze betraut ist, gilt Dewey der Staat. Er leitet ihn aus dem Bedürfnis der Menschen her, im Fall eines zwischen ihnen bestehenden Konfliktes eine dritte Instanz zu finden, die zu einer neutralen und gerechten Schlichtung in der Lage ist; je größer die Gruppe, in der solche Konflikte gelöst werden müssen, desto umfangreicher müssen die Machtbefugnisse der Instanz sein, die diese Aufgabe übernehmen kann; am Ende bleibt dann nur die Möglichkeit, mit dem Staat eine politische Organisation zu schaffen, die über allen partiellen Instanzen wie etwa der Familie oder der Kirche steht und insofern mit einer übergreifenden Autorität ausgestattet ist. Jedes Staatsgebilde untersteht daher, so ist Dewey hier zu verstehen, von Anfang an und seiner ganzen Funktion nach dem Gebot, gerechte Urteile im Fall von sozialen Konflikten zu fällen, die die Schwelle des bloß Privaten überschritten haben, weil sich auch die nicht direkt Beteiligten von ihnen affiziert sehen – unschwer sind in dieser Herleitung des Staates bereits die Bestimmungen zu erkennen, mit denen Dewey einige Jahre später in *Die Öffentlichkeit und ihre Probleme* den Zusammenhang zwischen Öffentlichkeit und Staat umreißen wird.[30]

In den Vorlesungen aber interessiert ihn am Staat vor allem die

30 Dewey, *Die Öffentlichkeit und ihre Probleme*, Kap. 2.

Frage, bis zu welchem Grad dieser bei der Ausübung seiner rechtssetzenden und kontrollierenden Funktionen zum Einsatz von Gewalt berechtigt sein soll; offenbar hat Dewey damals vor allem die Argumente der Anarchisten gegen jegliche Staatstätigkeit als eine starke Herausforderung empfunden. Gegen deren Behauptung, ein Gemeinwesen könne ohne zentralisierte Kontrollinstanz friedfertig existieren, besteht er zunächst erneut darauf, dass jegliches soziale Zusammenleben aufgrund des erwähnten Bedürfnisses aller Beteiligten nach einem neutralen und gerechten Schiedsspruch im Falle von Konflikten einer übergeordneten Agentur mit Gesetzesmacht bedarf; um die Befolgung dieser Gesetze sicherstellen zu können, müsse ein solches Staatsorgan ferner über Mittel der Gewaltanwendung verfügen können, die zunächst den Charakter von »psychologischen Kräften« wie die der Überredung, der Belehrung oder des Tadels besitzen sollten; da solche »weichen« Formen der Gewaltanwendung aber nicht in allen Fällen ausreichen, stelle sich unweigerlich die Frage, bis zu welchem Grad auch der Einsatz von physischer Gewalt legitim ist (134). Wiederum ist die Antwort, die Dewey auf diese selbstgestellte Frage gibt, eher prozedural und besitzt daher die Eigenschaft einer reflexiven Richtschnur: Die staatliche Anwendung physischer Gewalt müsse stets daraufhin geprüft werden, ob sie dazu in der Lage ist, eine weitere Eskalation von Konflikten zu verhindern und jegliche »Verschwendung« (138) sozialer Energien zu vermeiden. Noch nicht ganz zufrieden mit dieser ersten Faustregel, präzisiert Dewey dann im Weiteren seine Überlegungen dahingehend, dass der staatliche Einsatz physischer Gewalt nur dann legitim sein könne, wenn damit erstens das »öffentliche Wohl« gefördert und zweitens die »Entwicklung von Wissen und Denken« nicht behindert würde (137).

Vom Staat, der als eine anonyme, über ein abgegrenztes Territorium mit Gesetzesmacht wachende Organisation vorgestellt werden muss, grenzt Dewey die »Regierung« ab, die jenen personal zu vertreten und dessen Ziele bei der Koordinierung aller Teilsphären umzusetzen hat; nahezu alle Probleme und Herausforderungen, die sich mit Blick auf Regierungen stellen, ergeben sich für Dewey aus dem Umstand, dass sie im Unterschied zum Staat von konkreten Personen repräsentiert werden und daher anfällig für Machtmissbrauch, Eigennutz und Herrschaftsabsichten sind. Wie schon bei der Behandlung des ökonomischen Handlungsfeldes, verfährt er auch hier wieder so, dass er zwei entgegengesetzte Auffassungen über die angemessene Form der Regierungsbildung miteinander vergleicht.

Die erste Denkschule, die er zu seiner Zeit vor allem in Deutschland beheimatet sieht, befürwortet eine Ausstattung der Regierung mit »absoluten« Machtbefugnissen; sie entstand während der Reformation in einer Epoche des schnellen religiösen, wirtschaftlichen und politischen Wandels, als sich immer mehr Staatstheoretiker nach den Sicherheiten zurücksehnten, die sie als Merkmal der mittlerweile zerschlagenen Vorherrschaft der römisch-katholischen Kirche empfanden. Die theoriegeschichtliche Linie, auf der diese absolutistische Konzeption der Machtbefugnisse von Regierungen entwickelt wurde, nimmt Dewey zufolge ihren Ausgang von Machiavelli, verläuft dann weiter über Hobbes und Spinoza, um schließlich mit Hegel vorläufig zu enden; dessen politische Philosophie versteht er in gewisser Weise als Gipfelpunkt dieser absolutistischen Tradition, da sie im Bestreben einer Abwehr des »extremen individualistischen Liberalismus« noch einmal versucht habe, die staatliche Regierung direkt und ungeschminkt als Ausdruck eines göttlichen Willens zu begreifen. Trotz der deutlichen Kritik, die Dewey an dieser autoritären Staats- und Regierungslehre äußert, in der er die intellektuelle »Grundlage für die politische Diktatur Preußens« erblickt (156),[31] nimmt er an ihr doch auch einen rationalen Grundzug wahr; denn im Unterschied zum individualistischen Liberalismus, der die Aufgaben der Regierung auf ein Minimum beschränkt und nur in der Sicherung des materiellen Wohlergehens seiner Bürger gesehen habe, sei Hegel immerhin der richtigen Überzeugung gewesen, dass die Regierung eines Staates auch der »Förderung von Kultur und Erziehung«, ja überhaupt der »Entwicklung geistiger Werte« zu dienen habe (157).

Damit ist bereits die Brücke zur zweiten Denkschule geschlagen, die des politischen Liberalismus, mit der sich Dewey in der 12. Vorlesung auseinandersetzt. In dieser Strömung, die er vornehmlich

31 Dewey hat die Frage nach den intellektuellen Wurzeln des deutschen »Sonderweges« hin zum Autoritarismus und schließlich zum Nationalsozialismus zeitlebens nicht mehr losgelassen. Vgl. dazu seine spätere Deutung des Nationalsozialismus in ders., *Deutsche Philosophie und Deutsche Politik*, Berlin/Wien 2000; zusätzlich Axel Honneths Einführung in diesem Band: »Logik des Fanatismus. Deweys Archäologie der deutschen Mentalität«, S. 7-35.

im angelsächsischen Raum verortet, werden der Regierungstätigkeit engste moralische Grenzen gezogen; begründet wird das mit Hilfe des methodischen Instruments des Gesellschaftsvertrages, als dessen Urheber John Locke und als dessen Vollender Jean-Jacques Rousseau behandelt werden. Der Grundgedanke ist für Dewey in beiden Fällen der gleiche, auch wenn er natürlich die erheblichen Differenzen zwischen beiden Denkern nicht in Abrede stellt: Die Autorität jeder Staatsregierung soll auf der Zustimmung der von ihr Regierten beruhen, kann daher keinerlei göttliche oder metaphysische Legitimität mehr für sich beanspruchen und unterliegt insofern dauerhaft in all ihren Vollzügen dem Willen des Volkes als dem politischen Souverän. Für Dewey besteht kein Zweifel daran, dass diese liberale Konzeption der politischen Herrschaft derjenigen der absolutistischen oder »autoritären« Tradition weit überlegen ist, muss sie doch als theoretische Quelle unseres heutigen demokratischen Selbstverständnisses angesehen werden. Am Ende der Vorlesung hebt er sogar hervor, dass wir in unserer Gegenwart auf den Schultern all der Denker stehen, die mit ihren vertragstheoretischen Entwürfen die vielen, jahrhundertelangen Kämpfe um eine Demokratisierung unserer politischen Sozialordnung inspirierten. Auf die Grenzen dieser liberalen Denkschule, die bereits im Kontext seiner Behandlung der hegelschen Staatstheorie kurz Erwähnung gefunden hatten, kommt er dann erst wieder zu sprechen, wenn er sich in einem nächsten Schritt dem Problemfeld der individuellen Rechte zuwendet.

Solche individuellen Rechte verdanken sich in demokratischen Gesellschaften, auf deren Erläuterung und Problematisierung sich Dewey von nun an beschränkt, einem »Gesetz«, das nicht mehr eine göttliche Absicht oder die je herrschende Tradition und Sitte, sondern den allgemeinen Willen der Mehrheit zum Ausdruck bringen soll; im Idealfall, so sagt Dewey, muss sich dieses Gesetz sogar als »Resultat« »öffentlicher Untersuchung« verstehen lassen, in der die Gesellschaftsmitglieder kooperativ erkunden, wie sie die alle betreffenden Angelegenheiten mit Hilfe der demokratisch legitimierten Regierung gemeinsam regulieren wollen (183). Irritierend ist an dieser Stelle, dass Dewey nicht den naheliegenden Schritt vollzieht und von den individuellen Rechten nun behauptet, sie hätten primär den Zweck, jedem Gesellschaftsmitglied die unbeschränkte Teilnahme an jenen kooperativen Untersuchungsprozessen und damit die Mitwirkung an der demokratischen Öffentlichkeit zu ermöglichen – ein Gedanke, der sich dann später in der Diskurstheorie des Rechts von Jürgen Habermas finden wird.[32] Stattdessen beschränkt sich Dewey auf die eher liberal klingende These, das Gesetz habe in den demokratisch legitimierten Staaten die Aufgabe, die Freiheiten der Einzelnen angesichts immer neuer Herausforderungen stets wieder aufeinander abzustimmen, sodass die individuellen Rechte jeweils die »Gesamtsumme« der Freiheiten und Verpflichtungen beinhalten müssen, die jedem Bürger und jeder Bürgerin zu einem bestimmten historischen Zeitpunkt zukommen (184).

An diesem Bündel von individuellen Rechten unterscheidet er nun drei verschiedene Klassen, für deren Kennzeichnung er eine Begrifflichkeit verwendet, die schon den Geist der einflussreichen Differenzierungen Thomas H. Marshalls erahnen lassen:[33] Die »persönlichen Rechte« haben den Zweck, das Leben, die Bewegungsfreiheit und das Privateigentum des Einzelnen zu schützen, den »bürgerlichen Rechten« fällt die Aufgabe zu, dem Einzelnen Rechtsgleichheit zu garantieren und ihn vor Übergriffen Dritter zu schützen; den »politischen Rechten« kommt schließlich die Funktion zu, dem Einzelnen eine wirksame Mitwirkung an der demokratischen Willensbildung zu ermöglichen (185 f.). Konnte man zuvor leicht den Eindruck gewinnen, Dewey folge in seiner Behandlung der individuellen Rechte nur dem liberalen Mainstream, so wird man eines Besseren belehrt, sobald er im nächsten Schritt deren Abhängigkeitsverhältnisse untereinander zu erläutern versucht; danach genießen nämlich die politischen Rechte unzweideutig einen Vorrang vor den beiden anderen Kategorien von Rechten, weil mit ihrer Hilfe dem Einzelnen per Gesetzeskraft zugebilligt wird, an der Regierungsbildung und damit indirekt an der Rechtssetzung im Ganzen teilzunehmen – erst »wenn den Leuten ihre politischen Rechte garantiert sind«, so heißt es kurz und bündig, »kann der Genuss der beiden anderen garantiert werden« (187). Ist damit geklärt, dass Dewey den politischen Bürgerrechten eine Priorität einräumen möchte, weil sie die Gesellschaftsmitglie-

32 Jürgen Habermas, *Faktizität und Geltung. Beiträge zur Diskurstheorie des Rechts und des demokratischen Rechtsstaats*, Frankfurt/M. 1992.

33 Thomas H. Marshall, *Bürgerrechte und soziale Klassen. Zur Soziologie des Wohlfahrtsstaates*, Frankfurt/M./New York 1992.

der überhaupt erst zu Mitgliedern des rechtssetzenden Souveräns machen, so empfindet er an dieser gesamten Architektonik moderner Rechtsstaaten allerdings etwas ganz Anderes als die zentrale Herausforderung seiner Zeit. Nicht die Frage, ob und in welchem Umfang politische Rechte gewährt werden, sondern die Frage, was die Regierungen unternehmen müssen, um die sozialen Voraussetzungen für eine gleichberechtigte Wahrnehmung all dieser Rechte zu schaffen, stellt für ihn die Schlüsselproblematik der Gegenwart dar; und es ist diese Stelle, an der er auf die Frage zurückkommt, wo die Grenzen der liberalen Denkschule und damit des radikalen Individualismus der Moderne liegen.

Den Ausgangspunkt dieser Rückwendung auf den individualistischen Liberalismus bildet die Beobachtung, dass krasse wirtschaftliche Benachteiligungen Gesellschaftsmitglieder häufig daran hindern, die ihnen verbürgten Rechte tatsächlich auszuüben, sie also »in die Praxis umzusetzen« (190). Je weniger Aufgaben nun aber der Regierung eingeräumt werden, so konstatiert Dewey, desto geringer sind ihre Möglichkeiten, etwas gegen diesen Missstand zu unternehmen; nur dann, wenn den staatlichen Organen umfassende Befugnisse zum Eingriff in das Marktgeschehen zugebilligt würden, bestünden längerfristig realistische Aussichten auf die Durchsetzung tatsächlicher Chancengleichheit. Dewey schließt daraus, dass der individualistische Liberalismus mit seiner Vorstellung eines Minimalstaats, der sich auf die Sicherstellung elementarer Freiheitsbedingungen beschränkt, nicht das angemessene Mittel zur Bewältigung der Krise der Rechtsgleichheit darstellt; dazu bedürfte es nach seiner Auffassung einer stärkeren, weit über die liberale Tradition hinausgehenden Konzeption des Staates, in der diesem – wie bei Hegel, ließe sich ergänzen – die Aufgabe zugemutet wird, sich aktiv für die Verwirklichung bestimmter Werte einzusetzen.

Noch deutlicher wird Dewey, sobald er sich in demselben Zusammenhang direkt mit einer Empfehlung an seine chinesischen Zuhörer und Zuhörerinnen wendet; man habe in China, so heißt es eindringlich, die historisch einmalige Chance, das im Westen durchlebte »Zeitalter des selbstsüchtigen Individualismus« zu überspringen, um den Staat direkt mit der Aufgabe zu betrauen, für soziale Bedingungen der »höchst mögliche(n) Entfaltung der Individuen« zu sorgen (192). Offenbar auf die tief verwurzelte Tradition des Konfuzianismus anspielend, heißt es ein wenig später noch deutlicher: »Der politische Individualismus hat in China keinen Boden gewonnen, sodass die Tradition der Verpflichtung des Staates, das Volk zu schützen, die mit der Verpflichtung von Eltern verglichen werden kann, ihre Kinder zu schützen, oder mit der des Kaisers, seine Untertanen zu schützen, direkt in den Begriff des Schutzes der Bürger durch eine demokratische Regierung verwandelt werden kann.« (Ebd.) An Stellen wie diesen wird sichtbar, wie sehr Dewey seine Vorlesungen in China nicht nur als eine gelehrte Einführung in das Aufgabenfeld einer aus westlicher Perspektive entworfenen Sozialphilosophie verstanden wissen wollte; vielmehr sollten seine Vorträge performativ zugleich auch immer vorführen, was es heißt, Sozialphilosophie als Diagnose und Therapie von gesellschaftlichen Pathologien zu betreiben, die zu bestimmten Zeiten und an bestimmten Orten den »assoziativen« Fluss des sozialen Lebens zu unterbrechen drohten.

Obwohl Dewey mit dieser an seine Gastgeber gerichtete Aufforderung, den Staat in perfektionistischer Weise als ein Organ der Verwirklichung von ethischen Zielen zu verstehen, das zuvor umrissene Problemfeld der Politik bereits vollständig durchschritten hat, greift er in der folgenden Vorlesung doch noch einmal eine gesellschaftliche Herausforderung auf, die einen eindeutig politischen Charakter besitzt. Auf den nicht lange zurückliegenden Ersten Weltkrieg anspielend, konfrontiert er seine Zuhörer mit der Frage, welche Aussichten in einer Zeit des grassierenden Nationalismus für eine internationale Friedensordnung bestehen könnten. Ihren Ausgang nehmen diese Bemerkungen von dem paradoxalen Befund, dass mit der Erringung nationalstaatlicher Souveränität im Gefolge der demokratischen Revolutionen das Verhältnis der Staaten untereinander zunehmend anarchistische Züge angenommen hat; je stärker die jeweiligen Nationalstaaten unter Berufung auf ihre demokratische Legitimation Gesetzeshoheit für ihre Territorien beanspruchen, desto geringer scheinen die Chancen für rechtlich verbindliche Regelungen auf der Ebene der internationalen Beziehungen. Solchen wachsenden Tendenzen einer zwischenstaatlichen Anarchie stehen allerdings, wie Dewey sofort hervorhebt, eine Reihe von »vereinigenden« Gegenbewegungen entgegen (197 f.), die vom erstarkten Wunsch der Bevölkerung nach gesichertem Frieden über den internationalen Handel bis zur zunehmenden, durch den

Tourismus und den kulturellen Austausch geförderten Kommunikation zwischen den Nationen reichen; all das sind in den Augen Deweys Kräfte, die auf eine rechtlich gesicherte, nicht länger von zwischenstaatlichen Konflikten geprägte Weltordnung drängen.

Angesichts dieser höchst ambivalenten Lage – Konflikte zwischen den Einzelstaaten auf der einen Seite, breites Interesse an einem harmonischen Internationalismus auf der andere Seite – gibt Dewey seinen Zuhörern einigen Grund zum Optimismus: neben ersten Anzeichen, unter Schirmherrschaft des Völkerbundes internationale Schiedsgerichte zu etablieren, neben Signalen einer weltweiten Bereitschaft zur Demilitarisierung und neben Hinweisen auf eine Entkrampfung und Öffnung diplomatischer Beziehungen sieht er Anlass zur Hoffnung vor allem aufgrund des zunehmenden Interesses nationaler Öffentlichkeiten, Einfluss auf die Außenpolitik ihrer jeweiligen Regierungen zu nehmen. Wie zeitgleich Marcel Mauss in Frankreich glaubte auch Dewey, dass die kräftigsten Anstöße zu einer Überwindung des zwischenstaatlichen Konfliktzustandes aus dem Innersten der demokratischen Nationalstaaten heraus erfolgen würden.[34] Am Ende lässt er es dann aber augenscheinlich bewusst offen, ob dieser Hinweis vor allem als Empfehlung an seine chinesischen Gastgeber zu verstehen war.

In seinen letzten beiden Vorlesungen streift Dewey die Probleme seiner Zeit, die mit den »intellektuellen und geistigen Aspekten« des sozialen Lebens zusammenhängen (204); von der ersten Zeile an ist zu spüren, dass diese Bemerkungen auch Anlass sind, um noch einmal den innersten Kern seines eigenen Pragmatismus vorzustellen. Scheinbar nebensächlich beginnen seine Ausführungen mit dem Hinweis darauf, wie konstitutiv für alles soziale Zusammenleben die Befriedigung intellektueller und geistiger Bedürfnisse ist; man täusche sich, so Dewey, wenn man glaube, den Arbeitern ginge es bei ihren Streiks und Arbeitsniederlegungen nur um die Verbesserung ihres materiellen Lebensstandards. Das sich dahinter verbergende Motiv sei vielmehr das Bestreben, als intellektuell und moralisch befähigte Wesen an der »Bestimmung der Firmenpolitik« beteiligt zu werden (205); ähnlich verhielte es sich mit der Demokratie, denn ihrer allmählichen Durchsetzung

34 Marcel Mauss, *Die Nation oder Der Sinn für das Soziale*, Frankfurt/M./Wien 2017.

läge als Beweggrund nicht einfach das Interesse der Bevölkerung an wirtschaftlicher Sicherheit oder besserem Auskommen zugrunde, sondern das tiefsitzende und elementare Bedürfnis, an der politischen Entscheidungsfindung mitwirken zu können.

Solche Bemerkungen besitzen auch rückblickend einen Stellenwert, wird mit ihnen doch unterstrichen, dass die zuvor erwähnten Bestrebungen nach wirtschaftlicher Demokratie oder politischer Teilhabe deswegen theoretische Unterstützung verdienen, weil sie dem zutiefst menschlichen Bedürfnis nach intellektueller Mitwirkung an der Gestaltung des sozialen Zusammenlebens Ausdruck verleihen. Allerdings will Dewey mit diesen klärenden Hinweisen noch auf etwas hinaus, das er als das »drängendste soziale Problem in der modernen Welt« (207) bezeichnet: Man stünde heute insofern vor einem »Scheideweg«, so heißt es bei ihm, als es zu entscheiden gälte, ob man zukünftig der »Autorität« der Tradition oder derjenigen der Wissenschaft zu folgen bereit sei (ebd.); im ersten Fall würde man weiterhin die eingespielten Sitten und Gewohnheiten als Quelle der Steuerung des sozialen Verhaltens akzeptieren, im zweiten Fall hingegen würde man von nun an wissenschaftliche Methoden anwenden, um die angemessenen Regeln des sozialen Lebens zu erkunden. Wenn Dewey im Weiteren für die zweite Verfahrensweise plädiert, so unterbreitet er damit zugleich auch eine nachträgliche Rechtfertigung der Methode, die er in den vorangegangenen Kapiteln schon wie selbstverständlich angewendet hatte. Ähnlich wie bei Hegel wird retrospektiv begründet, warum bei der Klärung sozialer Probleme und Konflikte stets diejenige Lösung präferiert wurde, deren Hervorbringung die Einbeziehung der Perspektive aller Betroffenen in den Untersuchungsprozess erforderlich gemacht hatte. Bei Dewey steht nämlich die wissenschaftliche Methode einerseits in Kontinuität mit der alltäglichen Problemlösungspraxis; andererseits zeigt sie, indem sie eine Verfeinerung der den sozialen Praktiken des Alltags bereits innewohnenden Verfahren der Problembewältigung darstellt, wie im sozialen Leben der Gemeinschaft, etwa durch die Einbeziehung mehrerer Perspektiven, noch vernünftiger vorgegangen werden könnte.

Fast den gesamten Rest seiner beiden abschließenden Vorlesungen verwendet Dewey im Grunde genommen darauf, die politischen Implikationen zu umreißen, die aus einer Befürwortung des Vorrangs der wissenschaftlichen Methode vor Tradition und Sitte folgen würden; hält man sich nämlich fortan bei der Lösung sozialer Probleme an die Ergebnisse einer durch Beobachtung und Analyse geleiteten Forschung, so hat das nach seiner Überzeugung weitaus größere gesellschaftliche Konsequenzen, als es auf den ersten Blick erscheinen mag. Das beginnt damit, wie Dewey ausführt, dass die wissenschaftliche Methode, um erfolgreich sein zu können, der »öffentlichen Prüfung« zugänglich sein müsse; daraus ergibt sich, dass alle derartigen Forschungen, ob in Wirtschaft, Politik oder sozialen Zusammenhängen, dem Gebot der kommunikativen »Publizität« unterstünden und nicht länger von wenigen Experten durchgeführt werden dürften (211).

Den Schluss seiner Vorlesungen aber behält Dewey einer emphatischen Verteidigung der »intellektuellen Freiheit« vor, die er zugleich als Grundpfeiler und als fundamentalstes Individualrecht eines sozialen Lebens auf der Basis kooperativer Forschung begreift. Dabei sieht er keine Unterschiede zwischen der Gedanken-, der Rede- und der Versammlungsfreiheit: Ohne die Möglichkeit des öffentlichen Ausdrucks bleiben die eigenen Gedanken ungeprüft, so wie umgekehrt die öffentliche Kommunikation über Ideen und Gedanken innovationsarm und daher leer bleibt, wenn diese nicht in Freiheit hervorgebracht werden können. Die demokratische Lebensform vereinigt alle drei Freiheiten zum Zweck der Ermöglichung eines kooperativen Forschungsprozesses, in dem wir die sich immer neu stellenden Probleme des sozialen Zusammenlebens gemeinsam zu lösen versuchen; dadurch tragen wir, wie es im letzten Abschnitt der 16. Vorlesung heißt, zur »Emanzipation der geistigen Kräfte der Menschheit« bei (223).

›Pragmatismus‹ im Suhrkamp Verlag Eine Auswahl

Hans-Joachim Dahms. Positivismusstreit. Die Auseinandersetzung der Frankfurter Schule mit dem logischen Positivismus, dem amerikanischen Pragmatismus und dem kritischen Rationalismus. stw 1058. 446 Seiten

John Dewey
- Erfahrung, Erkenntnis und Wert. Herausgegeben und übersetzt von Martin Suhr. stw 1647. 468 Seiten
- Erfahrung und Natur. Übersetzt von Martin Suhr. 480 Seiten. Gebunden
- Kunst als Erfahrung. Übersetzt von Christa Velten und Dieter Sulzer. 411 Seiten. Kartoniert. stw 703. 416 Seiten
- Logik. Die Theorie der Forschung. Übersetzt von Martin Suhr. 636 Seiten. Gebunden
- Philosophie und Zivilisation. Übersetzt von Martin Suhr. stw 1674. 324 Seiten
- Die Suche nach Gewißheit. Eine Untersuchung des Verhältnisses von Erkenntnis und Handeln. Übersetzt von Martin Suhr. Gebunden und stw 1527. 319 Seiten

Philosophie der Demokratie. Beiträge zum Werk von John Dewey. Herausgegeben und eingeleitet von Hans Joas. stw 1485. 371 Seiten

Michael Hampe. Erkenntnis und Praxis. Studien zum Pragmatismus. stw 1776. 338 Seiten

William James. Pragmatismus und rationaler Empirismus. stw 1775. 201 Seiten

NF 110/1/6.07

Hans Joas. Pragmatismus und Gesellschaftstheorie. stw 1018. 323 Seiten

George Herbert Mead
- Geist, Identität und Gesellschaft. Aus der Sicht des Sozialbehaviorismus. Übersetzt von Ulf Pacher. stw 28. 456 Seiten
- Gesammelte Aufsätze. Band 1. Herausgegeben von Hans Joas. Übersetzt von Klaus Laermann u. a. 476 Seiten. Gebunden. stw 678. 475 Seiten
- Gesammelte Aufsätze. Band 2. Herausgegeben von Hans Joas. Übersetzt von Hans Günter Holl, Klaus Laermann u. a. 485 Seiten. Gebunden. stw 679. 484 Seiten

Charles W. Morris
- Pragmatische Semiotik und Handlungstheorie. Herausgegeben von Achim Eschbach. Übersetzt von Achim und Stefan Eschbach. stw 179. 423 Seiten
- Symbolik und Realität. Herausgegeben und übersetzt von Achim Eschbach. stw 342. 367 Seiten

Helmut Pape. Erfahrung und Wirklichkeit als Zeichenprozeß. Charles S. Peirce' Entwurf einer Spekulativen Grammatik des Seins. 530 Seiten. Kartoniert

Helmut Pape (Hg.). Kreativität und Logik. Charles S. Peirce und das philosophische Problem des Neuen. stw 1110. 361 Seiten

Charles Sanders Peirce
- Naturordnung und Zeichenprozeß. Schriften über Semiotik und Naturphilosophie. Herausgegeben von Helmut Pape. Übersetzt von Bertram Kienzle. stw 912. 484 Seiten
- Phänomen und Logik der Zeichen. Herausgegeben und übersetzt von Helmut Pape. stw 425. 182 Seiten
- Semiotische Schriften. Band I-III. Herausgegeben und übersetzt von Christian J. W. Kloesel und Helmut Pape.

NF 110/2/6.07

stw 1480-1482. 1445 Seiten. Auch einzeln lieferbar

- Das Denken und die Logik des Universums. Die Vorlesungen der Cambridge Conferences von 1898. Mit einem Anhang unveröffentlichter Manuskripte. Übersetzt von Helmut Pape. 412 Seiten. Gebunden

Hilary Putnam und die Tradition des Pragmatismus. stw 1567. 445 Seiten

Hans-Joachim Schubert. Demokratische Identität. Der soziologische Pragmatismus von Charles Horton Cooley. 484 Seiten. Gebunden

Gerd Wartenberg. Logischer Sozialismus. Die Transformation der Kantschen Transzendentalphilosophie durch Charles S. Pierce. 254 Seiten. Kartoniert

Zu Charles Sanders Peirce

Gerhard Schönrich. Zeichenhandeln. Untersuchungen zum Begriff einer semiotischen Vernunft im Ausgang von Charles Sanders Peirce. 450 Seiten. Gebunden

Die Welt als Zeichen und Hypothese. Perspektiven der Peirceschen Semiotik. Herausgegeben von Uwe Wirth. stw 1479. 456 Seiten

NF 110/3/6.07

Sozialphilosophie im Suhrkamp Verlag
Eine Auswahl

Rainer Forst
- Kontexte der Gerechtigkeit. Politische Philosophie von Liberalisums und Kommunitarismus. stw 1252. 480 Seiten
- Toleranz im Konflikt. Geschichte, Gehalt und Gegenwart eines umstrittenen Begriffs. stw 1682. 816 Seiten

Stefan Gosepath. Gleiche Gerechtigkeit. Grundlagen eines liberalen Egalitarismus. stw 1665. 508 Seiten

Axel Honneth
- Das Andere der Gerechtigkeit. Aufsätze zur praktischen Philosophie. stw 1491 340 Seiten
- Das Ich im Wir. Studien zur Anerkennungstheorie. stw 1959. 308 Seiten
- Die Idee des Sozialismus. Versuch einer Aktualisierung. Gebunden. 168 Seiten
- Kampf um Anerkennung. Zur moralischen Grammatik sozialer Konflikte. stw 1129. 301 Seiten
- Kritik der Macht. Reflexionsstufen einer kritischen Gesellschaftstheorie. stw 738. 408 Seiten
- Pathologien der Vernunft. Geschichte und Gegenwart der Kritischen Theorie. stw 1835. 239 Seiten
- Das Recht der Freiheit. Grundriß einer demokratischen Sittlichkeit. stw 2048. 628 Seiten
- Unsichtbarkeit. Stationen einer Theorie der Intersubjektivität. stw 1616. 162 Seiten
- Verdinglichung. Eine anerkennungstheoretische Studie. Mit Kommentaren von Judith Butler, Raymond Geuss und Jonathan Lear und einer Erwiderung von Axel Honneth. stw 2127. 183 Seiten
- Vivisektionen eines Zeitalters – Porträts zur Ideengeschichte des 20. Jahrhunderts. es 2678. 308 Seiten

NF 123/1/6.16

- Von Person zu Person. Zur Moralität persönlicher Beziehungen. Herausgegeben zus. mit Beate Rössler. stw 1756. 361 Seiten
- Der Wert des Marktes. Ein ökonomisch-philosophischer Diskurs vom 18. Jahrhundert bis zur Gegenwart. Herausgegeben zus. mit Lisa Herzog. stw 2065. 670 Seiten
- Die zerrissene Welt des Sozialen. Sozialphilosophische Aufsätze. Erweiterte Ausgabe. stw 849. 279 Seiten

Axel Honneth/Nancy Fraser. Umverteilung oder Anerkennung? Eine politisch-philosophische Kontroverse. stw 1460. 320 Seiten

Rahel Jaeggi
- Entfremdung. stw 2185. 337 Seiten
- Kritik von Lebensformen. stw 1987. 451 Seiten
- Nach Marx. Philosophie, Kritik, Praxis. Herausgegeben zus. mit Daniel Loick. stw 2066. 518 Seiten
- Sozialphilosophie und Kritik. Herausgegeben zus. mit Rainer Forst, Martin Hartmann und Martin Saar. stw 1960. 743 Seiten
- Was ist Kritik? Herausgegeben zus. mit Tilo Wesche. stw 1885. 375 Seiten

Hans Joas
- Die Entstehung der Werte. stw 1416. 321 Seiten
- Die Kreativität des Handelns. stw 1248. 415 Seiten

Angelika Krebs. Arbeit und Liebe. Die philosophischen Grundlagen sozialer Gerechtigkeit. stw 1564. 336 Seiten

George Herbert Mead. Geist, Identität und Gesellschaft. Aus der Sicht des Sozialbehaviorismus. Einleitung von Charles W. Morris. Übersetzt von Ulf Pacher. stw 28. 456 Seiten

NF 123/2/6.16

Bernhard Peters. Der Sinn von Öffentlichkeit. Herausgegeben von Hartmut Weßler. Mit einem Nachwort von Jürgen Habermas. stw 1836. 410 Seiten

Beate Rössler. Der Wert des Privaten. stw 1530. 384 Seiten

NF 123/3/6.16

Axel Honneth als Herausgeber

Bob Dylan. Ein Kongreß. Herausgegeben von Axel Honneth, Peter Klemper und Richard Klein. es 2507. 345 Seiten

Dialektik der Freiheit. Frankfurter Adorno-Konferenz 2003. Hg. von Axel Honneth. stw 1728. 366 Seiten

Michel Foucault. Zwischenbilanz einer Rezeption. Frankfurter Foucault-Konferenz 2001. Hg. von Axel Honneth und Martin Saar. stw 1617. 384 Seiten

Kommunikatives Handeln. Beiträge zu Jürgen Habermas' »Theorie des kommunikativen Handelns«. Hg. von Axel Honneth und Hans Joas. Erweiterte und aktualisierte Ausgabe. stw 625. 521 Seiten

Von Person zu Person. Zur Moralität persönlicher Beziehungen. Herausgegeben von Axel Honneth und Beate Rössler. stw 1756. 361 Seiten

Zwischenbetrachtungen. Im Prozeß der Aufklärung. Jürgen Habermas zum 60. Geburtstag. Hg. von Axel Honneth, Thomas McCarthy, Claus Offe und Albrecht Wellmer.
528 Seiten. Gebunden

NF 157/2/8.12